Waltraud Woeller/Matthias Woeller

Es war einmal...

HERDER / SPEKTRUM
Band 4267

Das Buch

Märchensammlungen aus verschiedenen Zeiten und Gegenden haben heute Hochkonjunktur. Sind es doch vor allem Märchen, durch die der kindliche Blick in die Welt zum ersten Mal Weite und Tiefe bekommt und in denen die Erwachsenen - oft zu ihrem eigenen Erstaunen - reife Lebenserfahrung und Weisheit wiederfinden. Wie soll man sich jedoch angesichts der vorherrschenden Flut an Märchensammlungen und -deutungen noch orientieren? Waltraud und Matthias Woellers „Illustrierte Geschichte des Märchens" schließt eine große Lücke. Das Buch gibt im interkulturellen Vergleich anhand repräsentativ ausgewählter Texte eine pointiert-profunde Darstellung des Wesens und der historischen Entwicklung des Märchens. Klar und zugleich fesselnd erzählt, informiert das Autorenpaar umfassend über die wiederkehrenden Grundmuster, Typen, Symbole und Motive der Märchenwelt. Märchen des nahen, mittleren und fernen Ostens kommen dabei ebenso zur Sprache wie etwa europäische Märchen in der Antike, im Mittelalter, Märchen schriftloser Völker oder moderne Kundstmärchen. Darüber hinaus erfährt der Leser Wissenswertes über die starke Ausstrahlung des Märchens auf die Opernbühne, das Theater und die bildende Kunst. Der Band schließt mit einer Auswahl an Märchen- und Erzählsammlungen sowie einer weiterführenden Literaturliste. Ein amüsant zu lesendes Standardwerk mit zahlreichen Schwarz-Weiß-Abbildungen über die Hintergründe und Zusammenhänge einer Literaturgattung von weltweiter Bedeutung. Der Grundstock für jede Märchenbibliothek. Das ideale Geschenkbuch für alle, die sich von Märchen ansprechen und faszinieren lassen.

Die Autoren

Waltraud Woeller, Dr. sc., emeritiert, war Dozentin für Volkskunde an der Humboldt-Universität zu Berlin.
Matthias Woeller ist als freischaffender Publizist tätig.

Waltraud Woeller/Matthias Woeller

Es war einmal ...

Illustrierte Geschichte des Märchens

Herder
Freiburg · Basel · Wien

Verlag Herder Freiburg im Breisgau 1994

Herstellung: Freiburger Graphische Betriebe 1994
Umschlaggestaltung: Joseph Pölzelbauer
Umschlagmotiv: Ludwig Richter, Der Brautzug im Frühling
(Detail), Öl auf Leinwand, 1847
ISBN 3-451-04267-3

Inhalt

An „Wassilissa, der Wunderschönen“ kann man erkennen,
daß der Illustrator Iwan Bilibin
folkloristische Studien betrieben hat. Zeichnung, 1900

Vorwort

Märchen begleiten uns das Leben lang. Märchen sind es, die in der Kindheit uns zum ersten Male den Blick in eine weite, bunte und ferne Welt auftun. Wenn wir später über diese Märchen auch hinauswachsen - wir vergessen sie nie. Gestalten wie Dornröschen, Schneewittchen, der gestiefelte Kater, Rotkäppchen und die Bremer Stadtmusikanten bleiben uns in lebendiger Erinnerung. Freilich lesen wir in späteren Jahren noch andere Märchen, auch Märchen fremder Völker, deren Leben, Geschichte und Kultur uns interessieren und die wir in den Märchen wiederfinden. So lernen wir Ali Baba und die vierzig Räuber wie auch Alā-ed-Din mit seiner Wunderlampe kennen. Doch diese Märchen sind meist schwerer zu verstehen als die Märchen unserer Kindheit, denn sie setzen mehr Wissen über eine andere Kultur voraus. Und auch wir wollen mehr an Denkanstößen und Symbolen aus den Märchen herausholen, ohne dabei auf eine belebende, phantasievolle Unterhaltung verzichten zu müssen.

Je mehr Märchen wir kennenlernen, je tieferen Einblick wir uns auch in den Bereichen des Kunstmärchens verschaffen, um so farbiger, aber auch verwirrender zeigt sich uns das Märchen. So tauchen Fragen auf: Was ist eigentlich „das" Märchen? Woher kommt es? Wann ist es entstanden? Entstehen noch heute neue Märchen? Warum lieben wir das Märchen und ganz allgemein das „Märchenhafte"? Wir versuchen, auf diese Fragen eine Antwort zu geben. Freilich, wenn man ein Problem angeht, kommen sogleich neue Fragen hinzu. Bei der

Fülle der Märchen und ihrer weltweiten Verbreitung müssen wir uns beschränken. Wir können nicht das Märchengut eines jeden Volkes darstellen und analysieren. Zu den Einzelaspekten gibt es Spezialuntersuchungen und Forschungsarbeiten, auf die im Literaturanhang verwiesen ist. Wir begrenzen uns in diesem Band auf Entwicklungslinien, auf Typen, auf weitverbreitete Motive und Gestalten und verfolgen ganz besonders Wanderwege von Märchen, das Wiederauftauchen und die Wandlungen bekannter Motive in fernen Regionen oder in anderen Zeiten.

Um eine Orientierungshilfe zu geben, haben wir, wo es möglich war, die aus den „Kinder- und Hausmärchen“ der Brüder Grimm bekannten Titel eingesetzt, die auch in der internationalen Folkloreforschung verwendet werden, und die Typennummern nach Aarne und Thompson angegeben. So möchten wir den Leser einladen, uns in das Märchenland zu folgen.

Waltraud und Matthias Woeller

Zum Märchenbegriff

Es war einmal mitten im Winter,
und die Schneeflocken fielen wie Federn
vom Himmel herab ...
Aus „Schneewittchen“

„Es war einmal ...“ - mit dieser, den Märchen eigenen Eingangsformel, mitunter variiert durch „Es lebte einmal ...“ oder „Vor Zeiten ...“, soll der Eintritt in die Märchenwelt gekennzeichnet und der Hörer beziehungsweise später der Leser eingestimmt werden. Dieser Einstieg in das Märchen stellt sich zunächst als Rückblick dar, denn die Wirklichkeit war meist zu hart und zu grau, um sich mit Märchenhaftem zu verbinden. So muß sich die Märchenwelt als eine Gegenwelt aufbauen, oft eine historisch ferne Welt.

Doch das Märchen verliert sich nicht in allzu vagen Gefilden, es bleibt letztlich in der vertrauten Umgebung, es gibt seine Bindung an die Wirklichkeit trotz Zauber und Wunder nie auf: Esel schleppen Säcke zur Mühle, das Vieh wird auf die Weide getrieben, der Ochse vor den Pflug gespannt. Der landschaftliche Hintergrund aber wird immer nur kurz ausgeleuchtet. Der Wald ist kaum näher beschrieben, allein wenn die Handlung es erfordert, heißt es, daß er dicht sei. Auch die Hütte, der Garten, das Dorf, die Flur werden nicht genauer ausgemalt. Lediglich dort, wo die Alltagswelt an die des Märchens stößt, wird die Realität näher geschildert, ehe der Übergang zum Irrealen erfolgt. Diese Zurückhaltung des Märchens schränkt die Phantasie aber keineswegs ein, sondern reizt sie im Gegenteil an. Ein jeder hat sein eigenes Bild vom Walde, von einer Quelle, einem Brunnen. So werden Erinnerungen wachgerufen, eigenes Erleben kann und muß eingebracht werden, um die „Bildumrisse" des Märchens auszufüllen. Von der Prinzessin heißt es nur: Sie ist schön. Ein jeder mag das Bild eines schönen Mädchens, das ihm gefällt, einsetzen. Damit fordert das Märchen die Besinnung auf eigenes Erleben, eigenes Wertungsvermögen - Hörer wie Leser werden aktiviert.

Die Abenteuer und Erlebnisse, die sich um den Lebensweg des Helden ranken, sie machen das Märchen aus - es ist somit von Handlung bestimmt. Langatmige Schilderungen, Reflexionen, Charakterzeichnungen, Analysen sind dem Märchen fremd. Seelische Haltungen werden in Handlung umgesetzt. Der Held, der Mitleid mit der armen Alten spürt, klagt nicht, bejammert nicht ihr Los, sondern teilt sein Brot mit ihr. Hier möchten wir anmerken, daß gleichberechtigt neben dem Märchenhelden die Märchenheldin steht, nicht als ein leidendes Geschöpf, dem geholfen werden muß, sondern so aktiv und bereit, sich zu opfern, wie der Held. Sie zieht in die Welt, oft im schroffen Gegensatz zur historischen Realität, um Verschollene oder Entrückte aufzufinden, auch, um sich einer feindlichen Familie gegenüber durchzusetzen.

Der Held hat, verbunden mit seinem Geschick, seinem Lebensschicksal, die Märchenhandlung in Gang zu setzen. In der Entwicklung des Helden zeigt sich der Sinn des Märchens. Aus Enge, vielleicht umschrieben als häusliche Geborgenheit, tritt er in die Welt, verläßt seine Familie, seine Heimat. Mitunter wird die Enge seines Daseins in fast schwankhafter Situationskomik geschildert: Der Held verhockt die Tage im Ofenwinkel. Unterschiedlich sind die Gründe, die ihn forttreiben: Er will den Eltern nicht länger zur Last fallen, er will ein Handwerk erlernen, ausziehen, um sich eine Braut zu suchen oder Bedrängten zu helfen..., und das sehr oft aus jugendlicher Abenteuerlust. Etwas ironisierend behandelt das Märchen vom Gruselnlernen diesen Helden, der auf der Kirchturmtreppe, unter dem Galgen in einem Spukschloß ungerührt Abenteuer durchsteht, um schließlich gerade im Ehebett zu erfahren, was „Gruseln" ist.

Auf dem Wege durch die Welt hat der Held zahlreiche Königreiche zu durchwandern, kommt durch Städte, überquert Brücken und Flüsse und gelangt in vielen Fällen ans Ende der Welt, auf einen Glasberg, oder er gerät in den Machtbereich von Dämonen. Stets findet der Held das richtige Wort, die richtige Geste, es ist, als stimme er mit der Welt, dem Universum überein. Dieses Stimmigsein wirkt beruhigend.

Die Märchenwelt kennt verschiedene Ebenen: die heimische mit Städten, Dörfern, Feldern, Weiden, Hafenplätzen; aber dem Helden ist es auch möglich, den Zugang zur Unterwelt zu finden oder zu einer Welt in dunklen, dichten Wäldern oder in die Wipfel himmelhoher Bäume zu gelangen. Der Held durchwandert die Welt, am Schluß der Wanderung, oft erst nach Bestehen harter Prüfungen, werden ihm Gerechtigkeit und Glück zuteil. Diese Wanderung durch die Welt, die heimische wie die fremde, auch die jenseitige, hat damit für den Helden einen Sinn bekommen. Sie ist eine Bejahung der Welt und des Lebens. Darum bleibt der Held auch nicht im jenseitigen Reiche oder Schlosse, er kehrt, meist in Begleitung der erworbenen Gattin, in die Heimat, zur Familie zurück. Oder der Held erlöst die verwunschene jenseitige Welt und ihre Bewohner und bringt sie wieder in die Grenzen der diesseitigen Welt.

Die Märchenwelt ist so gefestigt, daß sie Diesseitiges und Jenseitiges umschließen kann. Ebenso kann der Märchenheld zu Verwünschten, Jenseitigen, Dämonischen, übernatürlichen Wesen und Helfern Kontakt gewinnen, ohne in Ängste vor Spuk zu verfallen. Im Märchen „Sechse kommen durch die ganze Welt“ (AaTh 513) nimmt der Held die wunderlichsten Gesellen in seine Dienste; und wenn im Märchen „Der arme Müllersbursche und das Kätzchen“ (AaTh 402) die kleine Katze fragt: „Hans, wo willst du hin?“, erschrickt der Bursche nicht über das sprechende Tier - wie es der Held einer Sage bestimmt getan hätte -, sondern meint nur bekümmert: „Ach, du kannst mir doch nicht helfen.“

Schneewittchen ist glücklich, hinter den sieben Bergen in der Hütte der sieben Zwerge unterzukommen. Mögen die Ratschläge alter Männer und Frauen noch so sonderbar sein, der Märchenheld befolgt sie stets, und stets tut er damit das Richtige. Das gilt auch für die Gaben und Weisungen, die er von Tieren empfängt. Dankbar nimmt er die Haare von einem Löwen oder einem Bären oder die Feder eines Adlers entgegen, und wenn der Held in Gefahr gerät, bewähren sich die Gaben, denn die Tiere eilen ihm zu Hilfe. In Dämonen freilich, in Unholden, Riesen, Hexen, Zauberern sieht der Held seine Gegner, in der heimatlichen Welt jedoch kann er oft nicht erkennen, wer ihm feind ist.

Die Spannweite des Märchens, gekennzeichnet durch den Lebensweg des Helden, liegt aber nicht nur im Lokalen, in der Wanderung vom Ofenwinkel bis zum Weltende, sondern ebenso im Sozialen: Das Aschenputtel heiratet den Prinzen, der Grindkopf gewinnt die Prinzessin. Das fügt sich in die Grundhaltung des Märchens - es ist alles möglich. Da diese Haltung mit Abenteuern, Handlung, bestandenen Proben und Glücksgefühl verbunden ist, muß sie Hoffnung und Aktivität, ja sogar Mut erwecken beziehungsweise fördern. Eine Hinwendung zum Märchen und zur Märchenwelt bedeutet somit keine Flucht aus der Wirklichkeit und der Gegenwart. Das Märchen blendet zwar in „alte Zeiten" zurück, aber es sind die Nöte und Wünsche auch der Gegenwart, die aufgegriffen werden, und es weist in vielem in die Zukunft. Märchen können über Raum und Zeit Brücken schlagen.

In Märchen, die aus enger Naturverbundenheit beziehungsweise -abhängigkeit erwachsen, werden auch Tiere als Helden eingesetzt.

Die Abenteuer und Erlebnisse, die den Helden oder auch die Heldin begleiten, also die einzelnen Etappen ihres Lebensweges, werden durch Motive und Motivverkettungen gestaltet. Oft ist es bereits das Motiv der Wundergeburt (nach dem Essen eines Apfels usw.), das den Helden als einen Begnadeten ausweist. Dieser Beginn macht verständlich, daß weiterhin Wunder sein Leben begleiten werden. Die Motive sind Bausteine des Märchens: Sie sind kleinste Handlungseinheiten. Oft sind sie miteinander verkettet, diese Motivketten geben den Ablauf des Märchens vor, sie stabilisieren das Märchen in einem über Jahrhunderte andauernden Tradierungsprozeß.

Ein Beispiel für diese Motivfolge: Der Held begegnet einem Bären, der ihm ein Haar aus seinem Pelz schenkt. Dann begegnet der Held einem Adler, der ihm eine Feder schenkt, und zuletzt einem Fisch, von dem er eine Schuppe erhält. Drei Motive, die weitere nach sich ziehen: Der Held ruft in Bedrängnis mit Hilfe des Haares den Bären herbei, in weiteren Fährnissen erst den Adler und dann den Fisch - wieder drei Motive.

Allerdings können - und das Märchen lebt ja im Munde seiner Erzähler - einzelne Motive ausgetauscht werden, es kann ein Motiv sogar fallengelassen werden, d.h., es wird vielleicht als poetisches Beiwerk erwähnt, ihm kommt aber im Hand-

Im „Märchen vom Teufel mit den drei goldenen Haaren“ erbrechen die Räuber den versiegelten Brief des Königs, in dem dieser fordert, das Glückskind zu töten. Die Dreigliedrigkeit des Märchens hat den Illustrator bewogen, drei Räuber mit dem falschen Brief darzustellen. Illustration von Ignatius Taschner, 1901

lungsablauf keine Bedeutung mehr zu, es wird zu einem „stumpfen Motiv“. Motive, die eine gewisse Affinität (Nachbarschaft) auszeichnet, lassen sich vom Erzähler leichter zusammenfügen, sogar ganze Märchen können durch diese Nachbarschaft der Motive verschmolzen werden. Die Motive gehören verschiedenen Kulturschichten an und gehen oft auf alte Glaubensvorstellungen und Riten zurück, ohne daß Erzählern und Hörern diese Abkunft bewußt ist. Aber auch die Märchengestalten - und nicht nur der Held - entstammen verschiedenen Kulturschichten. Der archaische helfende Tote und der Drachentöter haben den Kaufmann, Handwerksburschen, abgedankten Soldaten und Tagelöhner in historischer Gefolgschaft. Tragende Motive und Motivketten bilden dann einen Märchentyp. Als Beispiel bietet sich hier das Märchen vom „Tischchen deck dich" (AaTh 563) an, wo neben dem Wundertisch der Goldesel und der Knüppel aus dem Sack auftauchen und am Schluß mit den rechtmäßigen Besitzern, den drei Brüdern, vorgeführt werden.

Doch wird ein durch Motive vorgezeichneter Märchentyp immer aufs neue von den jeweiligen Erzählern variiert - je nach den historischen, ethnischen, landschaftlichen und sozialen Gegebenheiten. So erscheint der Märchentyp uns stets

„Tischlein deck dich, Goldesel und Knüppel aus dem Sack" sind alle drei in Aktion; der betrügerische Wirt sucht vergeblich den Schlägen des Knüppels zu entkommen. Gerhard Oberländer, Zeichnung, 1958

als die Summe dieser - oft unterschiedlich alten - Varianten, Spielformen.

Da der Handlungsablauf dem Erzähler durch die tradierten Motive und Motivverknüpfungen vorgegeben ist, sind ihm damit Grenzen gesetzt, innerhalb derer er allerdings seine poetische Begabung entfalten kann. Ebenso ist die Gliederung des Stoffes vorgegeben, was einem Auswuchern oder Abschleifen in der Überlieferung entgegenwirkt.

Die Märchen sind meist dreigliedrig; die Gliederung bringt eine variierte Wiederholung eines Motivs und dient damit zugleich als Gedächtnisstütze bei der mündlichen Überlieferung. Der Held hat drei Qualnächte zu durchstehen, drei Aufgaben zu erfüllen, drei Kämpfe zu führen. Diese Wiederholung bietet gleichzeitig eine Steigerung, die die Dramatik verstärkt. Die Aufgaben werden immer schwieriger und gefährlicher, die kämpfenden Drachen sprühen erst einmal aus drei, dann aus sechs und schließlich aus neuen Häuptern ihr Feuer. Zum anderen wächst damit auch die Gestalt des Märchenhelden: Jede Probe, jeder Kampf bestätigen, daß er der Beste, der Tapferste, eben der wirkliche Held ist. Je mächtiger und bedrohlicher der Gegner, der Unhold, der wortbrüchige König, desto kühner und stärker der Märchenheld. Aber der Held hat nicht nur drei Gegner zu überwältigen, sondern er ist auch der jüngste von drei Brüdern. Auf dem Bestehen der letzten Prüfung, dem Erfüllen der letzten Aufgabe, auf dem Letzten selbst liegt das Gewicht des Märchens, das „Achtergewicht“ - Stilmerkmal und soziale Aussage zugleich.

Daneben gibt es die Zweigliedrigkeit, ausgeprägt vor allem im Zweibrüdermärchen (AaTh 303) mit zwei Helden und parallelen Handlungen. Aber die Dreizahl überwiegt doch, zumal sie in der Zahlenmagie und im Volksglauben verankert ist. Eine über die Dreizahl hinausgehende Wiederholung dagegen findet sich im echten Märchen nicht, sie bringt schließlich nicht eine Erhöhung der Dramatik, sondern kann überzogen und langweilig wirken.

Versucht das Märchen die Weite der Welt, auch mit Ausblicken in eine jenseitige Welt, zu fassen, den Helden an ihre Grenzen und darüber hinaus zu führen (ebenfalls im sozialen Bereich), so kann es auf die Begrenzung der Zeit verzichten. Kleine Zeiträume werden noch abgesteckt: Der Held muß einige Tage im Spukschloß verweilen, Aschenputtel kann am

Abend den Ball des Königssohnes besuchen, doch die Dimension der Zeit als etwas Zerstörendes, Auflösendes ist aus der Welt des Märchens verbannt. Erlöser und Erlöste heiraten nach langer Zeit der Verwünschung, die keine Spuren hinterlassen hat, und Dornröschen wird nach hundert Jahren wachgeküßt und ist ein junges, schönes Mädchen geblieben. Es erscheinen alte Leute, hilfesuchend oder ratend, die Gestalten aber selbst altern nicht. Kinder wachsen zwar heran, der Prozeß des Alterns wird jedoch ausgespart. Die von ihrem Ehemann hart geprüfte, von ihren Kindern über lange Jahre getrennte Frau bleibt unberührt von Alter und Sorgen und kann noch einmal Hochzeit feiern. Wenn das Alt- und Gebrechlichwerden vor allem bei den Hauptpersonen ausgespart wird, so gibt es für diese auch keinen - zumindest endgültigen - Tod. Da bringt ein Hase rechtzeitig ein Kraut, das alle Wunden heilt, der Held holt selbst das Wasser des Lebens, Ermordete können mühelos in das Leben zurückkehren. Und der wiederkehrende Tote, in der Sage so gefürchtet, wird zum Helfer und Reisekameraden. Nur leicht ironisierend klingt da die Schlußformel: „... und wenn sie nicht gestorben sind, so leben sie noch heute."

Schlimmere Vergehen wie Verrat, Inzest, Heimtücke, Mord und Verleumdung ändern nichts an der letztlich optimistischen, dem Leben zugewendeten Grundhaltung des Märchens. Die Täter werden bestraft, das Böse, gleich in welcher Form, wird getilgt. So sind auch die verhängten Todesstrafen zu verstehen: Sie sollen absichern, daß Unheil und Unholde nie mehr wiederkehren und die Welt bedrohen. Gut und Böse stehen sich gegenüber, das Gute muß am Ende siegen - der Sieg ist desto größer und überzeugender, wenn zuvor die Tiefen der Erniedrigung und der Not durchmessen werden.

Diesen klaren Aussagen des Märchens entsprechen seine kontrastreichen Gestalten, es gibt keine Zwischentöne. Die Bilder sind von scharfer Kontur, sie lassen dem Erzähler jedoch genug Freiheit, sie farbig auszumalen.

Mit Blick auf die vorherrschende mündliche Überlieferung haben wir das Märchenerzählen angesprochen; ursprünglich hat ein Erzähler das Märchen einmal geprägt, es einem Hörerkreis dargeboten. Aber dennoch haften dem Märchen kollektive Elemente an, denn der Erzähler bringt das zum Ausdruck,

Eine Märchenerzählerin,
der fast nur Kinder zuhören.
George Cruikshank,
Radierung für die englische Ausgabe
der „Kinder- und Hausmärchen“
der Brüder Grimm, 1826

was die anderen, meist demselben sozialen Umfeld angehörend, auch denken, fühlen, wünschen und erhoffen. So gerät das einmal erzählte, gedichtete Märchen in den Überlieferungsprozeß, der sein Weiterleben sichert. Bringt jedoch ein Erzähler allzu persönlich Gesehenes, so wird es später wieder abgeschliffen, oder die allzu individuelle Variante wird von den Hörern nicht akzeptiert und sinkt mit dem eigenwilligen Erzähler ins Grab.

Wir sprechen hier von Wünschen und Hoffnungen - das Märchen aber ist nicht nur „Wunschtraum des armen Mannes“. Es geht nicht nur um Hirsetöpfchen, die immer wieder

Brei spenden, um ein Tischchen deck dich, und das Märchen vom Schlaraffenland ist eher als Antimärchen zu betrachten. Gewiß, Lebensfreude und -genuß werden erstrebt und schließlich dem Helden zuteil, doch nie unverdient, und vor allem bekommt das Leben durch das überwundene Leid, die bestandenen Prüfungen, durch das rechte Verhalten einen Sinn. Wer in der Welt und auch im Weltgeschehen für sich einen Sinn und Aufgaben sieht, der kann auf ein Ziel hinarbeiten, dabei Härten und Unbill ertragen. So runden oft auf Utopien gegründete Zukunftsvisionen das Weltbild des Märchens ab.

Hier nähert sich das Märchen der Religion. Beide, Märchen wie Religion, versuchen dem Menschen Trost zu geben und Hoffnung zu wecken auf ein besseres Leben, auf Gerechtigkeit, die gerade dem Hintangesetzten zuteil wird, auf den Sie des Guten über das Böse, das in dieser Welt oft mit aller Macht und Gewalt ausgestattet ist. Aber die Religion verlagert das Walten der Gerechtigkeit in das Jenseits, das Märchen dagegen teilt Lohn und Strafe im Diesseits aus, und wenn es eine Jenseitswelt schildert, birgt die meist Gefahren, und der Held verläßt sie klüglich. Am Schluß des Märchens scheint die Diesseitswelt sich in die bessere und schönere Welt zu wandeln. In diesem Zusammenhang dürfte die Feststellung interessant sein, daß in den Gebieten, in denen die Hochreligionen, die Frage nach der Erlösung stellend, beheimatet sind - also Indien, der Vordere Orient und Europa -, die Zaubermärchen, als weltlicher Widerpart um das Erlösungsproblem gruppiert, eine vielgestaltige Entwicklung und eine ausgesprochene Blüte erfahren haben. Diese Annäherung macht es verständlich, warum im Bereich der Hochreligion die Predigtmärchen sich herausbildeten.

Wenn der Hörer und später der Leser die vorgezeichneten Konturen mit eigenen Vorstellungen und Erlebnissen auszufüllen hat, so werden dabei auch Erinnerungen wiederbelebt, und mit diesen Erinnerungen verbinden sich Gefühle, die bei der Aufnahme der Märchen eine wichtige Rolle spielen.

Fassen wir zusammen, so stellt sich uns das Märchen dar als eine Erzählung, in der ein Held (oder eine Heldin) durch eine Kette von Abenteuern und Prüfungen zu einem glücklichen Leben gelangt und ihm die Welt sinnvoll wird. Dabei will das

Märchen keine Lehren vermitteln, fern liegt ihm und seinem abenteuerlustigen Helden jede hausbackene Didaktik, es will eine neue, glücklichere Weltsicht, will Lebensbejahung und Optimismus vermitteln. Deshalb ist die Heldengestalt auch so angelegt, daß ein jeder sich mit ihr identifizieren und damit an Abenteuern und Märchenglück teilhaben kann. Auf eine vergnügliche und sinnvolle Weise unterhalten sich Erzähler und Hörer. So ist das Märchen eine Erzählung, die einer Kette von Abenteuern folgt, in die tradierte oft archaische Motive und Gestalten eingefügt und phantasievoll überhöht sind, wodurch die Dramatik gesteigert wird und der die Abenteuer bestehende Held (Heldin) zur Identifikationsgestalt und das ihm zugewiesene Glück als Zeichen der Gerechtigkeit empfunden werden.

Überall wo Menschen träumen, hoffen, sich eine bessere und schönere Welt ausmalen und ihre Vorstellungen poetisch formen, bildet sich das Märchen heraus. Das bedeutet: Überall in der Welt wurden und werden Märchen erzählt. Aber in Ge-

„De Swienegel als Wettrenner“. Der Igel erscheint, wie so oft, als der gemütliche Hausvater. Johann Peter Theodor Lyser, Holzschnitt, 1853

schichte und Tradition der Völker erhalten sie ihr spezifisches Gepräge. Bei der Vielzahl der gestaltenden Kräfte werden kulturelle Leistungen und Werte vieler Völker und Stämme mit eingebracht, und in dem langen und weiten Traditionsraum der Märchen lagern sich die verschiedensten Schichten ab, und Motive unterschiedlicher Abkunft ballen sich zu bunter Stoffülle.

Die Begegnung der Völker und Kulturen in den Märchen, die poetische Bewältigung der Stoffe sichern dem Märchen einen Platz in der Weltliteratur. Das Märchen erscheint uns als breitgefächertes Spektrum, und innerhalb dieses Spektrums werden Untergattungen sichtbar. Mythenmärchen, Tiermärchen, Zaubermärchen, Schwankmärchen und Novellenmärchen, auf die etwas näher eingegangen werden muß.

Die reine Mythe jedoch gehört nicht in eine Erzählrunde, sie ist gebunden an Glaubensvorstellungen und Riten, sie hat religiöse Werte zu vermitteln, zu veranschaulichen und zu festigen. Eine Unterhaltungsfunktion liegt ihr fern. Das Leben in einer jenseitigen Welt und die Beziehungen zu dieser gelten mehr als die Hinwendung zum Leben und Diesseits. Götter und Dämonen stehen über dem Menschen und beherrschen sein Geschick. Wie im Märchen spielt allerdings die Phantasie beim Vorzeigen irrationaler Zusammenhänge eine Rolle. Die Phantasie schlug dann auch die Brücke zum Mythenmärchen, wohl der frühesten Form des Märchens.

Wenn die Bindungen zwischen Mensch und Tier oder Dämonen nicht mehr ein numinoses Schaudern hervorrufen, sondern als ein Abenteuer angesehen werden, wenn der Handlungsraum Diesseits wichtiger ist als der jenseitiger Welten, bildet sich das Mythenmärchen heraus, das freilich nur dort bestehen kann, wo ein mythisches Weltbild noch nicht völlig verblaßt ist. Neben dem Mythenmärchen aber lebt die Mythe weiter und wirkt auch auf andere Genres ein.

Die Tiermärchen erwachsen aus dem Verhältnis des noch sehr naturverbundenen und naturabhängigen Menschen zum Tier: zum Haustier, zum Jagdgetier, zu ungezähmten Bestie. Die Märchenwelt ist dabei fast identisch mit einer Welt der Tiere; diese übernehmen, wie bereits angemerkt, die Rolle des Märchenhelden. Im Gegensatz zur Fabel, in der ja auch die Tiere agieren, vermeidet das Tiermärchen aber jede Didaktik.

Seine Helden sind wie die menschlichen Märchenhelden häufig klug und pfiffig. Welches Tier allerdings als klug und pfiffig angesehen wird, ist regional sehr verschieden. Daneben können Tiermärchen auch hinüberspielen in den Bereich der ätiologischen, d.h. der naturdeutenden, Sage, wenn beispielsweise das Zustandekommen einer Tierfeindschaft oder einer bestimmten Besonderheit des Tieres erklärt werden soll. Allerdings sind diese Geschichten nie ganz ernst zu nehmen, sondern mit offensichtlicher Freude am phantastischen, poetischen Einfall erzählt worden.

Auch die dem Märchen eigene Stellungnahme für den Schwache, Hintangesetzten läßt sich im Tiermärchen beobachten. Ein fast klassisches Beispiel sind die Tiere auf der Wanderschaft (AaTh 130) - bei Grimms „Die Bremer Stadtmusikanten“. Es sind alte Tiere, die dem Menschen nichts mehr „taugen“, sie sollen „aus dem Futter geschafft werden“. Die Sympathie ist damit sogleich auf seiten der Abgerackerten, und in der Welt des Märchens können sie einen guten Platz finden, ihn sich selbst erobern, in dem zur Idylle gewordenen einstigen Räuberhaus im Walde. Vielleicht geschieht da ein Wunder, aber gezaubert wird nicht: Nur ein Fenster klirrt, ein Esel schreit, ein Hund bellt, eine Katze miaut, ein Hahn kräht...

Für viele Forscher sind die Zaubermärchen die „eigentlichen“ Märchen. Sicher regen sie durch die vielen Wunder, die die Handlung auslösen und begleiten, die Phantasie in starkem Maße an, und die zu bewältigende Stoffülle verlangt nach einer besonders durchgegliederten Komposition. Wenn wir genau hinsehen, so wird in den Zaubermärchen oft gar nicht gezaubert; der Held zaubert kaum, er ist jedoch bereit, sich dem Wunder zu öffnen, das Wunder zu akzeptieren. Allerdings verhält er sich so, daß er sich das Walten von Wundern verdient, und sei es nur durch kleine Gesten. Da ist z.B. der junge Bursche, der dem ererbten Hauskater auf seine Bitte hin Stiefel anmessen und schustern läßt, und der dann nichts weiter tut, als genau und offensichtlich voller Zutrauen die Ratschläge seines „Gestiefelten Katers“ (AaTh 545 AB) zu befolgen.

All die übernatürlichen Gestalten, die wir bereits als typisch für das Märchen kennengelernt haben, wie Drachen, Unholde, Riesen, Zwerge, Hexen, dem Helden feindlich oder freundlich gesinnt, bevölkern das Zaubermärchen; sie zeigen aber sehr

„Frau Holle“.
In dieser bulgarischen Ausgabe nicht als gütige Frau, sondern als Hexe (Baba Jaga) dargestellt.
Illustration von Ivan Kjosev, 1963

verschiedene Gesichter, je nach den Vorstellungen des Volkes, das sie schuf.

Neben der Hexe der deutschen Märchen gibt es in den französischen und englischen Märchen, von keltischen Traditionen beeinflußt, die Fee, in den orientalischen die guten oder bösen Dschinn, in den russischen Märchen haust die Baba Jaga in ihrem „Hause auf Hühnerbeinen“ dem Helden oder der Heldin Beistand gewährend.

Auch die Helden erlangen oftmals bereits bei ihrer Geburt den Nimbus des Hervorragenden, des besonders Begabten: so, wenn der Bärensohn oder auch der Kuhsohn in die Welt tritt. Hier treffen wir eine Wertschätzung des wilden oder auch des Haustieres an, die der Intention der Tiermärchen entspricht und - wenn wir weiter nachspüren - die Anschauung der frühen Jäger und Viehzüchter deutlich werden läßt.

Vor allem aber sind es die Motive, in denen sich das Wunder manifestiert. Da gibt es Messer die rosten, wenn ihrem Besitzer ein Leid zustößt, ein Motiv, das sich aus dem Analogiedenken herleitet: Gleiches bewirkt Gleiches. Da kommt es zu problemlosen Verwandlungen, vom Menschen in ein Tier, in eine Pflanze - der Mensch ist noch nicht aus der Natur herausgehoben. Nach archaischen Glaubensvorstellungen gibt es keinen Tod, sondern nur den jähen Übergang in eine Nachtodgestalt, in ein Pferd, eine Ente oder einen Baum..., gleichzusetzen mit einem tierischen oder pflanzlichen Alter ego. Der Haselstrauch, der auf dem Grabe von Aschenputtels Mutter wächst, der Vogel in seinem Gezweig sind als Nachtodgestalten zu begreifen. Als solche haben sie größere Macht als die Lebenden und können dem armen Mädchen mit den wunderbaren Gewändern aus der Not helfen. Ein Toter oder ein Verwünschter kann sein menschliches Wesen jedoch zurückerlangen, wenn seine Nachtodgestalt oder seine angewünschte Gestalt vernichtet wird. In das Märchen eingebracht, fördern diese plötzlichen Verwandlungen und Rückverwandlungen seine Dramatik und Dynamik.

Solch eine Verwandlung, die nach archaischen Glaubensvorstellungen notwendig und folgerichtig ist, wird beim Verblassen dieser Vorstellungen zum phantasievollen, wunderbaren Motiv, und je weiter sich das Märchen entwickelt, um so wunderbarer wirkt dieses Motiv. Das Wissen, eingestanden oder uneingestanden, um seine letztliche poetische Funktion, nimmt diesem Motiv seinen düsteren Ton und macht es zu einem farbigen Baustein der Märchenwelt.

Hinwendung des Märchens zum Leben, zur Freude am Leben, zur Diesseitswelt kann die über der Märchenwelt liegende Stimmung so weit auflockern, daß auch die Freude am Lachen immer mehr vordringt, archaische Motive werden „verschwankt", mitunter auch die dämonischen Gestalten. So können sich Drachen (z. B. im Märchen „Von dem Schaf, das eine Königstochter trug") als Kavaliere erweisen und es rücksichtsvoll ablehnen, mit Mädchen zu kämpfen. Und an die Stelle des Drachentöters tritt ein mehr burlesker Märchenheld, z. B. das tapfere Schneiderlein. Ein Paradebeispiel für diese sich herausbildende Gruppe der Schwankmärchen ist das Märchen vom Gruselnlernen, das „Märchen von einem der auszog, das Fürchten zu lernen" (AaTh 326). Der schon aus Neugier mutige Draufgänger, der sich mit einem Küster, mit Gehenkten, Geisterkatzen und Unholden auseinandersetzen muß, führt die abenteuerliche Handlung zu dem rechten Märchenschluß, er entzaubert das Spukschloß und gewinnt die Prinzessin, die ihn dann das Gruseln lehrt.

Die späteste Ausformung des Märchens sind die Novellenmärchen. Erst mußte die literarische Gattung „Novelle" entstehen, ehe sie eine Verbindung zum Märchen eingehen konnte. In den Novellenmärchen bleibt das Abenteuer, aber das Wunder ist verschwunden, und an seine Stelle rücken Scharfsinnproben, das Rationale gewinnt an Boden gegenüber dem Irrationalen. Das Wunderbare wird so durch das Wundersame abgelöst.

Um diesen Überblick abzurunden, wären noch die Warnmärchen anzuführen, die - anders als die Volksmärchen -, nur in beschränkter Zahl existierend, aus tradierten Motiven zusammengesetzt werden von Eltern, um damit auf ihre Kinder erzieherisch einzuwirken. Mit recht massiven, aber eindrucksvollen Exempeln sollen die Kinder vor Gefahren gewarnt werden, so wenn sie z. B. allein zu Hause sind und die Eltern weit entfernt auf dem Felde arbeiten: deutlich im Märchen vom „Wolf und den sieben jungen Geißlein" (AaTh 123). Damit wurde eine Entwicklung angebahnt, die dann Mitte des 19. Jahrhunderts durch Heinrich Hoffmanns „Struwwelpeter" fortgesetzt wird.

Diese Warnmärchen und die Tatsache, daß viele Märchenhelden im Kindesalter stehen wie Hänsel und Gretel, oder Jugendliche sind, ließen, vor allem seit dem 18. Jahrhundert, die Meinung aufkommen, Märchen, Volksmärchen seien Kinderliteratur. Unter diesem Aspekt wird noch heute Kritik am Märchen vorgetragen, vielfach auch und gerade von Pädagogen. Diese Kritik heftet sich vornehmlich an das Vorkommen von Drachen, Hexen, Dämonen in den Märchen, auch an die harten Bestrafungen. Dabei wird übersehen, daß

„Der Wolf und die sieben junge Geißlein" ist eines der bekanntesten Warnmärchen. Die alte Geiß ermahnt ihre Kinder noch einmal, niemanden ins Haus zu lassen.
Ludwig Richter, lavierte Federzeichnung, 1862

die Hörer - Kinder wie Erwachsene - diese „Schreckgestalten" gar nicht als Menschen oder Tiere sehen, sondern als Verkörperung des Bösen schlechthin, das in der szenen-, bilder- und firgurenreichen Komposition des Märchens nicht ein Abstraktum bleiben kann. Infolgedessen wird auch die Bestrafung, die Tilgung des Bösen als gerecht empfunden, damit kein drohender Schatten über der Märchenwelt bleibt. Auf diesen Umstand weisen bereits die Brüder Grimm in der Vorrede zur ersten Ausgabe ihrer Volksmärchen hin: „Das Böse ist auch kein Kleines, Nahstehendes und das Schlechteste, weil man sich daran gewöhnen könnte, sondern etwas Entsetzliches, Schwarzes, streng Geschiedenes, dem man sich nicht nähern darf; ebenso furchtbar ist die Strafe derselben."

Ein zweiter Ansatz zur Kritik kam aus fast entgegengesetzter Richtung. Das Märchen spiegele eine „heile Welt", die es niemals gegeben habe, es übermittele überdies vergangene Wertvorstellungen, wenn es von Königen, Prinzen, Prinzessinnen, duldsamen Frauen spricht. Aber werden hier nicht Märchengestalten aus dem Kontext des Handlungsablaufes genommen? Und ist die Welt, die nach der Eingangsformel „Es war einmal..." geschildert wird, tatsächlich „heil"? Werden nicht Kinder ausgesetzt wie in „Hänsel und Gretel", wird der Dummling nicht verspottet, und wird Aschenputtel nicht herumgestoßen? Das Bild einer gerechten, schönen Welt steht ja erst wie eine Zukunftsvision am Ausklang des Märchens, eine Welt zum Weiterleben. Aber diese Diskussionen belebten und beleben nur das Interesse am Märchen.

Was ist es, das die Faszination des Märchens und des Märchenhaften bewirkt? Da ist einmal seine einfache Ethik, die allen verständlich ist, von allen als rechtens empfunden wird. Das Märchen kennt nur Gut und Böse, es kennt keine Grautöne, kein „Sowohl-Als-auch". Der Sieg des Guten ist stets gesichert und mit ihm das Glück und Wohlergehen des Helden. Da der Held das Gute vertritt, dem Bösen wehrt, Abenteuer durchlebt und besteht, wollen sich alle, die das Märchen erzählen, hören oder auch lesen, mit ihm identifizieren und dadurch an seinem Glück teilhaben.

Diese Identifikation wird dadurch begünstigt, daß der Märchenheld eben kein Heros ist, sondern seine Abenteuerfahrt sogar als Dummhans, Aschenpüster oder Hirtenjunge beginnen kann. Dabei macht das Märchen für wahres Heldentum sensibel. Wenn der Held auch manchmal eine goldene Rüstung trägt und hoch zu Roß einherreitet, die Heldenrolle fällt ihn nur zu, weil er gut ist und weil er die Furcht, die auch er einmal verspüren kann, überwindet. Leicht ist der Drachentöter als ein Held zu erkennen, aber es erfordert mehr Verständnis und Einfühlung, den als Helden zu entdecken, der sich bescheiden zurückhält, hilfsbereit ist, ohne viele Worte zu machen, der bereit ist, sich zu opfern und sich dabei nicht in Pose setzt, der sich nicht scheut, auch nach Geringfügigem Ausschau zu halten, sich danach zu bücken.

Die Sympathie, die von dem Märchenhelden ausgeht, die ihn zu einer Identifikationsfigur gerade für Kinder und Jugendliche macht, gründet sich weiterhin darauf, daß er die Natur achtet, daß er nicht nur bedürftigen Menschen hilft, sondern ganz selbstverständlich auch Tieren, mit ihnen Freundschaft schließt, daß er versucht, Kontakte zu Sonne, Mond, Gestirnen und Winden aufzunehmen.

Diese „Unmöglichkeiten“ zu akzeptieren ist nur mit Hilfe der Phantasie möglich. Sie zwingen sich damit dem Hörer - oder eben dem Leser - auf. Sie verleiten ihn, beim Eintritt in die Märchenwelt das Spiel mit dem Möglichen und dem Unmöglichen zu beginnen, auch Ängste auszustehen, um sie dann zu überwinden. Der Hörer kann sicher sein, daß diese Ängste nicht über ihm zusammenschlagen, die Angstgefühle ihn nicht erdrücken, denn er weiß, daß im Märchen alles zu einem guten Ende geführt wird. Im Gegenteil: Ein Glücksgefühl greift auf ihn über und ist um so größer, wenn vorausgegangene Nöte eine starke Kontrastwirkung schaffen.

Im Märchen erfüllen sich Erwartungshaltungen: Alle - Märchengestalten wie Hörer - sind befriedigt über den guten Ausgang. So heißt es mit Recht in einem kaukasischen Märchen „... sie alle freuten sich und wir uns mit ihnen“.

Die Freude am Glück, am Märchen weitet sich aus zur Freude am Leben. Das Märchen trägt Trost, Zuversicht und Lebensfreude über seinen Helden, über seine Handlung an die Menschen heran. Aber dennoch, sie wissen alle, daß das Märchen fiktiv ist, erdichtet und keine ungebrochene Darstellung der Wirklichkeit.

Auch unsere Sprache spiegelt diese Haltung wider: Erzähl keine Märchen - das setzt Märchen mit Spinnereien gleich. Die Sage dagegen verlangt - jedenfalls in der Vergangenheit - Glauben und versucht die Glaubwürdigkeit durch das Benennen von Zeugen zu bekräftigen.

Das Märchen aber will nicht rapportieren, sondern der Phantasie Freiraum und Spielraum geben, es unterliegt poetischen Gesetzen. Das wichtigste dieser Gesetze bestimmt, daß das Märchen einen guten Ausgang nehmen muß. Wenn das Märchen der Phantasie Spielraum gibt, so gibt es andererseits auch das Spiel im Märchen. Wir werden später noch an diesem In-Szene-Setzen teilhaben können. Spiel und eine schöpferische Phantasie sind aber eng mit dem Leben und der Tätigkeit des Menschen verbunden, und weil das Genre Märchen beides dem Menschen vermitteln kann, weil es dabei einsame und öde Stunden ausfüllt, Trost und Freude vermittelt, so ist es überall aufzufinden - wenn auch in gewandelter Form.

Auch Spiel und Dramatik erscheinen in unterschiedlicher Prägung: Drachenkampf, Unterweltsfahrten, Brautwerbung; im Märchen ist alles ein Abenteuer. Diese Abenteuerhaltigkeit mußte gerade diejenigen ansprechen, die in einem wenig abwechslungsreichen Arbeitsalltag lebten. Die dem Märchen innewohnende Dramatik prädestiniert es aber auch für eine Umsetzung auf die Bühne, sei es die Bühne eines Puppenspieles, eines Theaters oder einer Oper. Seit Jahrzehnten findet es Aufnahme in Funk, Film und Fernsehen. Auch unter kulturpolitischen Aspekten ist es interessant. Da das Märchen weltweit verbreitet ist, gibt es Ansatzmöglichkeiten, einmal, um fremde Völker und Kulturen kennenzulernen, und zum anderen, um in ihnen Vertrautes wiederzufinden. Die Liebe zu fremden Märchengestalten kann ein Anfang sein zu Verständnis und Annäherung.

Künstler wurden und werden vielfach durch Märchen, ihre Gestalten und Motive angeregt, im Bild, in der Dichtung oder in der Musik Märchenhaftes zu schaffen. Wir wollen diese Versuche nicht übergehen, sie sollen wie Marginalien unsere Geschichte des Märchens begleiten.

Zur Wissenschaftsgeschichte

Gewiß ist auch,
daß sich das Märchen
in dem Fortgang der Zeit
beständig neu erzeugt…

Mit dieser These, die von den Brüdern Jacob und Wilhelm Grimm in der Vorrede zur ersten Ausgabe ihrer „Kinder- und Hausmärchen“ 1812 aufgestellt wurde, hatten die Grimms eine Position bezogen, die fern war von späteren Ausdeutungen des Märchens als unveränderliches, im Traditionsprozeß erstarrtes Gebilde. Damit leiteten sie eine wissenschaftliche Untersuchung des Märchens und seiner Geschichte ein, gleich wo, zu welchem Zeitpunkt dieser Beginn angesetzt wurde.

Bereits 1777 hatte Johann Gottfried Herder in seiner Schrift „Von der Ähnlichkeit der mittleren englischen und deutschen Dichtkunst“ dem Märchen seinen Platz in der Geschichte der Poesie zugewiesen: „Die gemeinen Volkssagen, Märchen und Mythologien… sind gewissermaßen Resultat des Volksglaubens, seiner sinnlichen Anschauung, Kräfte und Triebe, wo man träumt, weil man nicht weiß, glaubt, weil man nicht siehet und mit der ganzen unzerteilten und ungebildeten Seele wirket, also ein großer Gegenstand für den Geschichtsschreiber der Menschheit, den Poeten, den Poetiker und Philosophen.“ Herder selbst ging daran, Volkslieder zusammenzutragen, die dann 1778 und 1779 in zwei Teilen erschienen. Diese Liedersammlung, später als „Stimmen der Völker in Liedern“ betitelt, folgte „Des Knaben Wunderhorn“ (1806-1808) von Clemens Brentano und Achim von Arnim, die in der Zeit der Napoleonischen Herrschaft und Kriege nationale Ideen und Werte herausstellen wollten. Die Brüder Grimm gesellten sich

Porträt der Brüder Jacob (1785-1863) und Wilhelm (1786-1859) Grimm

den beiden Freunden zu, um mit den von ihnen gesammelten Märchen gleichfalls einen Beitrag zur Festigung der nationalen Kultur zu leisten.

Allerdings gingen die Grimms im Verlaufe ihrer Arbeit mit den Märchen bald über die Grenzen, die dem „Wunderhorn" gesetzt waren, hinaus. Den noch unscharfen Begriff des Märchens versuchten sie zu klären, sie trennten es zuerst und mit Recht von der Sage ab, mit der es oft verwechselt und zusammengetan wurde. (Dennoch finden sich in den „Kinder- und Hausmärchen" auch andere Stücke, wie Fabeln, ätiologische Sagen, Legenden und Schwänke.)

Die Brüder Grimm schöpften aus der mündlichen wie der

schriftlichen Überlieferung, so aus alten Büchern und Chroniken. Freunde unterstützten sie dabei und sandten ihnen Märchen zu, die sie selbst aufgezeichnet hatten. Mitunter lassen sich mündliche und schriftliche Überlieferung kaum trennen - diese Erfahrung mußten die Brüder selbst machen. Ihre beste Erzählerin, die Viehmännin, war zwar die Frau eines hessischen Landwirts, stammte aber aus einer Hugenottenfamilie und hatte bereits in der Kindheit die Märchensammlung Charles Perraults, eines Franzosen aus dem Zeitalter Ludwigs XIV., kennengelernt und diese Märchen ihrem Erzählschatz eingefügt. Ohne es gleich zu wissen, schlugen die Grimms die Brücke vom deutschen zum europäischen Märchen.

Im Gegensatz zu Literaten des 18. Jahrhunderts, die Märchenhaftes aufgriffen und es oft kapriziös umgestalteten, behandelten sie das Märchen als Wissenschaftsgegenstand. Sie hatten ihre Sammlung als Kinder-, Familien- und Hausbuch gedacht, wollten gleichzeitig aber auch Materialien zur Erforschung des Märchens vorlegen. Das bedeutete, es so getreu wie möglich nachzuerzählen, genauer: aufzuschreiben, wobei es ihnen vornehmlich um „Treue und Wahrheit" des Inhaltes ging.

So vermerkten die Grimms in der Vorrede zum ersten Band der „Kinder- und Hausmärchen": „In diesem Sinne existiert noch keine Sammlung in Deutschland, man hat sie [die Märchen] fast immer nur als Stoff benutzt, um größere Erzählungen daraus zu machen, sie willkürlich erweitert, verändert..."

Um ihrem Märchenbuch und damit auch ihren Darlegungen zum Volksmärchen größere Verbreitung zu verschaffen, bearbeitete Wilhelm Grimm, der selbst ein begabter Erzähler war, die einzelnen Beiträge stilistisch auf eine so charakteristische Weise, daß sich der Typ des „Grimmschen Märchens" herausbildete. Dem dritten Band wurde ein wissenschaftlicher Kommentar beigegeben, der von dem Berliner Gelehrten Johannes Bolte und dem tschechischen Gelehrten Georg Polívka in dem gemeinsamen Werk „Anmerkungen zu den Kinder- und Hausmärchen der Brüder Grimm" (1913-1932) fortgeführt wurde. Die Grimms begannen ihre Untersuchungen mit der Frage nach der Herkunft und nach dem Sinn, auch der Deutungsmöglichkeit der Märchen und beantworteten sie dahingehend, daß sie die Märchen als Reste eines verschollenen indogermanischen - wir würden heute formulieren: indoeuropäischen -

Mythos sahen. Das bedeutete auch, daß der Prozeß der Herausbildung des Märchens in frühester Zeit, am Ausgang der Urgesellschaft, angesetzt wurde. Die Beschäftigung mit der Heldensage schien dabei den Brüdern recht zu geben: Waren denn Siegfried nicht ein Drachentöter, Brunhilde nicht eine verwünschte Prinzessin? Auch das Vorkommen von Riesen und Zwergen, Nixen und ähnlichen mythischen Gestalten paßte sich in diese Theorie ein.

Als sich allerdings neue wissenschaftliche Erkenntnisse Bahn brachen, hielten die Brüder Grimm zwar noch an der These der Abkunft des Märchens vom Mythos fest, waren jedoch bereit, auch andere Möglichkeiten der Entstehung zu akzeptieren.

Die „Kinder- und Hausmärchen" wurden richtungweisend für zahlreiche Sammlungen und Publikationen des 19. Jahrhunderts. Wissenschaftler mühten sich, den Erzähl-, insbesondere den Märchenschatz verschiedener Landschaften zu erfassen, so zum Beispiel: Karl Müllenhoff in Schleswig-Holstein, Heinrich Pröhle im Harz, Ernst Meier in Schwaben, die Brüder Ignaz Vinzenz und Josef Zingerle in Süddeutschland und Tirol. Doch die Wirkung der „Kinder- und Hausmärchen" ging weit über das deutschsprachige Gebiet hinaus. Zwei Beispiele seien hier angeführt: In den Jahren von 1855 bis 1864 erschienen die „Narodnyje russkie skaski" (Russischen Volksmärchen) von Alexander Nikolajewitsch Afanasjew, der gleichfalls die mythologische Richtung vertrat. Das zweite Beispiel ist von ganz anderer Art: Während die erste Auflage der „Kinder- und Hausmärchen" nur einfach ausgestattet war, keine Illustrationen enthielt, abgesehen von einem Bild der Erzählerin Dorothea Viehmann (vom „Malerbruder" Ludwig Emil Grimm), erschien 1823 bis 1826 in London eine englische Übersetzung mit zweiundzwanzig Radierungen des bekannten Graphikers George Cruikshank. In spätere deutschsprachige Ausgaben der „Kinder- und Hausmärchen" kamen dann die Holzschnitte Ludwig Richters, die ursprünglich Ludwig Bechsteins „Märchenbuch" attraktiv gemacht hatten.

Indem die Brüder Grimm die mythologische Theorie entwickelten, deren Nachhall durch Jacob Grimms Hauptwerk „Deutsche Mythologie" verstärkt wurde, begründeten sie die Märchenforschung. Diese bildete sich, anfangs noch der Philologie und Geschichte verbunden, langsam zu einer selbständi-

Hänsel und Gretel". Die Hexe prüft an Hänsels Finger, ob der Junge fett genug für die Schlachtung sei. Ludwig Emil Grimm, Kupferstich zur Ausgabe von 1825, die einige Abbildungen enthielt

gen Disziplin aus, und in diesem Prozeß entstanden neue Theorien, oft kontrovers diskutiert.

1859 erklärte der Göttinger Orientalist Theodor Benfey im Beitext zu seiner „Pancatantra"-Übersetzung Indien zur Urheimat aller Märchen. (Überdies hatten bereits die Grimms auf die Abkunft einiger Märchen aus Indien aufmerksam gemacht.) Neben dem „Pancatantra" gab es noch weitere indische Sammlungen, die diese These stützen konnten. Wichtig war für Benfey, daß er anhand der Schriftzeugnisse diese Erzählsammlungen und die darin enthaltenen Märchen zu datieren vermochte. Das „Pancatantra" wurde im 3. Jahrhundert aufgeschrieben, und die Wanderung der Märchenstoffe von Indien in die persische und arabischen Kulturkreise, in den Mittelmeerraum und nach Europa ließ sich anhand von Handschriften und Erzählsammlungen gut verfolgen.

Eigentlich hatte Benfey zwei Theorien vorgetragen. Das war einmal die „Indientheorie" und dann, daraus notwendig gefolgert, die Theorie einer Wanderung, Migration, der Märchen. Damit gewannen die Mittler der Märchen an Interesse; es waren vor allem die mobilen Bevölkerungsschichten wie Händler, Reisende, Wanderhandwerker, Fuhrknechte; auch die Wanderwege wurden verfolgt. Aber das Vorherrschen philologischer Fragestellungen drängte derartige Aspekte wieder zurück.

Mit dem Anwachsen der Materialien, die die Forscher in den verschiedensten Gebieten der Erde zusammentrugen, wurde die These verbunden, daß das Märchen weltweit verbreitet und von höherem Alter als die indischen Sammlungen sei und daß in vielen Fällen eine Wanderung ausgeschlossen werden müsse. Diese Theorie der Polygenesis wurde von dem Engländer Edward Burnett Tylor (1871), dem Schotten Andrew Lang (1885) und dem Franzosen Joseph Bédier vertreten: Nicht an einem Ort, in einem Land, bei einem Volk wären die Märchen entstanden, sondern bei allen Völkern, in allen Teilen der Welt. Die Gemeinsamkeiten der Märchen führten sie auf gemeinsame Glaubensvorstellungen zurück. Offen blieb jedoch die Frage nach der Herkunft solcher Übereinstimmung der Vorstellungen. An die Theorie der Polygenesis knüpfte Friedrich von der Leyen mit seinen Arbeiten über das Märchen an, faßte sie zusammen in dem Werk „Die Welt der Märchen" (1954) und wertete sie in Konsequenz dieser Theorie als Weltliteratur. Ab 1912 begann auch die Reihe „Märchen der Weltliteratur“ zu erscheinen.

Waren es bis dahin Philologen, Orientalisten, Literaturhistoriker, Folkloristen, ja sogar Religionswissenschaftler, die sich mit dem Märchen beschäftigten, so zeigte am Ende des 19. Jahrhunderts nun auch die Psychologie Interesse an ihm. Ludwig Laistner versuchte in „Das Rätsel der Sphinx“ 1889 Märchenmotive als Ausfluß unterdrückter Ängste und Angstträume zu deuten. Der Freud-Schüler Riklin näherte sich von einer anderen Seite dem Märchen, als er es in „Wunscherfüllung und Symbolik im Märchen“ (1908) als einen poetisch gestalteten Wunschtraum auffaßte. Derartige psychologische Interpretationen erhielten einen neuen Akzent in dem Werk „Symbolik des Geistes“ (1948) des Schweizers Carl Gustav Jung, eines Vertreters der Tiefenpsychologie. Nach Jung handelt es sich in den Märchen um eine Darstellung innerseelischer Vorgänge, und die Märchengestalten verkörpern Aspekte der menschlichen Persönlichkeit. Der Versuch, Märchen, ihre Motive und Gestalten psychologisch auszudeuten, „Archetypen“ freizulegen, gewann dem Märchen neue Interessenten. Freilich wurde dabei häufig übersehen, daß die Symbolsprache des Märchens es oft als simple Allegorie erscheinen läßt. Wenn kulturhistorisch gegründete Motive psychologisch geklärt werden sollten, erhielt das Märchen dabei immer mehr Züge eines ahistorischen Gebildes. Sein sozio-kulturelles Umfeld, auch seine Erzähltradition blieben außerhalb dieser Interpretation.

Neue Impulse erhielt die Märchenforschung durch die „Finnische Schule“, einen lockeren Zusammenschluß von Forschern, gegründet durch die Finnen Antti Aarne und Kaarle Krohn. Sie entwickelten die historisch-geographische Methode, um Heimat und Entstehungszeit eines Märchens bestimmen zu können. Der erste Schritt dazu war die Festlegung von Märchentypen - 1910 durch Aarne -; die Spielformen, Varianten des Typs wurden dann auf historische und geographische Daten hin verglichen, und aus diesem Vergleich rekonstruierte man die „Urform“ des Märchens und traf eine räumliche und zeitliche Zuordnung. Jedoch dominierte bei diesen Untersuchungen die geographische vor der historischen Komponente. Wenngleich das Aufsuchen der „Urform“ stark mit Hypothesen belastet war, führte der Variantenvergleich doch oft zu interessanten Ergebnissen. So wurde zum Beispiel, gestützt auf geographische wie kulturhistorische Indizien, Flandern als Heimatland des „Märchens vom singenden Knochen" (AaTh 780) ausgemacht und Jütland als Heimat des Märchens von der Jungfrau Maleen (AaTh 870). Vor allem förderte die Anlage eines Typenverzeichnisses die notwendige Systematisierung und die internationale Zusammenarbeit in der Märchenforschung. Aarnes Typenkatalog wurde 1929 durch den US-Amerikaner Stith Thompson erweitert und erschien unter dem Titel: „The Types of the Folktale". Danach werden noch heute die Märchentypen erfaßt, sie haben in der internationalen Märchenforschung ihre Nummer (so ist AaTh 300 [= Aarne-Thompson 300] der Drachentöter). Ein „Motif-Index of Folk-Literature" (1955-1958), ebenfalls von Stith Thompson angelegt, ergänzt das Typenverzeichnis.

Bei der Konzentration auf Typen und Motive wurde jedoch das soziale Umfeld des Märchens und des Märchenerzählers kaum berücksichtigt. Bereits die Brüder Grimm hatten ein Bild ihrer besten Erzählerin, der Viehmännin, entworfen; auch in den meisten Sammlungen des 19. Jahrhunderts finden sich Angaben zu Erzählern, Erzählsituationen und Hörerkreisen, aber es gab keine Untersuchungen, die sich voll dieser Thematik zuwandten. Bei der Besprechung der Märchensammlung von Afanasjew hatte allerdings der russische Philosoph und Literaturkritiker Nikolai Alexandrowitsch Dobroljubow gefordert, das gesamte Umfeld des Erzählens mit einzubeziehen. Aber erst 1926 stellte Mark Asadowski „Eine sibirische Märchenerzählerin" vor, er ging ihrem Leben nach, ihrem künstlerischen Wollen, ihrem überaus reichen Repertoire und schrieb damit die erste Erzählerbiographie.

In einer Sackgasse verliefen dagegen in den zwanziger Jahren die Arbeiten aus der Schule des Berliner Germanisten Julius Schwietering, die eine „Biologie" des Märchens voraussetzten und eine „heile" Dorfgemeinschaft beschworen, die dem Märchen Lebensraum geben sollte. Ganz im philologischen Bereich blieb Albert Wesselski mit seinem „Versuch einer Theorie des Märchens"; er glaubte, eine Art Binnenwanderung im Märchen, ein Von-oben-nach-unten, nachweisen zu können. Dabei schätzte er die zweifellos vorhandenen Wechselbeziehungen zwischen Volksdichtung und Weltliteratur falsch ein, wenn er die Stärke der mündlichen Tradition und die geistig-kulturellen Kräfte, die in der Volksdichtung liegen, leugnete oder herabsetzte. Sie erhielten bei ihm nur einen Platz im Schatten einer Literatur der „Oberschicht". Um aber seine Theorie abzusichern, die Vorherrschaft der Literatur zu beweisen, trug Wesselski zahlreiche frühe, schwer auffindbare Varianten von Märchen zusammen. So erwuchs aus einer Fehleinschätzung doch ein für die Geschichte des Märchens förderlicher Beitrag.

Der Ansatz der Brüder Grimm, das Märchen von einem überkommenen Mythos abzuleiten, erfuhr durch den Schweden Carl von Sydow mit seiner indoeuropäischen Erbtheorie eine Weiterführung, wobei er das Zaubermärchen, von ihm als Schimärenmärchen bezeichnet, bereits im Neolithikum ansiedelte.

Wenn man bedenkt, daß andere Forscher, insbesondere Vertreter der historisch-geographischen Methode, die Entstehung des Märchens im Mittelalter ansetzen wollen, so wird deutlich, wie engagiert und heftig um Abkunft, Entwicklung und schließlich auch um den Sinn des Märchens gestritten wird.

Eine wichtige Rolle in der Auseinandersetzung um das Alter des Märchens spielen die Motive, die auf Rudimente eines Ahnenkultes, auf ein frühes Weltbild, auf präanimistische und animistische Vorstellungen, auf Nachtodgestalten hinweisen. Da wird der Einwand erhoben, daß diese Motive zwar sehr alt sein könnten, aber erst später in das Märchen eingefügt worden seien. Auch wir bezeichneten die Motive als Bausteine des Märchens; wo aber sollten sie über weite Zeiträume hin aufbewahrt worden sein, wenn nicht in einer adäquaten Erzählung. Eine frühe Form des Märchens muß freilich, denn das Märchen ist ja ein lebendiges Gebilde, in stilistischer, sprachlicher und gestalterischer Hinsicht anders aussehen als spätere Formen, auch die Gestalt des Helden unterliegt diesem Entwicklungsprozeß.

Die Theorien, die hier umrissen wurden, folgten nicht nur einander - sie fanden und finden weiterhin Verfechter, sie stehen auch gegenwärtig in der Diskussion, in Publikationen, Fachzeitschriften, auf Kongressen.

Die Diskussion um das Märchen wird sogar lebendiger und weitet sich aus. Von benachbarten Disziplinen kommen Anstöße. So macht der Schweizer Literaturwissenschaftler Max

Lüthi in seinen Arbeiten nachdrücklich aufmerksam auf die ästhetischen Kriterien des Märchens, die über Motiven und Motivbildungen leicht vergessen werden und die dem Märchen als Dichtung natürlich eigen sind.

Wiederum meldeten sich gerade in jüngster Zeit auch Literaturhistoriker zu Wort, begreiflicherweise gingen sie von ihrem Material und ihren Erkenntnissen aus. Das heißt: Literarische Varianten wurden analysiert, Querverbindungen innerhalb der Literatur gezogen und auch die Beziehung des Volksmärchens zum Kunstmärchen wurde neu gefaßt. Dabei wurde die Bedeutung der mündlichen Tradition vielfach zu gering eingeschätzt oder gänzlich negiert.

Immerhin gewann somit die Diskussion um das Märchen an Raum, die Märchenforschung behielt ihre führende Position innerhalb der Erzählforschung. Zum Beispiel weitete sich die „Enzyklopädie des Märchens“ (konzipiert und in Arbeit in der gleichnamigen Göttinger Arbeitsstelle) zum „Handwörterbuch zur historischen und vergleichenden Erzählforschung“, einem internationalen Forschungsvorhaben.

Wir wollen und werden uns keiner Theorie um das Märchen voll und ganz verschreiben, wir werden bei den verschiedenen Märchen mit verschiedener Herkunft zu rechnen haben, mit Märchen, die altes gemeinsames Erbe sind und mit solchen polygenetischen Ursprungs. Wir müssen die mündliche Tradition anerkennen, aber auch schriftliche Zeugnisse in unsere Darstellung mit einbeziehen, das heißt: Eigentlich müßten wir jedem Märchen eine gesonderte Untersuchung widmen. In einem Falle wollen wir dies, um ein Beispiel zu geben, versuchen - bei dem Märchen vom „Gestiefelten Kater“.

Wir werden alle noch faßbaren Elemente der Entstehungs- und Verbreitungsgeschichte der Märchen berücksichtigen, vorausgesetzt, wir können sie noch ausmachen. Um das Leben des Märchens in der Vergangenheit zu verfolgen, werden wir besonders auf die Migration, die Wanderung, zu achten haben. Eine wichtige Rolle spielen dabei die alten Handelswege.

Für das Leben des Märchens in der Gegenwart aber genügt diese eingegrenzte Betrachtung nicht. Wir müssen mit Blick auf die Ausbreitung des Märchens, auf seine Entwicklung, Umgestaltung - sofern sie nicht das Genre selbst in Frage stellt -, auch die Rolle der Massenmedien beachten. Auf der anderen Seite bedeutet das, daß weitere Disziplinen am Märchen, der

Erforschung seiner Geschichte und seiner Gesetze Interesse haben. Sogar die Philosophie blickt zeitweilig auf das Märchen.

Ernst Bloch macht sich zum Fürsprecher für das Märchen, wenn er in seinem Werk „Das Prinzip Hoffnung“ das „Es war einmal ...“ verteidigt: „...da bedeutet märchenhaft nicht nur ein Vergangenes, sondern ein bunteres und leichteres Anderswo.“ Er schließt sich dabei Thomas Mann an, der in der Vorrede zu seinem Josephroman sagt: „... die Verlegung solcher Märchenbilder in ein Es-war-einmal läßt das Einst als Kommendes in dem Einst als Vergangenes allemal durchschimmern.“ So liegt auch für Bloch der Schluß des Märchens in einer „Dämmerung nach vorwärts, ins Neue“. Dabei vermeidet er, das Märchen mit Symbolik zu überfrachten, und sieht es in seiner Ganzheit als selbstgeschaffenen, nicht aufgezwungenen Wunschtraum des Volkes.

Doch wann beginnt das Volk, wann beginnen überhaupt die Menschen zu träumen, welche Wunschbilder projizieren sie auf die Zukunft?

Das frühe Märchen

So lebte der Held Enkidu in der Steppe,
und die Tiere zogen ihn auf.
Aus dem „Gilgamesch-Epos“

Im 2. und 1. Jahrtausend v.u.Z. wurde das „Gilgamesch-Epos“ in Keilschrift aufgezeichnet und gelangte über die Grenzen des Zweistromlandes zwischen Euphrat und Tigris hinaus. Zuvor war es in mündlicher Überlieferung ausgestaltet worden und reicht wohl in das 3. Jahrtausend zurück. Der Held des Epos’, Gilgamesch, ist König des Stadtstaates von Uruk, gehört also in eine altsumerische Tradition. Ihm wird als Widerpart ein zweiter Held, der Stiermensch Enkidu, gegenübergestellt, eine Schöpfung der Götter. Doch die beiden Helden werden Freunde und ziehen zusammen aus, um einen Riesen zu bezwingen. In einem Zedernwald treffen sie auf den Riesen, der den Wald bewacht, und überwinden ihn.

Drei Träume sind diesem Abenteuer vorausgegangen. Als Enkidu stirbt, steigt auch Gilgamesch in die Unterwelt hinab, um seinen Ahn Utnapischtim, den Überlebenden der Sintflut, um Rat zu bitten und ein Wunderkraut, das neues und ewiges Leben verschafft, zu holen. Aber eine Schlange entwendet ihm das Kraut, so daß Gilgamesch nicht unsterblich werden kann.

Noch spielen wie in den Mythen die Götter eine Rolle, sie entscheiden die Geschicke der Menschen, auch der Helden. Aber deren Taten sind es, die wichtig sind - die Götter bleiben jetzt im Hintergrund. Der Handlungsverlauf mit der Motivkette - Aufsuchen des Riesen im Walde, Sieg über den Riesen, Wanderung in die Unterwelt, Überqueren des Stromes im Jenseits, die Suche nach dem Lebenskraut - bewegt sich auf der Ebene des Märchens.

Der Schluß, daß Gilgamesch trotz all seiner Macht dem Tode zuletzt nicht zu entgehen vermag, ist eigentlich märchenuntypisch, er findet sich aber in späteren Märchen aus dem Orient wieder - einmal unter dem Einfluß religiöser Vorstellungen, zum anderen wohl in dem Wunsch, ein in Umrissen erkanntes Naturgesetz nun auszudeuten.

Ein in den jüngeren Märchen verblaßtes, fast unverständlich gewordenes Motiv tritt hier noch klar hervor: Gilgamesch sucht in der Unterwelt den Ahn auf, um seinen Rat einzuholen, und der alte Utnapischtim - der Noah der Bibel - versucht zu raten und zu helfen. Die Mitglieder einer Sippe, eines Familienverbandes hatten füreinander einzustehen, nach archaischen Glaubensvorstellungen über den Tod und das Grab hinaus. Gerade den Toten wurden magische Kräfte beigemessen, sie wurden von ihren Nachkommen verehrt, aber ebenso gefordert. So entwickelte sich der Ahnenkult und schlug sich auch im Märchen nieder. Aus diesem Untergrund lösten sich die jenseitigen Alten, die dem Helden gerade in seiner Bedrängnis begegneten, um ihm mit ihrem Wissen oder mit Zaubergaben zu helfen.

Die Angabe von Personennamen, historischen Stätten, Städten wird häufig nur der Sage zugeordnet, aber auch die Märchen geben nie ihre Bindung an die Wirklichkeit auf. Im Verlaufe unserer Wanderung durch die Märchenwelt werden wir immer wieder auf Märchen stoßen, die geschichtliche Personen und Räume einbeziehen.

Unsere Kenntnis gründet sich trotz mancher Lücke in den Texten auf die schriftliche Überlieferung. Wir wissen jedoch, daß bei der Dominanz des Analphabetentums der mündlichen Tradition und ihrem Weiterwirken große Bedeutung zukam. Wieviele epische Erzählungen, Mythen, frühe Märchen mögen im Laufe der Jahrtausende mit ihren Trägern durch Kriege, Brandkatastrophen, Überschwemmungen, Seucheneinbrüche, die die Bevölkerung dezimierten, verlorengegangen sein? Ein Zeugnis der Phantasie, die das tragende Element im Märchen ist, sind noch heute steinerne geflügelte Löwen sowie Drachen am Ischtar-Tor und an der Prozessionsstraße, vormals in Babylon. Leider kennen wir keine Drachentötermärchen aus dieser Zeit, wir wissen jedoch, daß der Drache

Gilgamesch
mit einem Löwen
im Arm.
Zeichnung nach einem
Alabasterrelief vom
Palast Dur Sharrukin
(Chorsabad),
Assyrien, 8. Jh. v. u. Z.

im alten Orient gefürchtet wurde, da er angeblich das Wasser verschlingen und damit Dürre und Hungersnöte verursachen sollte. In Riten und Bräuchen fanden sich daher Drachenkämpfe, oftmals angesiedelt in der Nähe von Brunnen, die das lebensnotwendige Naß spendeten. Und tatsächlich wurden an Brunnen Opfer, Opfer von Menschen, vor allem Jungfrauen, dargebracht. Und so gibt es in späteren Märchen kriechende wie auch fliegende Drachen.

Das frühe Märchen selbst rückt uns wieder näher, wenn wir uns Bruchstücke aus der Dichtung der Hethiter ansehen, die in der Zeit von 1650 bis 1200 v. u. Z. in Kleinasien ein Reich gegründet hatten. Die Eingangsformel ist uns bereits vertraut:

„Es war einmal eine Stadt mit Namen Schudul…" Dann wird von dem an Rindern und Schafen reichen Manne Appu berichtet. Es werden dem Kinderlosen durch ein Wunder zwei Söhne geboren, deren Wesen völlig entgegengesetzt ist. Sie heißen „Schlecht" und „Gerecht". Zum Schluß bekommt bei der Teilung des Erbes, als „Schlecht" sich das wertvolle Pflugrind nimmt, der gute Bruder „Gerecht" eine Kuh, die ihm viele Kälber gebiert. Es ist eine bäuerliche Welt, die sich da vor uns auftut, und ein Gott hilft dem Bauern.

In einem anderen hethitischen Fragment wird einem Fischer ein ausgesetztes Kind übergeben, ein Junge, von einer Kuh geboren, und dann bricht die Erzählung ab.

Das bedeutendste aller Zaubermärchen ist das von Anup und Bata, eine Vorform des Zweibrüdermärchens (AaTh 303), das auch in den „Kinder- und Hausmärchen" der Brüder Grimm zu finden ist. Das Märchen von Anup und Bata wurde in Ägypten um 1200 v. u. Z. auf Papyrus niedergeschrieben. Untersuchungen ergaben, daß der Aufzeichnung eine mündliche Tradition bis etwa 1300 v. u. Z. voranging, die vielleicht wieder in die hethitische Kultur zurückreichte. Die Brüder Anup und Bata wohnen zusammen, bestellen ihre Felder und hüten ihr Vieh. Bata, der Jüngere, versteht die Sprache der Tiere, Anup, der Ältere, ist verheiratet. Seine Frau entbrennt in Liebe für Bata und will ihn verführen. Bata flieht sie, und die Verschmähte verleumdet ihn bei dem Bruder. Ergrimmt will Anup Bata töten, aber die Kühe, deren Sprache dieser ja versteht, warnen ihn. Der Sonnengott rettet Bata, indem er zwischen ihn und den Bruder einen Fluß, wimmelnd von Krokodilen, legt. Bata geht in das Tal der Zedern und lebt dort in Einsamkeit, bis die Götter ihm eine wunderschöne Frau zugesellen. Zuvor hat er seinem Bruder Anup übermittelt, er, Bata, habe sein Herz verzaubert und in der Blüte eines Zedernbaumes verborgen. Der Strom nimmt eine Locke von Batas Frau mit und führt sie bis zum Pharao, der so entzückt ist, daß er diese Frau begehrt. Es gelingt ihm, sie zu entführen, und sie verrät ihm Batas Geheimnis.

Der Pharao läßt die Zeder umhauen, und Bata muß sterben. Anup wird jedoch durch das verabredete Zeichen gewarnt, er eilt in das Zederntal, sucht und findet das Herz des Bruders in einer Beere. Er legt es in frisches Wasser, das Herz belebt sich, und Bata ersteht wieder. Er verwandelt sich in einen Stier, und Anup muß ihn zu dem Pharao bringen. Anup bekommt reiche Geschenke für den Stier und kehrt in sein Dorf

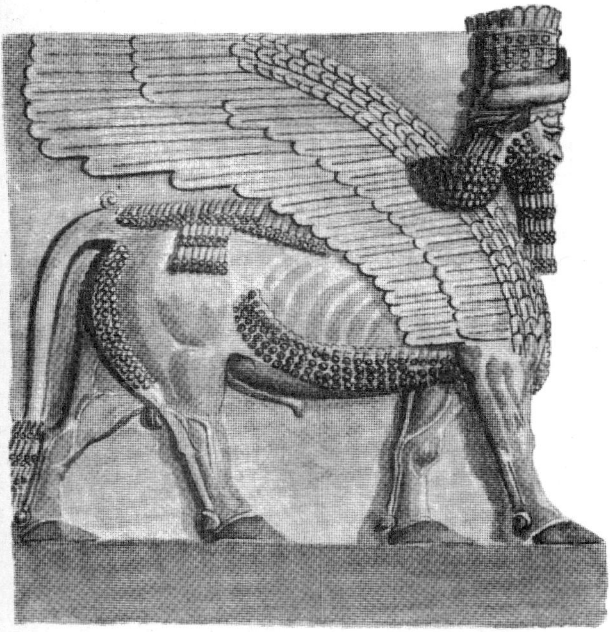

Der Lamassu ist ein Mischwesen aus spätassyrischer Zeit. Zeichnung nach einer Kolossalstatue aus Dur Sharrukin, 721-705 v. u. Z.

zurück. Bata offenbart sich seiner treulosen Frau, und sie setzt es bei dem Pharao durch, daß der Stier geschlachtet wird, damit sie seine Leber essen kann.

Zwei Blutstropfen fallen vom Nacken des Stiers neben die Türpfosten des Palastes. Daraus erwachsen zwei große Perseabäume, wieder gibt sich Bata seiner Frau zu erkennen. Sie bittet den Pharao, die Bäume fällen zu lassen. Das geschieht, ein Splitter löst sich und fällt in den Mund der Frau. Sie gebiert ein Kind, dieses Kind ist wieder Bata. Er besteigt den Pharaonenthron und richtet die verräterische Frau. Als Bata nach einer langen Regierungszeit stirbt, wird Anup sein Nachfolger.

Zauber und Wundergeschehen beherrschen die Handlung, aber nur zweimal greifen die Götter ein, dann verselbständigt sich das Wunder und bindet sich an den Helden. Den schwerelosen, schnellen Wechsel in eine Nachtodgestalt, einmal ein tierisches, zum anderen ein pflanzliches Alter ego, haben wir bereits aus archaischen Glaubensvorstellungen hergeleitet. Der Mensch wird nach seinem Tode zu einem Tier oder zu einer Pflanze. Ein weiteres Motiv tritt hier hinzu: das Herz als Sitz des Lebens, auch außerhalb des Körpers.

Noch eines verdeutlicht dieses frühe Zaubermärchen: Sollte es tatsächlich bei den Hethitern in Kleinasien geprägt worden sein, so wurde ihm in der ägyptischen Überlieferung eine neue Heimat geschaffen. Die Märchenwelt, das waren die Wälder, Felder und Dörfer am Strom, der zum Sitz des Pharaos führte.

Tiefe und Farbe gewannen die Märchen durch das Einsetzen von Symbolwerten - Gold steht allgemein für prachtvoll und schön. So ist die Brücke golden und auch das Schloß, die Teller sind golden und der Ball, mit dem die Prinzessin spielt. Golden werden die Haare, die der junge Bursche in den Goldbrunnen taucht, und er wird sogar zum „Goldener". Aber das Märchen selbst will nicht als Symbol begriffen werden. Manchmal kommt es allerdings dem Gleichnis nahe, wenn der Sinn des Lebens und der Welt erfaßt werden soll.

So findet sich in einem Papyrus des 12. Jahrhunderts v. u. Z. ein in das Gleichnis hinüberreichendes Märchen von dem Streit zwischen Lüge und Wahrheit (AaTh 613, das Grimmsche Märchen „Die beiden Wanderer" ist eine spätere Ausformung). In der altägyptischen Erzählung spielen die Götter wieder mit hinein, aber ein Knabe ist es, der sie schließlich zu einem gerechten Urteil zwingt, so daß die Lüge, personifiziert wie auch die Wahrheit, geblendet wird.

Die nach ihrer Thematik benannten Schiffermärchen, die in der Antike, z. B. in der „Odyssee“ und bei den Phöniziern, immer wieder auftauchen, haben einen Vorläufer im altägyptischen Erzählgut. Da gibt es den märchenhaften Bericht eines Schiffbrüchigen, der auf eine von einem Drachen bewohnte Insel verschlagen wird. Doch dieser Drache verhält sich freundlich und hilfreich gegenüber dem Schiffbrüchigen, denn dessen Gesellschaft läßt ihn für einige Zeit seine Einsamkeit auf dem öden Eiland vergessen. Als dann nach Monaten ein Schiff anlegt, beschenkt der Drache den neugewonnenen Freund. Mit der Schilderung der Einsamkeit und Verlassenheit klingen Töne an, wie wir sie viel, viel später im „Robinson Crusoe“ wieder hören können.

Ein Fragment ist das im 13. Jahrhundert v. u. Z. niedergeschriebene Märchen von einem Prinzen, dem sein Ende durch einen Hund, eine Schlange und ein Krokodil (nahe AaTh 333) geweissagt worden ist. Der Prinz, von seinem Vater in einem Turm eingeschlossen, um dem Geschick entgegenzuwirken, will diesem nicht ausweichen. Er zieht in Begleitung seines Hundes nach Mesopotamien und erwirbt durch einen kühnen Sprung die Hand der Königstochter, die ebenfalls in einem Turm eingesperrt ist. Als der Prinz während der Jagd seinem Hund folgt, stößt er auf einen Riesen, der mit einem Krokodil kämpft. Das Krokodil rät dem Jüngling, sich mit ihm zu verbünden, um den Riesen zu besiegen.

Hier bricht die Erzählung ab. Nahm sie nun einen für das Märchen an sich untypischen tragischen Ausgang? Oder gelang es dem Jüngling, mit Hilfe der Tiere den Kampf zu bestehen und darüber hinaus seinem Schicksal zu entgehen und ihm entgegen der düsteren Weissagung eine glückliche Wendung zu geben?

Wenn wir uns mit solch einem Bruchstück beschäftigen, so werden wir daran erinnert, daß sicher mehrere andere Aufzeichnungen davon existierten und verlorengegangen sind. Da gab es, um nur ein Beispiel zu nennen, den Brand der Bibliothek von Alexandria im Jahre 47 v. u. Z. Aber die Tatsache, daß diese Märchen überhaupt aufgeschrieben wurden, sagt etwas über ihre Wertschätzung im alten Ägypten und auch bei denen aus, die Träger der schriftlichen Traditionen und Kultur waren. Vielleicht wurden einige Märchen auch nicht niedergeschrieben, sondern das Märchensujet wurde in einem Bild erfaßt.

Für die altägyptische Kultur wäre das ein naheliegender Schluß, da die Schrift noch bildlich konkret war. Jedenfalls gibt es höchst reizvolle und phantasievolle Bilder. Eine Katze hütet die Gänse, der Wolf hütet die Ziegen. Mäuse belagern die Burg der Katze, eine Ratte thront vornehm und läßt sich von Katzen bedienen, Löwe und Gazelle sitzen friedlich zusammen beim Brettspiel... Eine Reihe von Tieren zieht mit Musikinstrumenten einher - Ägyptologen setzen sie in Bezug zum Märchen „Die Stadtmusikanten".

Sollten diese Bilder sich nicht auf Märchen beziehen? Für Mythen oder lehrhafte Fabeln sind sie zu vergnüglich im Thema wie in der Ausführung. Sie passen aber in die heitere, mitunter sogar schwankhaft wirkende Szenerie der Tiermärchen. Auch das Bild von der verkehrten Welt fügt sich in die Umgebung des Märchens, in einigen Bereichen der Märchenwelt wird eine Umwertung vorgenommmen, ein „Alles einmal anders" durchgespielt. Ein spätes Zeugnis ägyptischer Märchen lieferte der griechische Historiker Herodot (um 484-425 v. u. Z.). Von seinen Reisen brachte er auch das Märchen vom Schatz-

Schon auf einem altägyptischen Papyrus finden wir die „verkehrte Welt" dargestellt: Eine Ratte läßt sich von Katzen bedienen, und ihr Baby wird von einer Katze gewartet. Papyrusfragment.

Eine Sirene als Seelenbegleiterin. Harpye vom „Harpyengrab“, Xanthos, etwa 500 v. u. Z., Umzeichnung

haus des Rhampsinit (AaTh 950) mit. Zuvor war es im 6. Jahrhundert v. u. Z. bereits, allerdings sehr verknappt, von dem Griechen Eugammon von Kyrene niedergeschrieben worden.

Der Baumeister des ägyptischen Königs Rhampsinit läßt beim Bau des Schatzhauses einen Stein locker. Auf dem Sterbebett gibt der Meister sein Geheimnis an seine Söhne weiter, die darangehen, sich nach und nach Geld aus der königlichen Schatzkammer zu holen. Der König merkt sehr bald, daß sein Vermögen sich verringert, obwohl alle Siegel vor den Türen unverletzt bleiben. Daraufhin läßt der König Fallstricke auslegen, in denen sich bei dem nächsten nächtlichen Besuch der vorankriechende Dieb fängt. Geistesgegenwärtig befiehlt er dem ihm folgenden Bruder, ihm den Kopf abzuschlagen um mit sich zu nehmen, um ein Erkennen zu verhindern. Der König ordnet an, den kopflosen Körper aufzuhängen und aufzupassen, ob ihn jemand abnehmen würde. Die Mutter der Brüder will, daß der getötete Sohn begraben wird, und so wendet der am Leben gebliebene Sohn eine List an. Er verkleidet sich als Weinhändler und macht die Wachen betrunken. dann entfernt er sich mit dem Leichnam und begräbt ihn.

Um den Dieb doch noch zu fangen, bietet der König seine Tochter öffentlich aus. Aber nur der darf Beischlaf halten, der ihr seine verwegenste Tat erzählt. Das tut der Bruder, und als ihn die Prinzessin am Arme greifen will, läßt er ihr nur den Arm des toten Bruders zurück. Da gibt der König sich geschlagen und verspricht dem Dieb seine Tochter, wenn er sich meldet. Das tut der auch, gewinnt so die Prinzessin zur Frau, wird selber Prinz und später sicher Nachfolger des Königs. - Damit erkennen wir das Märchen vom Meisterdieb (AaTh 1525A) als einen späteren Verwandten des Märchens vom Schatzhausräuber, vom Schatzhaus des Rhampsinit. Die Märchenhelden zeichnen sich häufig durch Listigkeit aus; List war ja oftmals die einzige Waffe des sonst Machtlosen und Hintangesetzten.

Der Baumeistersohn hat auch in der griechischen Antike einen Verwandten: den listenreichen Odysseus. Odysseus ist freilich kein Märchenheld, aber es sind in die Kette seiner Abenteuer einzelne Märchenmotive eingebunden.

Die bekannteste Episode ist das aus mehreren Motiven zusammengesetzte Polyphenmärchen (AaTh 1135). Odysseus, der mit seinen Gefährten an einer unbekannten Küste gelandet ist, trifft dort in einer Höhle auf den Riesen Polyphem, der einige der Gefährten des Odysseus frißt. Er macht hierauf den Zyklopen trunken, blendet ihn und stiehlt sich, unter einem Widder versteckt, aus der gefährlichen Höhle. Da Odysseus sich „Niemand" nannte, eilt auch keiner der anderen Zyklopen auf die Hilferufe herbei, um dem durch „Niemanden" Geblendeten zu helfen oder ihn zu rächen. Diese Episode weist einen weiteren archaischen Zug auf: Der Riese ist Menschenfresser offensichtlich nicht aus Not und Hunger, denn er hütet eine große Schafherde, sondern um Kräfte dazuzugewinnen. Hier lebt also noch die Erinnerung an eine magische Anthropophagie. Ursachen des profanen Kannibalismus dagegen sind immer Hunger und Not.

Andere gefährliche Begegnungen mit Dämonen und Unholdinnen, so auch mit den Sirenen, sind in der „Odyssee" wie

„Die Äpfel der Hesperiden". Ihr Herbeischaffen gehörte zu den zwölf Arbeiten, durch die sich Herakles Unsterblichkeit erwarb. Zeichnung nach der Metope vom Zeustempel in Olympia, um 460 v. u. Z.

auch in den „Schiffermärchen" der seefahrenden Völker enthalten. Die Rückkehr des verlorengeglaubten Gatten, der sich im eigenen Heim der Freier seiner Frau zu entledigen hat, kann in einzelnen Märchen als Schlußmotiv erscheinen. Die Vielfalt der Abenteuer in der „Odyssee", vor allem auch mit übernatürlichen Wesen, veranlaßte dann später den römischen Satiriker Juvenal, Homer mit einem gewerbsmäßigen Märchenerzähler zu vergleichen. Aber wir können Juvenal natürlich nicht als Zeugen für die frühen Märchen auftreten lassen. Zwar hatte er mit dem Hervorheben der Abenteuerhaltigkeit ein wesentliches Merkmal des Märchens herausgefunden, aber er übersah, daß das Märchen ein in sich geschlossenes Ganzes darstellt. Oder wir müßten die ganze „Odyssee“ als ein Märchen begreifen: Abenteuerfahrt, Begegnungen mit dämonischen Mächten, Rückkehr in die Heimat mit Rückgewinnung der Frau. In der epischen Ausweitung aber sind die Grenzen des Märchens gesprengt.

In der altgriechischen Welt lassen sich, entgegen vielleicht vorhandener Erwartungen, nur verhältnismäßig wenige Märchen ausmachen. Die Griechen hatten eine reiche vielschichtige Mythologie entwickelt, aber die zunehmende philosophische Weltbetrachtung schuf Distanz zu den Mythen, sogar Souveränität gegenüber mythischen Vorstellungen. Die Mythen gewannen so einen Unterhaltungscharakter, sie wurden umgebildet zu vergnüglichen Geschichten über Turbulenzen der Olympier. Damit war jedoch ein Weg in der Entwicklung zum Mythenmärchen abgeschnitten.

Eher noch spielten Tierfabeln der altgriechischen Literatur mitunter in Tiermärchen hinüber. Dann wieder gab es Erzählungen, die zwar den Reichtum der Märchenhandlung entbehrten, dafür aber Wünsche, oft phantastischer Art schilderten: Das Tischchen deck dich, Gossen, in denen Hirsebrei und Suppen mit Klößchen flossen, Pflastersteine, die aus Würstchen bestanden, Drosseln, die gebraten in den offenen Mund flogen... Wir sehen, daß hier seit dem 5. Jahrhundert v. u. Z. das Bild vom Schlaraffenland Kontur bekam, und das Schlaraffenland liegt ja an der Peripherie des Märchens.

Wunschbilder werden erträumt und gleich wieder verspottet. Insgeheim stellt sich dabei die Frage: Ist das, worüber man seit Hunderten von Jahren lacht, wirklich die „verkehrte Welt“? Zu dieser „verkehrten Welt“ gehören im alten Griechenland auch der Wolf, der die Schafe hütet, der Esel, der die Laute schlägt, der Löwe, der geschoren wird, die weintrinkenden Frösche... Hier werden auf schwankhafte Weise Unmöglichkeiten, die das Märchen nicht kennt, durchgespielt; als Gegenstück zum Märchen wird so das Lügenmärchen geschaffen, dessen Spätform uns als Münchhausiade wohlbekannt ist.

Märchenmotive, ja sogar Motivketten sind in Mythen und Heldensagen eingelassen. Herakles verkörpert den überstarken Helden, der bereits als Kind seine Kraft zeigt, der zwölf schwierige Aufgaben zu erfüllen hat, darunter auch das Vernichten der Hydra, eines neunköpfigen Ungeheuers, die Säuberung des Stalles des Augias, die Zähmung menschenfressender Rosse und das Herbeiholen der Äpfel der Hesperiden.

Perseus wird als Kind in einem Kasten ausgesetzt, dann gerettet und bekommt gleichfalls schwere Aufgaben zugewiesen. Um erfolgreich kämpfen zu können, erhält er von den Nymphen eine Tarnkappe, Flügelschuhe und einen Ranzen. So tötet er Ungeheuer wie die Medusa und verwandelt einen Nebenbuhler um seine Frau zu Stein.

Theseus bezwingt zahlreiche Ungeheuer und tötet auch den Minotaurus und steigt in die Unterwelt hinab, um eine schöne Frau zu entführen.

In der „Argonautensage“ hat der Held Jason für den König, der ihn verderben will, das Goldene Vlies zu holen. Übernatürlich starke Helfer sind dabei die Ruderer auf dem Zauberschiff, darunter ein Faustkämpfer, ein Vogelschneller, einer, der auf dem Wasser gehen kann. Die zauberkundige Königstochter Medea begleitet Jason mit dem erbeuteten Vlies auf der Flucht. Ein früher literarischer Beleg des Motivs der magischen Flucht, auf der durch Zauber Hindernisse vor die Verfolger gelegt werden.

Blicken wir nun auf die Helden und ihre Taten, wie sie in Kurzfassung vorgestellt wurden, drängt sich die Frage auf, ob wir nicht doch Märchen, Zaubermärchen, vor uns haben und nicht nur Motive und Motivketten.

Aber einmal ist der Held so sehr in die Mythologie eingebunden, daß es wohl jedem schwer fiele, sich mit ihm zu identifizieren. Er bleibt auch nicht auf der Erde bei den Menschen, sondern zieht ein in den Himmel der Götter. Zum anderen sind diese Erzählungen episch derart ausgebaut, daß sie sich über eine Konzentration und Beschränkung der Motive, wie sie das Märchen fordert, hinwegsetzten. Der Held hat immer wieder - ohne Steigerung - neue Taten zu verrichten, immer wieder neue Ungeheuer zu bekämpfen; wir erinnern uns: Herakles hat zwölf Aufgaben zu bestehen. Ein derartiges episches Gefüge war zum Vortrag durch einen Rhapsoden bestimmt.

Ein makedonisches Märchen hat uns wiederum Herodot überliefert. Drei Brüder aus Argos fliehen nach Makedonien und verdingen sich bei dem König als Hirten. Der älteste der Brüder hütet die Pferde, der zweite die Rinder und der jüngste das Kleinvieh. Der jüngste Bruder aber ist zauberkundig, und als der König das merkt, beschließt er, die Brüder aus dem Lande zu weisen. Der Jüngste schöpft sich vor den Augen des Königs noch Sonnenschein in die Tasche. Der König weist an, die Brüder zu verfolgen, der Jüngste aber läßt den Fluß anschwellen, so daß die Verfolger umkehren müssen. Dann wandern die drei Brüder in ein Wunderland, wo Rosen wachsen.

Wenn wir nach alten literarischen Quellen für das Märchen suchen, müssen wir auch die Bibel, vor allem das Alte Testament, heranziehen. Freilich hat das Wundergeschehen in der Bibel einen anderen Charakter als im Märchen: Das Wunder erfolgt zum Preis Gottes, ist Zeugnis seiner Macht. Der Märchenheld hat nichts von einem sündigen Menschen an sich, das Wunder bietet sich ihm an, hilft ihm, das Böse zu überwinden, und sichert ihm ein glückliches Leben - im Diesseits. Dennoch sind in der Bibel neben Sagen- und Mythenmotiven auch Märchenmotive enthalten, die trotz religiöser Einfärbung als solche noch erkennbar sind. An erster Stelle wäre wohl die Tobiasgeschichte (AaTh 507) aus den Apokryphen des Alten Testaments zu nennen. Der alte, erblindete Tobias hat, dem religiösen Gebot folgend, unter eigner Gefahr die Erschlagenen beerdigt. Als er dann seinen Sohn auf eine weite Reise entsendet, begleitet ihn auf Gottes Geheiß ein „junger Gesell“, der Erzengel Raphael. So wirkt hier nicht ein Wiedergänger, ein übermächtiger Toter, als Beschützer und Helfer, wenn auch die Verbindungslinie noch erkennbar ist. Daneben finden sich in der Tobiasgeschichte die Motive von dem heilenden Wundermittel und von der Braut, die in der Hochzeitsnacht von einem Dämon erlöst wird.

Da gibt es drei weitere interessante Motive, die wir in Märchen als Eingangssituation finden: Erstens das Jephtamotiv: Jephta, der Vater, gelobt das zu opfern, was ihm zuerst aus seinem Hause entgegenkäme - es ist sein Kind. Zweitens das Motiv der Kindesaussetzung: Moses wird, wie mancher Märchenheld, auf dem Fluß ausgesetzt. Das dritte Motiv, das seinen Namen ebenfalls aus der Bibel erhalten hat, ist der Uriasbrief. Ein Brief, den König David dem Hethiter Urias mitgibt, um ihn zu vernichten.

Die Stärke des unüberwindlichen Simson liegt in seinem Haar. Der Verrat einer Frau, die ihm das Geheimnis entlockt hat, bringt ihn in die Hände der Feinde, der Philister. Hier klingt das Motiv der ungetreuen Frau oder Schwester an, gleichzeitig spiegelt sich die archaische Vorstellung wider, daß nämlich einzelne Teile des Körpers mit besonderer Kraft und besonderen Eigenschaften begabt sind. So kann im Märchen auch der Speichel für den Menschen sprechen, wenn dieser sich längst entfernt hat.

Die für das Märchen typischen Kontrastgestalten finden sich in der Gegenüberstellung von David und Goliath. Auf der einen Seite der Kleine, Schwache, fast Waffenlose, auf der anderen Seite der gewaltige Riese, der nach den Gesetzen des Märchens von dem Kleinen und Schwachen besiegt werden muß.

Die wichtigste Gestalt des Alten Testaments mit Blick auf die Entwicklung des Märchens ist der König Salomo, dessen Weisheit und Gerechtigkeit gerühmt werden, was sich später in der Redensart vom „Salomonischen Urteil" ausdrückt. An seine klugen richterlichen Entscheidungen knüpfen sich die Scharfsinnproben, die typisch für das orientalische Märchen sind und die wir in den Novellenmärchen finden.

Als eines der schönsten Märchen der Antike gilt das Märchen von „Amor et Psyche" (AaTh 425, Amor und Psyche), auf alle Fälle ist es von reicher und farbiger Komposition bestimmt. Es wurde von dem aus Numidien stammenden lateinischen Literaten und Philosophen Apuleius (geb. um 130) in seine „Metamorphosen (oder Der goldene Esel) eingeführt. Der Stoff selbst wurde aber wohl bereits von Aristides von Milet in seine „Milesischen Erzählungen" im 1. oder 2. Jahrhundert v. u. Z. aufgenommen. Die teilweise recht pikanten Histörchen gingen leider verloren.

Wie auch immer: Apuleius bietet uns die vollständige Überlieferung: „Erant in quadam civitate rex et regina". Es waren einmal in einer Stadt ein König und eine Königin. Deren jüngste Tochter, Psyche, ist von großer Schönheit. Aus Zorn darüber verwünschte die Göttin Venus die Königstochter. Ein Orakel erteilt den Rat, Psyche einem Dämon zu übergeben. Die bräutlich geschmückte Psyche wird auf einem Felsen ausgesetzt und ihrem Geschick überlassen. Ein sanfter Wind trägt sie in ein grünes Tal, in dem ein goldgezierter Palast steht. Sie tritt ein, und unsichtbare Geister bedienen sie. Im Dunkel der Nacht wohnt ihr der Herr des Schlosses bei und nimmt sie zu seiner Gemahlin. Am Morgen entfernt er sich, ohne daß ihn Psyche gesehen hat. Die Einsamkeit und die Gewißheit, daß ihre Familie sich um sie bangt, lassen in ihr den Wunsch übermächtig werden, die Ihren wiederzusehen.

Der unsichtbare Gemahl willigt ein, und der sanfte Wind führt die beiden Schwestern Psyches zu einem Besuch in den Palast. Sie bestaunen die Pracht und die Schätze; voller Neid beschließen sie, das Glück der Schwester zu zerstören. Sie reden ihr ein, der unsichtbare Gatte sei ein Untier, das nur darauf warte, sie zu verschlingen. Mit einem Messer bewaffnet, legt sich Psyche auf ihre Ruhestätte, nimmt noch eine Lampe mit sich, um den neben ihr Schlafenden zu beleuchten. Aber was sie erblickt, ist keine Bestie, sondern ein schöner Jüngling. Aus der Lampe tropft jedoch heißes Öl auf seine Schulter, er entflieht, da Psyche sein Vertrauen gebrochen hat. Psyche eilt ihm nach. Als die neidischen Schwestern von den Reichtümern Besitz nehmen wollen, ereilt sie die gerechte Strafe, zerschmettert stürzen sie vom Felsen.

Psyche sucht überall nach ihrem entschwundenen Gatten, sie kommt zu den Göttinnen Ceres und Juno, aber beide versagen ihr die Hilfe. Da Psyche erfahren hat, daß Amor, der Gott der Liebe und Sohn der Venus, es war, der ihr beigewohnt hat, beschließt sie, sich in die Dienste der Göttin Venus zu begeben, um sie zu versöhnen. Venus schmäht die ungebetene Schwiegertochter, schlägt sie und stellt ihr dann schier unlösbare Aufgaben. Zuerst hat sie verstreute Linsen, Bohnen, Erbsen, Weizen-, Gersten-, Hirse- und Mohnkörner aufzulesen. Mitleidige Ameisen helfen ihr, die Arbeit zu verrichten. Als zweites muß sie goldene Wollflocken vom Vlies gefährlicher Schafe abnehmen, hilfreiche Schilfbüschel rauschen ihr Weisungen zu. Als drittes befiehlt Venus der jungen Frau, ihr in einem Krug das Stygische Wasser zu holen.

Sie muß dabei einen Felsspalt durchschreiten, der von einem Drachen bewacht wird. Doch der Adler des Jupiter kommt ihr zu Hilfe, fliegt mit dem Krug zur Quelle und bringt ihn gefüllt zurück. Die unversöhnliche Göttin aber schickt Psyche ein viertes Mal aus, diesmal in die Unterwelt, um dort von der Göttin Proserpina eine Büchse mit Schönheitssalbe zu holen. Da verläßt die junge Frau der Mut, sie geht zu einem Turm, um sich hinabzustürzen. Aber die Steine beginnen zu reden und geben ihr Ratschläge, die Schrecken der Unterwelt zu bestehen. So steigt Psyche in die Unterwelt, und da sie genau die Weisung der Steine befolgt, können ihr die unterirdischen Mächte nichts anhaben. Als sie mit der Salbenbüchse zurückkehrt, plagt sie unterwegs die Neugier, und entgegen aller Warnungen öffnet sie die Büchse, um auch etwas von der Schönheit zu erwerben. Doch in der Dose ist Stygischer Schlaf, der sich alsbald über Psyche senkt. Reglos wie eine Leiche bleibt sie am Wege liegen. Ihr göttlicher Gemahl Amor (= Cupido) hat sie inzwischen gesucht, und als er sie findet, streift er ihr den Schlaf ab und schickt sie zurück zu seiner Mutter. Amor begibt sich nun zu Jupiter, dem Göttervater, und bittet um seine Fürsprache. Jupiter selbst reicht dann galant Psyche den Trunk der Unsterblichkeit, und mit einem festlichen Schmaus wird die Hochzeit von Amor und Psyche begangen.

Obwohl hier ein göttlicher Jüngling dem jungen Mädchen beiwohnt, ist das Grundmuster des Märchens vom Tierbräutigam klar erkennbar. Die ältere Gestalt des Tierbräutigams - in der Märchentradition erscheint oft ein Bär, ein Wolf, ein Hund, ein Igel, ein Lindwurm, ein Pferd oder gar ein Drache - wird von einer zeitgemäßeren Gestalt abgelöst. Dazu Abenteuerhaltigkeit, Auslieferung an den Dämon - in dieser Geschichte der junge Liebesgott -, Brechen eines Tabus, Suchwanderung nach dem verschwundenen Gatten, Dienst bei der Unholdin, Erfüllung der „unlösbaren Aufgaben“ und glückliches Ende sind eindeutig Charakteristika einer Märchenhandlung.

Die Einblendung von Göttern aus dem griechisch-römischen Olymp hat freilich einige Wissenschaftler (z.B. J. de Vries) veranlaßt, in der Erzählung von Amor und Psyche einen spielerisch überarbeiteten Mythos zu sehen. Auch der Gedanke an eine Allegorie vom Wesen der männlichen und weiblichen Liebe tauchte auf. Aber wir brauchen nur das Umfeld, in das Apuleius seine Erzählung stellte, zu betrachten, um zu sehen, daß er weder einen Mythos noch eine Allegorie gestalten wollte. Diese beiden Genres vertragen es nicht, mit einer gar zu skurrilen Situation verbunden zu werden. In den „Metamorphosen“ erzählt eine alte trunkene Vettel, die einer Räuberbande die Wirtschaft führt, einer hochzeitlich geschmückten Jungfrau, die mitsamt dem Esel in die Hände der Bande geraten war, das Märchen zum Troste. In diese burleske Szenerie fügt sich gut die Gestalt der Venus, die als erboste Schwiegermutter gezeichnet wurde und selbst als Göttin der Liebe und Schönheit dennoch heftig die Schönheitssalbe begehrte. Zu Allegorie und Mythos paßt es keineswegs, daß

„Amor und Psyche". Amor sieht Psyche in ihrem Schlafgemach weinen. Max Klinger, Radierung, 1880

Titelholzschnitt zum „Goldenen Esel“ (Asinus aureus), von Niklas von Wyle „Zur Kurzweyl“ ins Deutsche übertragen von Heinrich Eggestein in Straßburg gedruckt um 1480

gleich zu Beginn des Romans der Leser angesprochen wird mit: „Merk auf, Leser, Du wirst deinen Spaß daran haben.“ Hier sollten wir einfügen, daß die Rahmenerzählung der „Metamorphosen“ auch das Sujet von der Tierverwandlung aufgreift:

Aus Neugier und Freude am Abenteuer will der Held der Rahmenhandlung sich in einen Vogel verwandeln, da er sich aber aus Versehen mit der falschen Salbe des zauberkundigen Weibes einreibt, wird er in ein langohriges Grautier verzaubert und hat in dieser Gestalt bis zu seiner Erlösung zahlreiche Leiden und Erniedrigungen durchzustehen. Zum Schluß kippt allerdings die auf eine Mischung von Pikantem, Burleskem und Wunderbarem angelegte Darstellung um: Glücklich und selig nimmt der entzauberte Esel an den Mysterien des Isiskultes teil.

Dieser diskrepante Schluß ist eindeutig dem Apuleius zuzuschreiben, in der Anlage der „Metamorphosen" war er jedoch einem griechischen Roman des Lukianos gefolgt und im Stoff den bereits genannten milesischen Geschichten. Der Eingang des Märchens wiederum mit dem Befragen des Orakels war von Apuleius der griechisch-römischen Kultur entnommen, in der dem Orakel große Bedeutung zukam. Ebenso nutzte er die Mythologie, um das römische Sittenleben zu konterfeien.

Aber entweder kannte sich der antike Kompilator nicht in den Gesetzen der Märchen aus, oder er opferte sie den eigenen literarischen Intentionen. Das zeigt sich in der unüblichen Anwendung von vier Aufgaben, die der jungen Frau auf der Suche nach dem Gemahl gestellt werden - aus den verschiedenen Überlieferungssträngen hatte Apuleius noch einen, sozusagen überzähligen, dazu gefunden. Trotz alledem wurde der Grundton des Märchens nicht verstimmt. Es zeigte sich nur, wie auch in späteren Aufnahmen von Märchen in die Literatur, die von den zeitgenössischen Tendenzen und der eigenen sozialen Position bestimmte Handschrift des Redaktors.

Das Motiv von den angewünschten Eselsohren findet sich auch in den „Metamorphosen" des römischen Dichters Ovid (43 v. u. Z.-18). Die Metamorphosen, die Verwandlungen, verlangen ja förmlich nach Erzählungen von Verzauberungen und Verwünschungen. Bei Ovid sind dem König Midas Eselsohren angewünscht, und diese peinliche, unter einer phrygischen Mütze versteckte Auszier kommt durch seinen Barbier heraus. Er flüstert das Geheimnis in eine Grube, das Schilfrohr gibt es dem Wind weiter, und der trägt es davon...

Wir haben das Märchen in seiner frühen Form kennengelernt, vor allem waren es Mythenmärchen, frühe Zauber- und Tiermärchen. Sie stammten jedoch alle aus den Ländern des östlichen Mittelmeerraumes und aus Kleinasien bis hin zum Zweistromland. Eine derartige Lokalisierung könnte die Ansicht stützen, hier die Urheimat der Märchen zu suchen. Aber es ging uns erst einmal um die Frage, bis zu welcher Zeit wir das Märchen zurückverfolgen können. Da war es angebracht, schriftlich fixierte Märchen, die datierbar waren, zusammenzustellen. Märchen, genauer Varianten von ihnen, denn einen festgefügten Idealtyp hat es nie gegeben, konnten aber nur dort aufgezeichnet werden, aus der mündlichen Tradition in die schriftliche überwechseln, wo Teile der Kultur verschriftlicht waren. Das sind eben die Gebiete und Kulturen, in denen die Fundorte früher Märchen liegen. Wir haben also den Zeitraum ausmachen können, in dem die Märchen entstanden, wir sind dabei weit zurückgegangen, wagen es jedoch nicht wie einzelne Forscher (z. B. O Huth), das Märchen bis in die Megalithkultur (3. Jahrtausend v. u. Z.) zurückzudatieren. Hier werden zu viele Hypothesen eingebracht, wenngleich sie interessant sind. Wir haben also Zeugnisse für das frühe Märchen zusammengetragen, freilich literarische Belege, die wie Versteinerungen im Fluß der Tradition stehen. Wir können aber auch einen zweiten Weg beschreiten:

Anhand von kulturhistorischen Indizien werden wir versuchen, Märchen zu datieren, die erst wesentlich später aufgezeichnet wurden, und damit einen zweiten Überlieferungsstrang, den der mündlichen Tradition, in Umrissen sichtbar machen. Es sind archaische Motive und auch Gestalten, die durch ihre Ferne, Phantastik und Poesie die Märchenwelt eigentlich ausmachen und verlebendigen.

Wir haben eingangs einige dieser Bausteine des Märchens bereits kurz betrachtet. Weil wir mit ihrer Hilfe auch nicht schriftlich fixierte Märchen in ihrem Entwicklungsgang verfolgen und geschichtlich einordnen können, sollen sie hier noch einmal zusammengefaßt und ergänzt werden. Da sind die „unlösbaren Aufgaben“, die Brautproben, Freierproben, die vor der Heirat erfüllt werden müssen. Im Märchen werden diese „Freierproben“ ins Phantastische gesteigert.

Der Bodenbebauer fordert Kultivierungsarbeiten. Der Held muß einen See oder einen Sumpf trockenlegen - mit einem Sieb -, er muß ein Feld anlegen, an einem Tage säen und die Ernte einbringen, und am dritten Tage muß er ein Schloß errichten - mit einer kleinen Hütte gibt sich das Märchen, anders als der frühe Bauer, nicht zufrieden.

Der Viehhalter legt dem Bewerber die Weideprobe auf: Für einen längeren Zeitraum hat dieser eine Herde zu hüten. Kein Tier darf ihm fehlen, heißt es im Märchen, und oft genug bekommt der Held, wenn der historische Hintergrund verblaßt ist, springlebendige Hasen zu hüten. Eine derartige Abwandlung eines Motivs zwingt den Erzähler dann förmlich dazu, komische Szenen auszumalen.

Auch die Mädchen haben entsprechende Prüfungen abzuleisten, sie haben zu spinnen, zu weben, zu töpfern... Selbstverständlich muß die Märchenheldin dabei noch wunderschön sein.

Alle in den Märchen überlieferten Vorstellungen von Nachtodgestalten und helfenden Toten vom Abstieg in die Unterwelt sind animistische beziehungsweise präanimistische Vorstellungen und entwickelten sich vor dem Aufkommen der Hochreligionen, neben denen sie teilweise latent fortexistierten. Die Bindung der Lebenskraft, des Lebensprinzips an die Körperlichkeit bewirkte die Härte der Strafen, da eben diese Körperlichkeit zerstört werden mußte, um einen Schuldbeladenen völlig aus der Gesellschaft zu entfernen und die Schuld zu tilgen.

Aus diesem Kreis archaischer Vorstellungen von Tod und Leben kamen auch die uns so hart anmutenden Formen der Erlösung. Verwünschte mußten noch einmal sterben, dem verwünschten Pferd wurde der Kopf abgeschlagen, oder die Haut des verzauberten Tieres wurde verbrannt. Aber den alten Vorstellungen folgend, konnte nur durch die Vernichtung der Nachtodgestalt die menschliche Gestalt zurückgewonnen werden.

Als in späterer Zeit (etwa im 19. Jahrhundert) sich Märchenerzähler wie Hörer von diesen harten Formen distanzierten, wandelten sich die Modalitäten der Entzauberung; die Bereitschaft zum Opfer, ein Wort, eine Geste genügten. Rückkehr in das Leben, in die menschliche Gesellschaft konnte nun auf eine ganz andere Weise vollzogen und versinnbildlicht werden: Heirat - auch hier kam es zu Modifikationen -, Eheversprechen und Kuß befreiten von der Verwünschung.

Der Glaube, daß mit Kenntnis eines Namens Macht über den Betreffenden gewonnen werden konnte, führte zum Namenszauber und verfestigte sich als Märchenmotiv, am bekanntesten ist das „Rumpelstilzchen“ (AaTh 500), oder wie der Waldkobold immer heißen mag.

Auch Bilder anderer alter Jenseitswelten - hinter hohen Bergen, jenseits des Wassers, in himmelhohen Bäumen - schlugen sich im Märchen nieder. Die enge Beziehung zum Tier, abzulesen vor allem in den Gestalten des Tiersohnes, des Tierbräu-

Goldmarie wird von Frau Holle reichbelohnt in die lichte Diesseitswelt entlassen. Illustration von Gertrud Caspari, 1921

tigams, des Tierschwagers, bildete sich im Gefolge totemistischer Anschauungen heraus, die Mensch und Tier in einen Familienverband stellten. Daher rührte auch das Gebot, ein bestimmtes Tier nicht zu jagen.

Die verpflichtenden Beziehungen zu den Toten, die ihrerseits mit den ihnen eigenen übernatürlichen Kräften zu helfen hatte, prägten den Ahnenkult - im Märchen waren die Ahnen zu Alten verblaßt. Sie waren zu achten, ihr Rat war zu befolgen.

Schwere Proben, in Isolierung von der Familie und der Alltagswelt, den Heranwachsenden auferlegt, waren wichtiger Bestandteil der Initiationsriten, die sich mit der gesellschaftlichen Entwicklung ebenfalls weiterentwickelten. In den Märchen wurden sie zu Qualnächten. Auch die jungen Mädchen mußten sich vielfach in der Reifezeit einer Prozedur unterwerfen, sie wurden bis zur Heirat unter Aufsicht einer Alten in eine Hütte oder ein Gemäuer eingesperrt. Aus dieser Sitte erwuchs das Motiv von der Jungfrau im Turme oder in der Erdhöhle. Unabhängig voneinander wiesen der französische Forscher Paul Saintyves und der Russe Vladimir J. Propp auf die Bedeutung dieser Riten für den Aufbau der Märchen hin.

Menschen früher Kulturen formten das Bild von Gestalten, die ihnen im Aussehen ähnlich, im Wesen aber doch fremd, sogar oft feindlich gesinnt waren, von Riesen und Zwergen. Die Riesen zeigten sich fast immer als Feinde und Verächter des Menschengeschlechts. Falsch gedeutete Knochenfunde gaben dem Denken wie der Phantasie Impulse. Die Zwergvorstellungen gehen wohl auf Bodenfunde zurück, vor allem auf das Entdecken von Gräbern, besonders Hockergräbern. In diesem Zusammenhang paßt, daß sich im Besitz der Zwerge Ringe, Pfeifen, Messer, Becher, eiserne Schuhe befanden, Dinge, die dem Verstorbenen mit ins Grab gegeben wurden. Die in der Erde hausenden Zwerge galten auch als Hüter von verborgenen Schätzen und kostbaren Steinen.

Riesen und Zwerge drangen ebenfalls in die Sage ein, wie überhaupt viele Gestalten der sogenannten niederen Mythologie, teils als Wirklichkeit, teils als poetische Fiktion gesehen, sich in Märchen und Sagen tummelten. Zauberkundige Frauen wurden als feenhafte Wesen geehrt und geachtet oder als alte Hexen gefürchtet; an diesen beiden Bildern wurde aber später unter dem Einfluß der Hochreligionen gearbeitet. Wenig verändert wurde dagegen die Gestalt des Menschenfressers. Bereits das frühe Märchen, wir erinnern uns an Odysseus und Polyphem, betrachtete ihn als Petrefakt. In den Märchen wurden auch nur der magische, d. h. Zauberkraft verleihende Kannibalismus und der rituelle Kannibalismus, z. B. an Hochzeits- oder Sterbebräuche geknüpft, widergespiegelt.

Am märchenspezifischsten ist aber doch der Drache, ob dreiköpfig oder neunköpfig. Da sein Urbild, der Saurier, längst ausgestorben war, als der Mensch es sich auf der Welt heimisch machte, und sein Aussehen nur nach Knochenfunden rekonstruiert werden konnte, bot er der Phantasie die besten

„Die zwei Brüder". Der Jüngling übernachtet mit seinen Tieren im Zauberwald. Über ihm im Baum hockt die Hexe, die seinen Bruder und dessen Tiere verzaubert hat. Illustration von Paul Hey, 1916

Ansatzpunkte. Hinter dem Drachen hielt sich das Einhorn bescheiden zurück, das aber im Mittelalter in Allegorie und christlicher Ikonographie größerer Bedeutung erlangte.

In ein archaisches Weltbild gehört auch die Wertschätzung, die das Metall genoß: Gold und Silber standen für Pracht, Macht und Reichtum, unbezwinglich und am stärksten waren allerdings der Ritter in eiserner Rüstung, das eiserne Schwert - aus Eisen waren die Werkzeuge, mit denen der Mensch arbeitete und die Entwicklung voranbrachte. Wir erwähnen hier zwar bereits Ritter und Rüstung, diese Begriffe entstanden aber erst im Mittelalter.

Daß wir uns keiner wissenschaftlichen Theorie zur Entstehung des Märchens anschließen wollen, wurde gesagt. So wollen wir an dieser Stelle nur darauf aufmerksam machen, daß diese Bausteine des Märchens nachdrücklich darauf hinweisen, daß der Untergrund unserer Märchen bereits in alten Kulturen geformt wurde, diese alten Kulturen aber nicht einheitlich waren, daß eine unterschiedliche wirtschaftliche und geistig-kulturelle Entwicklung auch die unterschiedlichsten Motive, Wertungen und Gestalten einbrachte, daß die Phantasiefülle, die Farbigkeit, die Widersprüchlichkeit der Märchen, wie sie uns heute faszinieren, aus dem Zuwachs immer neuer Schichten gewonnen wurden.

Sicher verschwanden Motive, sogar Märchen, wenn sie nicht mehr verstanden wurden und nicht poetisch umgeformt werden konnten. Aber die Wunder der Märchen enthalten noch viele geschichtlich ferne, oft schon unverstandene und rätselvolle Gestalten und Motive. So wurde das Märchen in seiner Entwicklung reicher und farbiger, öffnete sich noch mehr der Phantasie, den neu hinzukommenden Wünschen und Hoffnungen der Menschen und verzweigte sich in weitere Untergruppen.

Das Märchen im Nahen, Mittleren und Fernen Osten

... erzähle uns eine neue Geschichte,
unterhaltsam und ergötzlich,
um uns die wachen Stunden
zu vertreiben!
Aus „Tausendundeine Nacht“

Wir bemühen uns, die Entwicklung des Märchens über sehr weite geschichtliche Räume zu verfolgen, dabei sind für uns die datierbaren, schriftlich fixierten Belege von besonderem Interesse. Wir wissen aber auch, daß diesen Aufzeichnungen, die zu einem bestimmten Zeitpunkt aus der geistig-kulturellen Situation heraus wichtig wurden, eine längere, nicht faßbare mündliche Überlieferung und Ausgestaltung voranging. Mit Blick also auf diese literarischen Quellen müssen wir uns dem Erzählgut des Fernen Ostens und Südasiens zuwenden, nachdem wir im Vorderen Orient und im Mittelmeerraum Zeugnisse des frühen Märchens aufgefunden haben. Wir konnten sehen, wie archaische Glaubensvorstellungen zu Märchenmotiven und -gestalten sich verfestigten. Aber auch später zeigt sich der Einfluß von Glaubenselementen, sogar von Hochreligionen auf die Herausbildung des Märchens - besonders deutlich im indischen Kulturbereich. Der Brahmanismus, dem Natur, Tiere und Menschen eins waren, nur verschiedene Erscheinungen des Brahma, der Weltseele, umriß bereits das Bild einer Welt, wie sie das Märchen zeichnet, wenn auch nie als Dogma verkündet, das Bild einer Welt, in der Mensch und Natur in Harmonie übereinstimmen sollten.

Wenn Menschen, Tiere, Gestirne, Bäume, Blumen eins und damit letztlich austauschbar waren, wurde auch der Glaube an die schwerelosen Verwandlungen, wie sie das Märchen, das Zaubermärchen, in den Handlungsablauf stellte, gestützt.

Als dann der Buddhismus das im Brahmanismus gegründete Weltverständnis weiterentwickelte, bildete sich der Glaube an eine Seelenwanderung heraus, wiederum die Darstellung des Übergehens von menschlichem in tierisches oder pflanzliches Leben in den Zaubermärchen fördernd. So war in Indien der Boden für die Entwicklung des Märchens gut vorbereitet. Allerdings stand die Hinwendung sowohl des Brahmanismus wie des Buddhismus zu einem schwer faßbaren Jenseits, zu einem Eingang in das Nirwana der Diesseitsbezogenheit und Lebensbejahung des Märchens entgegen. Doch anschauliche Schilderungen des Alltagslebens, auch erfüllt mit Freude an diesem Leben, mit Stolz auf erworbene Verdienste, fanden Platz im Märchen, dessen Handlung zum Schluß als Bestätigung buddhistischer Lehren gedeutet wurde, so ergötzlich, daß trockene Didaktik vermieden wurde. Dennoch: Ein nicht unbeträchtlicher Teil der Erzählungen aus frühen indischen Sammlungen trägt mehr den Charakter eines Exempels als den eines Märchens.

Geschichten von Buddhas früheren Existenzen, z. B. als Handwerker, als Mönch, als Hase, als Krähe, als Papagei, näherten sich wiederum dem Märchen. Die bekannte Sammlung solcher Geschichten „Jātaka“, um 500 v. u. Z. zusammengestellt, wurde anfangs teils in Versen, teils in erzählerischer Prosa vorgetragen; die Prosa setzte sich im Überlieferungsprozeß aber immer stärker durch. Eine dieser Erzählungen nahm das Thema von der Dankbarkeit der Tiere und der Undankbarkeit des Menschen auf:

Empörte Sklaven werfen einen bösen Prinzen ins Wasser. Er rettet sich auf einen schwimmenden Baumstamm. Dort suchen auch eine Schlange und eine Ratte Zuflucht. In ihrem früheren Leben sind sie geldgierige Kaufleute gewesen und müssen ihre Sünden in Gestalt niederer Tiere abbüßen. Auch ein Papagei fliegt auf den Baumstamm. Buddha erscheint als Einsiedler und rettet die Tiere und den Menschen. Ratte und Schlange danken dem vermeintlichen Einsiedler und bieten ihm ihre Schätze an. Der Papagei will wohlschmeckenden Reis geben. Der Prinz ist zornig, weil der Einsiedler die Tiere bevorzugt behandelt. Aber er verspricht heuchlerisch, seinem Retter die vier Dinge zu schenken, die der Mensch zum Leben brauche. Erst müsse er allerdings den Thron besteigen. Die Tiere halten ihr Versprechen. Der Prinz dagegen, König ge-

Die Krähen fachen mit ihren Flügeln das Feuer an,
worin sie ihre Feinde, die Eulen, verbrennen.
Miniatur zum „Kalila wa-Dimna", einem Vorläufer des
„Pancatantra". Syrien um 1330.

worden, läßt seinen Retter auspeitschen. In einer jeden Ecke aber, in der der Einsiedler geschlagen wird, sagt er einen Vers auf, der sich auf seine Erlebnisse mit dem von ihm aus dem Wasser Geretteten bezieht. So tritt die Wahrheit zutage, der böse König wird getötet, der Einsiedler an seiner Stelle als König eingesetzt. Er belohnt die dankbaren Tiere, die ihm dafür ihre Schätze bringen.

Die Nähe zur Fabel wird sichtbar und damit auch die Hinwendung zur Didaktik, denn die Buddhisten und buddhistischen Mönche, die ältere Erzählstoffe aufgriffen und umprägten, hatten ja das Anliegen, mit ihrer Darstellung ihre Hörer zu lenken und zu belehren - so wie Jahrhunderte später die Mönche im christlichen Europa des Mittelalters. Hinzu kam eine Vorliebe für Scharfsinnspoben, die sich auch in eine buddhistische Lebenshaltung fügten, denn neben der Meditation trat die Wertschätzung der Verstandeskräfte.

So zeichnet die indischen Sammlungen von Anfang an ein enges Nebeneinander, oft sogar eine Vermischung von Märchen, Fabeln, Beispielen, Mythenrudimenten und Legenden aus.

Wenn wir hier auf frühe Erzählsammlungen treffen, so zwingt uns dies wieder zu Rückschlüssen auf eine sonst nicht greifbare vorhergehende mündliche Tradition: Denn niedergeschrieben, gesammelt, verändert konnte nur das werden, was an Erzählungen aufzufinden, eben aufzusammeln war. Dafür spricht auch der Aufbau der Sammlungen. Die Erzählungen sind ineinandergeschachtelt, eine Geschichte weist auf die andere hin oder fordert ein Gegenbeispiel heraus, damit ist eine Erzählrunde skiziert: Zu jedem Sujet wird von verschiedenen Gesichtspunkten aus beigesteuert. Dieses kompositorische Prinzip der Erzählrunde wurde weiterhin und in den verschiedenen Sammlungen auf eine besondere Weise poetisiert.

In Nordindien, wo sich im Frühfeudalismus Handelsstädte mit einer wohlhabenden Bürgerschaft, oft dem Kaufmannsstand zugehörig, entwickelt hatten, wurde um 300 aus dem alten Erzählgut das „Pancatantra“ zusammengestellt. In der Einleitung sind diese „fünf Bücher der Belehrung“ zwar als eine Art Sittenspiegel dargestellt, der junge Prinzen in die Kunst des Regierens und der Staatsführung einweisen sollte, doch baute die Mehrzahl der Erzählungen auf einer Morallehre ganz im Sinne der Bürger auf. Diese Lebensweisheit zielte vor allem auf Erfolg im tätigen Leben. So bewirkte wieder das didaktische Anliegen, daß innerhalb des Erzählgutes die Beispiele und Fabeln überwogen.

Das erste Buch: Die Verfeindung von Freunden
Das zweite Buch: Der Erwerb von Freunden
Das dritte Buch: Der Krieg der Krähen mit den Eulen
Das vierte Buch: Der Verlust von schon Besessenem
Das fünfte Buch: Das Handeln ohne sorgfältige Prüfung

Gleich am Anfang des Werkes stehen Verse wie ein Motte für das folgende:

Gibt es doch in aller Welt nichts
was sich mit Geld nicht machen läßt,
darum soll der Kluge auch
mit viel Eifer streben nach Besitz.
...
Sieht der Kaufmann
einen reichen Käufer voller Eifer nahen,
freut er sich auf dessen Geld
wie über einen neugeborenen Sohn.

Die Lehren aber sollte nicht ermüdend und damit wirkungslos vorgetragen werden, sondern vergnüglich und ergötzlich. So wurden auch Märchen in die Sammlung eingegliedert, wenn die Aussage des Märchens mit der Aussage der Morallehre übereinstimmte. In den Märchen war es ja vielfach gerade der Schwache, der Hintangesetzte, der den Mächtigen überwand.

Wie in der mündlichen Tradition, von der sich das „Pancatantra" nie weit entfernte, gab es auch in der schriftlichen Überlieferung einen variierenden Bestand unter den Beispielen, Fabeln und Märchen.

Die reichste und buntfarbigste Erzählsammlung im Gefolge der buddhistischen „Jātaka" war das „Kathāsaritsāgara" - Ozean der Erzählungsströme -, das der aus Kaschmir stammende Dichter Somadeva aus dem umlaufenden Erzählgut im 11. Jahrhundert zusammengestellt hatte.

Hier findet sich auch die indische Frühform des zum Schwank tendierenden Märchens, das uns aus der Sammlung der Brüder Grimm als „Doktor Allwissend" (AaTh 1641) bekannt ist: Ein armer Brahmane möchte gern zu höherem Ansehen kommen. Er gibt sich als Wahrsager aus und „arbeitet" mit einem Trick: Er selbst ist der Dieb, so gelingt es ihm, ein gestohlenes Pferd wieder herbeizuschaffen. Als er dann zum König gerufen wird, um Räubereien aufzudecken, findet der Arme, der sich nun wie ein Pechvogel vorkommt, in seiner Angst und Bedrängnis gerade das richtige, die Räuber enthüllende Wort. Der arme Brahmane genießt fortan Ansehen und wird reichlich belohnt. Wie gesagt, die Hinneigung zum Schwank ist nicht zu übersehen, aber der Held, arm, unbeachtet, gewinnt sich Sympathien, und das Glück ist auf seiner Seite; damit trägt er die Züge eines Märchenhelden.

Der Zauber spielt eine bedeutende Rolle in den verwandlungsreichen indischen Märchen. Im Märchen vom Zauberwettkampf jagt eine Verwandlung die andere, Sieger ist - wie das Gesetz des Märchens es fordert - der Lehrling, dem es gelingt, den Meister zu überlisten.

Das frühe Niederschreiben von Märchen, das Bündeln in Sammlungen machten es möglich, diese in andere Sprachen zu übersetzen und das gesamte Märchengut in benachbarte und fremde Kulturen einzuführen. Die in mündlicher Tradition weitergegebenen Märchen überschritten zwar auch die Sprach- und Kulturgrenzen, aber dann büßte das vereinzelte Märchen leichter die Merkmale seiner Herkunft ein oder ging verloren. Die indischen Sammlungen folgten den Wegen des Handels und der Ausbreitung des Buddhismus. Bei der Übernahme indischer Märchen in buddhistischer Prägung durch andere Völker paßten diese die Märchen in ihre eigene Welt ein und erfanden einen Helden, mit dem sie sich identifizieren konnten.

Die Kulissen wechseln, bald sind es Gebirgsdörfer, in denen die Märchengestalten leben, bald leben sie in großen weiten Flußtälern, bald in dichten Wäldern, bald am Meeresufer oder sogar in großen Städten. Die Helden sind Bauern, oft Reisbauern, Fischer, Handwerker, Hirten, ja in japanischen Märchen

Alte chinesische Darstellung eines Ki-lin, einer chinesischen Form des Einhorns, der oft als Drache bezeichnet wird

erscheint ein Seefahrer, dessen Abenteuer an die des Odysseus oder des Sindbad erinnern.

Gestalten aus dem archaischen Volksglauben, der vom Buddhismus verdrängt worden war, vermehren die dämonischen und Jenseitsgestalten des Märchens oder geben ihnen ein neues eigenartiges Gepräge. Das Bild des Drachens gewinnt in China ein anderes Gesicht. Er wird zu einem Flußgott und ist den Menschen freundlich gesinnt. Solche Vorstellungen wurden genährt durch Skelettfunde in den Lößboden längs der großen Flüsse. Diese fruchtbaren Böden, die so wichtig für die Ackerbauern waren, hatten einem Fluß den Namen Hwangho, Gelber Fluß, gegeben. Da aber Böden wie Flüsse die Grundlage der Landwirtschaft bildeten, taten die Anwohner alles, um die dort im Verborgenen vermuteten Wesen, auf deren Spuren sie bei der Ackerbestellung immer wieder trafen, friedlich, gütig und hilfreich zu stimmen. Selbstverständlich wurden diesen Drachen auch Opfer gebracht, z. B. Jungfrauen. Die Jungfrauen wurden im Märchen zur Drachenbraut - die neue Variante eines alten Themas: die Ehe mit einem Dämon. Dieser für das Land in seinem Wirken so wichtige Drache hatte einen würdigen Platz im Märchen und in der Mythologie gefunden, aber darüber hinaus wurde er zum Symbol des chinesischen Kaisers, der damit seine Bedeutung für das Reich, seine Machtfülle und seinen Anspruch auf die Herrschaft verdeutlichen wollte.

Zu den alten dämonischen Gestalten, die auch im ostasiatischen Kulturkreis auftauchten, gehört der „Herr der Tiere“, aus der Glaubenswelt der Jäger und Viehzüchter stammend. Er gebot über die Tiere, hatte sie aber auch zu schützen - oft vor dem Menschen. Wer ihn achtete und seine Tiere verschonte, dem war er gut gesinnt. In China hieß er Ki-lin, war selbst tiergestaltig und trug ein Horn auf dem Kopf.

Deutlicher ist seine Gestalt, die Gestalt des Tierherrn, bei den sibirischen Völkern ausgeprägt, wo die Naturgeister noch nicht durch eine Hochreligion zurückgedrängt worden waren und ihre Konturen erhalten hatten. Den bösen Besitzer einer Rentierherde, der seinen Knecht mißhandelte, verwandelte er zu Stein, dem neugierigen Fallensteller aber, der den „Meister des Waldes“ kennenlernen wollte und ihm dabei die schuldige Achtung entgegenbrachte, gewährte er reichlich Fleisch und Felle.

Kampf zwischen zwei Fabelwesen (Drachen).
Siyah Qalam school (Persien), Ende 15. Jh.

Wenn wir die Tierwelt Indiens, des Nahen und Fernen Ostens betrachten, können wir feststellen, daß, abgesehen von Drachen und ähnlichen Fabeltieren, nicht die mächtigen, großen Tiere im Märchen eine dominierende Rolle spielen, sondern die kleinen, schwachen und verfolgten Tiere. Doch diese Auswahl entspricht ja gerade den Gesetzen des Märchens. Also nicht Tiger und Elefant sind Hauptthelden des Tiermärchens, sondern z. B. Gazelle und Hase - dem Menschen freilich schon deshalb sympathisch, weil er von ihnen nichts zu befürchten hat.

Der Hase ist eben kein Angsthase, er ist ein wagemutiges kluges Tier, das sogar ein Krokodil und auch den Menschen überlisten kann. Bei den Khmer hat sich eine Gruppe von Märchen um diesen klugen Hasen herausgebildet: Er fällt Richtersprüche, er hilft bei der Brautwerbung. Die weisen Entscheidungen und Ratschläge des Hasen grenzen an die im Orient so beliebten Scharfsinnsproben. - Ganz ähnlich agiert im burmesischen Märchen das Kaninchen: klug, listig und ebenfalls als weiser Richter.

Dieser Prozeß der Übernahme, des Umgestaltens wurde dadurch begünstigt, daß die Moral des Märchens in vielen Punkten mit den Lebensregeln des Buddhismus übereinstimmt: Geiz, Habgier, Eigensucht und Verlogenheit werden bestraft, Bescheidenheit, Hilfsbereitschaft und Ehrlichkeit werden belohnt. In einem burmesischen Märchen ist der Held ein Junge, der die Pferde zu hüten hat; bei jeder Arbeit preist er Buddha, sogar wenn er die Pferdeäpfel aufsammelt. Zum Schluß erhält der arbeitsame fromme Junge dann eine Königstochter zur Frau und wird selbst König.

Ein Waisenknabe, der auf dem Felde arbeitet und den Ameisen hilft, bekommt in einem vietnamesischen Märchen vom Ameisenkönig dafür ein abgenagtes Hühnerbein. Trotz des augenscheinlich geringen Wertes bedankt der Junge sich herzlich für das Geschenk der fleißigen Tiere. Erst zu Hause merkt er, daß der Knochen alles, was er berührt, in Gold verwandelt.

Von einem armen Holzhauer berichtet ein anderes Märchen aus Vietnam. Dem Holzhauer fällt bei der Arbeit seine Axt mit hölzernem Griff in den Fluß. Der Drache des Flusses bietet dem Armen eine silberne und eine goldene Axt an, der ehrliche Holzfäller will aber nur seine alte Axt mit dem Holzgriff zurückhaben, denn die beiden kostbaren Äxte gehören ihm ja nicht. Für seine Redlichkeit erhält er von dem - wieder als gütig gezeichneten - Drachen die goldene und die silberne Axt als Geschenk. Ein neidischer Nachbar, den es nach Gold und Silber gelüstet, geht ebenfalls zum Fluß und versucht dem Drachen die goldene und silberne Axt abzulisten, indem er diese als sein Eigentum ausgibt. Den Betrüger und Lügner ereilt die verdiente Strafe. Der Drache schlägt ihm den Kopf ab.

Im Märchen, das grundsätzlich Gerechtigkeit in die Welt bringen möchte, ist auch das ein glücklicher Ausgang.

Im ostasiatischen Volksglauben wie in der Volksmedizin kommt der Ginsengwurzel besondere Bedeutung zu, sie gedeiht auch in den Märchen. Ein koreanisches Märchen beginnt: „In einem tiefen Gebirgstale des Myongwolsan in der Provinz Kangwon lebte in alter Zeit in einem kleinen ärmlichen Strohhause eine Mutter mit ihrem zwölfjährigen Sohne. Der Vater war schon lange hinübergegangen, die Witwe konnte sich mit ihrem Kinde aber nur kümmerlich ernähren." (Das ist der vertraute Eingang mit „Es war einmal...") Der Knabe versucht seiner kranken Mutter zu helfen und will des Nachts losziehen. Im Walde begegnet ihm ein Hirsch, der sich einen

Dorn in den Huf getreten hat. Der Junge hat Mitleid mit dem Tier und zieht ihm den Dorn aus dem Fleisch. Der dankbare Hirsch führt ihn dafür im Mondenlicht den Berg hinauf. Mitten im Gebüsch verschwindet der Hirsch, der Junge erblickt einen leuchtenden Waldginseng.

Als er die Wurzel ausgräbt, steht ein Wurzelkind vor ihm und bittet: „Nimm mich mit." Der Junge kehrt mit dem Wurzelkind nach Hause zurück. Das Kind wird wieder zur Wurzel; als die Mutter von der heilsamen Wurzel ißt, wird sie gesund, kräftig und voller Lebensfreude. Glück, Gesundheit und Wohlstand kehren in die Hütte ein. Jedes Jahr erscheint der dankbare Hirsch, läßt sich streicheln und streut einige Bohnen auf den Boden. Als Mutter und Sohn diese aufheben, sehen sie, daß sie Goldkörner und Edelsteine in Händen halten. Die Witwe und ihr Sohn gehen oft in die Berge, um an der Geisterkiefer dem Berggeist Reiskörner zu streuen, als Opfer und Dank zugleich. Der neidische Nachbar aber, der den beiden ihr Glück nicht gönnt, begibt sich in der Hoffnung, schätze zu gewinnen, zum Geisterbaum. „...in seinem Geiz streute er aber keine Reiskörner, sondern forderte vom Berggeist, daß er auch ihm das Geheimnis, wie er ohne viel zu arbeiten zu Reichtum gelangen könne, mitteile. Plötzlich verfinsterte sich der Himmel, eisige Wolken und dichte Nebelschwaden hüllten alles ringsum ein, ein Tiger brach aus der Dunkelheit hervor, und der neidische Nachbar ward nicht mehr gesehen. So waren Tugendhaftigkeit und Opfersinn des Knaben belohnt, Neid, Mißgunst und Geiz des Nachbarn aber bestraft worden."

Nicht nur Mitleid mit den Schwachen und Hilfsbereitschaft wurden dem Märchenhelden abverlangt, sondern auch Achtung vor dem Alter. Die Alten waren zwar gebrechlich, doch ihr Rat konnte nützlich und weise sein. Überdies war der fast immer junge Held ihnen, im Familienverband vor allem seinen Eltern, verpflichtet.

Hier treffen die Ethik des Märchens und die Moral- und Staatslehre des Konfuzius (551-478 v. u. Z.) aufeinander. Dennoch wirkte sich diese auf die gesellschaftliche Praxis gerichtete Lehre wenig auf das Märchen aus - im Gegensatz zum Brahmanismus oder Buddhismus. Der widerspruchslosen Einordnung des einzelnen in den Feudalstaat, der geforderten Botmäßigkeit gegenüber Oberen und Fürsten, die freilich in

Darstellung des „Drachentöters" zu „Füchse des Morgen. Märchen einer tibetischen Nomadenfrau" von Wangdjal, 1986

ihrer Lebenshaltung ein Vorbild sein sollten, stand die Grundhaltung des Märchens entgegen. Der Held des Märchens mußte - als ein einzelner - die von der Gesellschaft errichteten Schranken überwinden, freilich ohne sie niederzureißen. Er konnte mitunter auch gezwungen werden, die von der Natur gesetzten Grenzen zu überschreiten.

Daß es trotz Wanderung von Märchen, trotz Übernahme, trotz Abwandlungen doch immer wieder bei den Erzählern zu ganz eigenwilligen Gestaltungen kam, sofern sie nur mit den Traditionen des Volkes oder der Völkerschaft übereinstimmten, mag an einem Beispiel gezeigt werden. Weit verbreitet sind Märchen, in deren Handlungsgeschehen eine Brautwerbung verflochten ist. Der Held hat um die Braut zu werben, um sie zu dienen, meist hat er die uns bereits bekannten Freierproben zu erfüllen. Die Brautwerbung ist ein oft variierter poetischer Vorwurf. Bei den mongolischen Reiternomaden wurde jedoch nicht um die Braut geworben, sie wurde geraubt. So gibt es in ihren Märchen auch keine Brautwerbung, sondern nur den Brautraub als ein heroisches Abenteuer. Treue Begleiter des Helden waren dabei sein Pferd, sein Hund und sein Jagdfalke.

In zahlreichen Märchen aus Vietnam kommt ein Meisterlügner, der listige Cuoi vor, wir finden aber auch immer wieder den „Dummen“, der eben nicht dumm ist. Ein Mann tauscht seine zehn Ochsen gegen zehn Ziegen, die zehn Ziegen handelt er gegen zehn Apfelsinen ein, und zum Schluß bekommt er einen schwarzen Reiskäfer, den er für einen Diamanten hält. Als ihm der Käfer herunterfällt und er sich bückt, um ihn zu suchen, findet er tatsächlich einen kostbaren Diamanten und wird ein reicher Mann.

Dieser Schluß ist anders, märchenhafter als im Märchen vom „Hans im Glück“ (AaTh 1415), an den wir uns erinnert fühlen. Hans jubelt, weil er nichts mehr nach Hause zu tragen hat - der Dumme bleibt dumm, und der Arme bleibt arm. Oder ist Hans ein ganz Kluger? Das Märchen regt auch zum Nachdenken an.

In einem benachbarten Märchentyp ist ausnahmsweise ein alter Mann der Held, er trifft auf den ersten Blick törichte Entscheidungen, läßt sich auf schlechte Tauschgeschäfte ein. Da aber seine Frau alles, was er tut, gutheißt, somit der Ehe- und Familienfrieden gewahrt bleiben, gewinnt der Alte eine Wette, die er, überzeugt vom guten Einvernehmen mit seinem Weibe, abgeschlossen hat. Treuherzige, vermeintliche Einfalt kann hier als Weisheit verstanden werden, die das Geschäft beiseite läßt.

Der Überlieferungsmodus der Märchen zog Geschichten um den Handel an. Auf Handelsstraßen in Herbergen, in Marktorten wurden Märchen ausgetauscht. Kulisse und agierende Personen waren damit vorhanden. Aber es gab in Ostasien auch Gebiete, die fern von solchen Wanderwegen lagen. Im Märchengut der sibirischen Völker haben wir bereits die alte Gestalt des „Herrn der Tiere“ gefunden. Aus ihrem Volksglauben und Ritual kommt auch ein ganz eigener Märchenheld, der in vielen Zaubermärchen den Zauber ausübt: der Schamane.

Er ist aber nicht der gefürchtete böse Zauberer, sondern einer, der mit seiner Zaubermacht hilft, wie der Schamane die „weiße Magie“ zum Segen der Stammesmitglieder praktizierte. So können zwei Schamanen einrücken in das Märchen vom Zauberwettkampf, es gilt den mächtigsten Schamanen zu ermitteln.

Die Härte der Umwelt, die Schwere des Lebens schlagen sich auch im Erzählgut nieder, sie mußten zur Selbstverständigung dargestellt werden, ehe mit der Wundergeburt des Helden die Abenteuerfahrt anfängt und eine schönere Welt aufscheinen läßt. Ein Märchen beginnt wieder mit der vertrauten Eingangsformel: „Es war einmal ein Mann und eine Frau", um dann einzublenden in die soziale Umwelt, „die weder Sohn noch Tochter hatten. Als sie lange miteinander gelebt hatten, sprachen sie zusammen, und die alte Frau sagte: - ,Nun, alter Mann, was denkst du? Wir werden alt und haben keine Kinder. Wer wird für uns sorgen, wenn wir noch älter werden, und uns Nahrung bringen?'"

Wir sind auf dem Wege von Indien bis Ostasien Märchen in

Vom „Shah-nameh" finden sich mehrere prachtvoll illustrierte Handschriften. Miniatur aus der Handschrift von Shiraz, 1370: Bahram Gur tötet den Drachen

mündlicher wie schriftlicher Tradition begegnet, wir müssen aber doch - abgesehen von den indischen Sammlungen - ein Übergewicht der mündlichen Tradierung feststellen (auch die buddhistischen Mönche trugen beim Verkündigen ihrer Lehre viele von ihnen umgeprägte Märchen vor). Es gab Erzählsammlungen, aber das Märchen trat darin zurück oder wurde stark in didaktische Intentionen eingespannt - so zum Beispiel in einer dem 15. Jahrhundert angehörenden japanischen Sammlung, die wie ein Sittenspiegel einem jungen Kaiser nützliche Lehren vermitteln sollte. Noch eins müssen wir bedenken, wenn wir hier in einen Wanderweg von Märchen und Motiven Einblick nehmen: daß die Märchen auf ihrem Wanderwege nicht in ein kulturelles Niemandsland vorstießen, sondern daß sie ältere Kulturen überwanderten und mit ihnen verschmolzen.

Ein ganz anderes Bild bietet sich uns dar, wenn wir die in den Vorderen Orient gehenden Wanderwege des indischen Erzählgutes betrachten. Hier herrschte die schriftliche Überlieferung vor. Aber es waren nicht buddhistische Mönche, die Märchen und Exempel aufzeichneten. In Persien herrschte bis zur Übernahme des Islam die alte dualistische Religion, gestiftet durch Zoroaster. Der religiöse Dualismus entsprach dem Gut-Böse-Gegensatz des Märchens, so kam es schon früh zu einer Annäherung von mythischen Überlieferungen und Märchen.

Das älteste bekannte persische Märchen kann bis ins vierte vorchristliche Jahrhundert zurückverfolgt werden. Chares, ein Zeitgenosse Alexanders des Großen, schrieb dieses Brautwerbungsmärchen auf:

Im Traum sieht ein junger König eine schöne Prinzessin, gleichzeitig sieht sie ihn ebenfalls im Traum. Als dann der junge König beim Vater der Geliebten um ihre Hand anhält, sträubt dieser sich gegen die Vermählung: Die beiden Reiche lägen doch gar zu weit entfernt voneinander. Die Prinzessin solle sich bei einem Gastmahl einen anderen Freier aussuchen und diesen dadurch bezeichnen, daß sie ihm eine Trinkschale überreiche.

Doch verabredet die Prinzessin heimlich mit dem jungen König, daß er sich in einer Verkleidung unter die Gäste (die Freier) mische, und so reicht sie dann die Schale dem Geliebten, worauf das Paar flieht.

Weniger zu den Märchen bzw. Märchensammlungen gehört Firdausis Königsbuch „Shah-nameh“, das er um 1010 verfaßte. Das „Shah-nameh“ ist das persische Nationalepos und fußt zum Großteil auf Epen, die weit vor der islamisch-arabischen Eroberung Persiens im Jahre 651 entstanden. Zwar haben diese Epen oft märchenhafte Züge, so etwa, wenn der junge Destan Zal als ausgesetzter Säugling vom Wundervogel Simurg aufgezogen wird, doch der den Heldenepen eigene sagenhafte Charakter überwiegt.

Etwa Mitte des 6. Jahrhunderts gelangte das „Pancatantra“ von Indien nach Persien, sehr viel später erst, im 14. Jahrhundert, das „Papageienbuch“. Dessen indische Urform „`Sukasaptati“ (die 70 Erzählungen des Papageien) geht wohl kaum weiter als bis zum Ende des ersten Jahrtausends zurück, sie ist verlorengegangen. Europa lernte „Das Papageienbuch“ allerdings zunächst durch die um 1330 erfolgte Bearbeitung des persischen Dichters Nachschabi (unter dem Titel „Tutinameh“), eines Zeitgenossen des berühmten Hafis, kennen.

Das „Papageienbuch“ trägt seinen Namen völlig zu Recht: Der Held der Rahmenerzählung ist ein Papagei. Sein Herr, ein junger Kaufmann, hat eine ebenso sinnenfrohe wie schöne Frau. Als der Kaufmann eines Tages nun in Geschäften verreisen muß, trägt er zwei Vögeln, dem Papagei und einer Krähe, auf, die junge Frau mit Geschichten zu unterhalten, auf daß sie sich nicht gar zu sehr langweile.

Doch schon bald erblickt ein Königssohn die schöne Kaufmannsfrau Prabhawati, er sendet seine Liebesbotinnen - wie immer im Orient alte Frauen - zu ihr, und die Botinnen müssen gar nicht erst lange auf die Schöne einreden, um sie zu einem Stelldichein mit dem Königssohn zu beschwatzen.

Die Krähe mahnt - gleichsam mit erhobenem Zeigefinger - zur Tugend, erreicht damit aber nur, daß die Kaufmannsfrau sie töten will; doch kann sie sich gerade noch retten. Viel klüger benimmt sich dagegen der Papagei; er rät seiner Herrin sogar zu gehen:

„‚Nichts bringt... mehr Glück als ein Besuch bei dem Geliebten. Du hast Dir da etwas Schönes vorgenommen. Allerdings ist dabei noch zu bedenken, daß dein Vorhaben sehr gefährlich ist. Führe es nur aus, wenn du antworten kannst wie Gunaschalini, als sie in eine schwierige Situation geriet.’

Zwei Männer streiten sich um den Besitz der hölzernen Jungfrau. Miniatur aus einer Handschrift des „Tutinameh“, 1580/85, zu der „Geschichte der hölzernen Jungfrau und ihrer Liebhaber“.

‚Wer war denn Gunaschalini?‘ fragte Prabhawati darauf. ‚Welche schwierige Situation mußte sie überwinden? Erzähle mir das bitte.‘“

Der Papagei erzählt sodann die Geschichte der Gunaschalini, bricht sie aber auf dem Höhepunkt der besagten schwierigen Situation ab, und:

„‚Nun sage mir, Prabhawati, welche Ausrede sie in dieser schwierigen Situation fand. Das sage mir, ohne zu zögern, dann gehe.‘ Prabhawati begann zu überlegen, aber sie fand die Antwort nicht. Inzwischen ging die Nacht vorüber.“

Gerade darauf war es dem Papagei angekommen, denn nur im Schutze der Dunkelheit hätte sich seine Herrin, ohne eine

Der reitende Dämonenkönig zerbeißt eine Schlange. Islamische Miniatur, 14. Jh.

Entdeckung befürchten zu müssen, zum Geliebten begeben können.

Am nächsten Morgen dann erzählte der Papagei die Geschichte zu Ende. Bemerkte das kluge Tier am Abend, daß Prabhawati sich erneut für ein Stelldichein schmückte, so redete es ihr wiederum zu, zum Geliebten zu gehen, und begann dabei schon eine neue Geschichte zu erzählen, die es natürlich auf ihrem Höhepunkt abbrach, worauf Prabhawati die Nacht grübelnd daheim und nicht beim Geliebten verbrachte.

Siebzig Geschichten hatte der Papagei der jungen Frau erzählt, siebzigmal vom Besuch des Königssohnes abgehalten, bis der junge Kaufmann von seiner Reise zurückkam. Die junge Frau beichtete ihr Beinahe-Liebesabenteuer, fügte aber hinzu, daß sie durch die Klugheit des Papageien vor dem tatsächlichen Ehebruch bewahrt wurde. Der Papagei aber bittet für sie, natürlich indem er dem Kaufmann eine Geschichte erzählt, der verzeiht seiner Frau, und zum Ende-gut-alles-gut wird der Papagei belohnt. Bei der Übertragung des „Tuti-nameh" ins Türkische - der wir in diesem Ausschnitt folgten - gewann das „Papageienbuch" neue Wertungen. Der Erzähler, sein Name ist unbekannt, zeigte Verständnis für die Frau; er malte sie in freundlicheren Farben und deshalb konnte sie auch zum Schluß Verzeihung erlangen, während sie in den älteren Vorlagen mit dem Tode bestraft wurde, obwohl es ja nie zum Ehebruch gekommen war.

Natürlich gab es neben den kunstvoll komponierten Sammlungen ebenso die sehr viel einfacheren Fabeln und Schwänke wie auch bekannte Märchen, etwa eine Form des Zweibrüdermärchens oder die Befreiung einer Jungfrau aus den Klauen eines Drachens. Seit dem 18. Jahrhundert sind diese Märchen und Geschichten in einfachen, billigen Drucken weit verbreitet, teils mit Bildern, teils ohne diese. Noch vor wenigen Jahrzehnten waren Märchenerzähler von Beruf in größeren Städten häufig anzutreffen. Freilich agierten sie fast ausschließlich vor männlichem Publikum, da Frauen, zumal jüngere, in mohammedanischen Ländern noch immer von der Öffentlichkeit relativ ausgeschlossen sind. Ähnlich den europäischen Bänkel- und Moritatensängern führte der Märchenerzähler Bilder mit sich, auf denen Episoden des Geschehens abgebildet waren. Sobald sich genügend Zuhörer angefunden hatten, begann er seine Geschichte, brach, wenn die Spannung aufs höchste gestiegen war, plötzlich ab, ließ den Teller kreisen und setzte dann die Geschichte fort. Den Märchen kam zugute, daß diese Erzähler oft weit herumkamen, viel hörten und auch lasen; das Niveau der erzählten Märchen mag das der aufgeschriebenen und bearbeiteten mitunter fast erreicht haben.

Eine wesentliche Rolle für den Märchenerzähler wird auch seine jeweilige Hörerschaft gespielt haben. Setzte sie sich aus den kleinen Leuten wie Last- und Wasserträgern, Schuhflickern und Eselstreibern zusammen, so war natürlich ihresgleichen des öfteren Held einer vorgetragenen Geschichte; bei den wohlhabenden Kaufleuten in den Karawansereien (Gasthöfen) standen diese hingegen mehr im Mittelpunkt der Erzählungen.

Außer Prinzen und Lastträger, Kaufleuten und Köchen, Handwerkern und Räubern, schönen Prinzessinnen und klugen Sklavinnen gab es in den Märchen auch mehr oder minder übernatürliche Wesen, so Dewe, Päri, Dschinnen und Ghulen. Die Dewe haben Ähnlichkeit mit unseren Hexen, Riesen und Teufeln (Hörner auf der Stirn), während die Päri eher den Feen gleichen. Die Ghulen und Dschinnen hingegen sind - zumeist böse - Geister und oft Menschenfresser.

Eine ganz andere Spielart des Märchens bilden die größeren Erzählungen, denen die Herkunft vom spätgriechischen Roman anzumerken ist. Wie immer geht es dabei um das vom Schicksal oder durch Machenschaften getrennte Liebespaar, das sich nach bestandenen Abenteuern endlich und glücklich in die Arme sinken darf. Romanhaft wirken die Erzählungen von Reisen, so die des seinerzeit berühmten Arabers Hatim el-Tai. Diese Reiseerzählungen fanden auch Eingang in die kunstvoll konzipierten, ebenfalls romanhaft angelegten Märchensammlungen, von denen „Tausendundeine Nacht" in Europa zweifellos am bekanntesten ist.

„Tausendundeine Nacht" ist wie sein nicht ganz so bekanntes Gegenstück „Tausendundein Tag" keine rein arabische Märchensammlung; viele Völker trugen zu ihrer Entstehung bei: Die Rahmenerzählung stammte im Kern aus Indien, erhielt in Persien manche Zusätze und vor allem ihr typisches Gepräge, d. h., die Sprache wurde bildhafter, blumiger; das Lokalkolorit und die Helden der einzelnen, für sich abgeschlossenen Geschichten kamen im arabischen beziehungsweise später im ägyptischen Raum hinzu.

Wir werden uns ausführlicher mit „Tausendundeiner Nacht" beschäftigen, weil diese Sammlung arabischer Märchen in Europa am beliebtesten, am besten untersucht ist und weil „Tausendundeine Nacht" eine der wenigen erhaltenen volkstümlichen Märchensammlungen des arabischen Raumes darstellt. Die in Europa hochgeschätzten Erzählungen genossen bei den arabischen Gelehrten keinen guten Ruf, handelte es sich doch vor allem um erfundene Geschichten. Davon mochte die arabische Bildungselite nichts wissen, und so fielen manche Märchen, eben weil nicht aufgezeichnet, der Vergessenheit anheim. Was an Märchen aufgeschrieben wurde, war in einer literarisierten Umgangssprache abgefaßt, nicht aber im Hocharabisch der Gelehrten und Poeten. Genau besehen gibt

Isfandiyār tötet eine Zauberin.
Miniatur aus dem „Shah-nameh“, Iran, 1605

Kämpfende Frauen kommen in Firdausis „Shah-nameh“
und auch in den Geschichten aus „Tausendundeiner Nacht“ vor.
Suhrāb (links im Bild) kämpft gegen Gurdāfarid,
die den gefangenen Burgvogt des weißen Schlosses,
das im Hintergrund aufragt, befreien will.
Miniatur aus dem „Shah-nameh“, Iran, 1605

es von „Tausendundeine Nacht“ (wörtlich: Das Buch der Eintausendundeins Nächte“, arabisch „Kitāb Alf Laila wa-Laila“) mehrere Sammlungen, bei denen die Rahmenhandlung leicht variiert, vor allem aber Anzahl und Auswahl der Geschichten teilweise recht verschieden sind. *Die* „Tausendundeine Nacht“-Fassung beziehungsweise-übersetzung kann es also nicht geben.

Erste Anfänge dieses Erzählzyklus reichen bis ins 7. Jahrhundert zurück, zumindest spricht dafür die Erzählung vom Kalifen Omar und dem jungen Badawi. Omar, Kalif von 634 bis 644, stammte aus dem Geschlecht der Umayyaden; es ist kaum anzunehmen, daß die Erzählung nach dem Sturz dieser Familie durch die Abbasiden im Jahr 747 entstand. Die ersten schriftlichen Belege zu „Tausendundeiner Nacht“ datieren aus dem 8. Jahrhundert, doch blieb davon so gut wie nichts erhalten. Die älteste erhaltene Handschrift des „Buches der Tausend Nächte“, wie die Sammlung zunächst hieß, stammt aus dem 15. Jahrhundert, die weitaus meisten sind erheblich jünger, oft kaum 200 Jahre alt. Die Zahlenangabe „1000“ beziehungsweise „1001“ sollte man auch nicht zu genau nehmen: Ursprünglich stand „Tausend“ in diesem Zusammenhang für „sehr viele“. Erst in späteren Jahrhunderten verteilte man die Geschichten auf mehrere Erzählnächte, um auf die geforderte „Tausendundeine Nacht“ zu kommen.

Die Rahmenhandlung: Ein König hinterläßt zwei Söhne, Schehrijār und Schāhzamān mit Namen. Nach Jahren der Trennung, denn jeder herrscht über ein anderes Reich, verspürt der Ältere Sehnsucht nach seinem Bruder und schickt daher seinen Wesir nach ihm aus. Schāhzamān ist schon zu seinem Bruder unterwegs, da kehrt er noch einmal um - und entdeckt seine Gattin in den Armen eines schwarzen Sklaven. Nachdem Schāhzamān die beiden getötet hat, begibt er sich tieftraurig zu seinem Bruder. Als eines Tages Schehrijār zur Jagd aus ist, bemerkt der im Palast verbliebene Schāhzamān, wie sein Bruder ebenfalls von seiner Gattin mit einem schwarzen Sklaven hintergangen wird.

Dies hat für ihn etwas Tröstliches, er lebt auf, und die Veränderung, die mit ihm vorgeht, bleibt Schehrijār nicht verborgen, er dringt in den Bruder, und der erzählt ihm schließlich alles. Schehrijār muß dann selbst sehen, daß sein Bruder die Wahrheit gesprochen hat, und zieht mit ihm aus, um zu erkunden, ob auch andere ein gleiches Schicksal erleiden. Auf ihrer Wanderung gelangen sie an einen Baum unweit des Meeres, aus dem mit eins ein riesiger Dschinn, einen großen, gut verschlossenen Kasten tragend, hervorkommt. Die Brüder flüchten auf den Baum, der Dschinn, der die beiden nicht bemerkt hat, öffnet den Kasten, dem ein schönes Mädchen entsteigt. Den Dschinn verlangt es zu schlafen, da entdeckt das Mädchen die Brüder im Baum, ruft sie herunter und zwingt sie, ihr, des Mädchens, Verlangen zu stillen, sonst wecke sie den Dschinn. Nach gestillter Lust zeigt das Mädchen den Brüdern eine Schnur, auf die 570 Ringe aufgereiht sind - allesamt von Männern stammend, mit denen sie den Dschinn, so wie grad eben mit den Brüdern, betrogen hat. Für die Brüder ist es immerhin ein Trost, daß selbst dieser mächtige Dschinn nicht gegen die Untreue der Frauen gefeit ist. Wieder im Palast Schehrijārs angekommen, befiehlt dieser, seiner Gemahlin, ihrem Geliebten sowie den zwanzig Sklavinnen und Sklaven, die sich ebenfalls unerlaubt miteinander vergnügt hatten, die Köpfe abzuschlagen.

Von nun an läßt sich Schehrijār jeden Tag eine Jungfrau zuführen, nimmt sie zum Weibe und läßt sie am nächsten Morgen enthaupten. Doch nach einiger Zeit fliehen die Familien aus der Stadt, die Töchter im heiratsfähigen Alter haben. Zurück bleibt der entsetzte Wesir mit seinen erwachsenen Töchtern Schehrezād und Dinazād.

Als erstere die Verzweiflung ihres Vaters bemerkt - der Wesir hat die Aufgabe, dem König die Jungfrauen zuzuführen, und muß jetzt um seinen Kopf oder den seiner Töchter fürchten -, erklärt sie sich bereit, König Schehrijārs Gattin zu werden, und hofft, auf ihre Klugheit und Belesenheit bauend, den grollenden König besänftigen zu können. Sie bittet dann den König, daß sie ihre letzten Stunden gemeinsam mit ihrer Schwester bei ihm verbringen darf. Dinazād kann kommen und fordert verabredetermaßen Schehrezād auf, eine merkwürdige Geschichte zu erzählen; der König stimmt zu. Die List gelingt, und Schehrezād erzählt nun Nacht für Nacht Geschichten. Diese sind natürlich so angelegt, daß sie am Morgen, da die Hinrichtung droht, mitnichten zu Ende sind. Will König Schehrijār des Abends den Schluß vernehmen, so muß er Schehrezād am Leben lassen. Nach tausend Nächten erkennt Schehrijār endlich die Klugheit seiner Gattin, bewun-

So stellte man sich vor 150 Jahren Schehrezād vor.
Illustration zu einer früheren französischen Ausgabe
der von Antoine Galland übersetzten und herausgegebenen
Märchensammlung

Zwei Dämonen - ein elefantenköpfiger und ein Dschinn.
Französische Illustration zu „Tausendundeine Nacht“,
nach einer deutschen Ausgabe von 1838

dert ihren Mut und schenkt ihr das Leben, nicht ohne alle jene zu bedauern, die er hat hinrichten lassen.

Aber nicht in allen „Tausendundeine Nacht"-Versionen ist Schehrijār so einsichtig: In einigen behält Schehrezād das Leben in erster Linie deshalb, weil sie einem Knaben (manchmal sind es auch drei) das leben schenkte. Und in einer Fassung heißt es gar: „Es ist genug; man schlage ihr den Kopf ab, ihr letztes Märchen vorzüglich hat mir ganz besonders Langeweile gemacht." Und nur die drei Knaben, die Schehrezād dem König geboren hat, können sein erzürntes Gemüt besänftigen.

Die von Schehrezād erzählten Geschichten sind, wie so oft bei Sammlungen mit Rahmenerzählung, in sich verschachtelt und nehmen aufeinander Bezug. So etwa die „Geschichte des Lastträgers und der drei Damen von Bagdad", die mit fünf anderen Erzählungen zusammen eine wenn auch lockere Einheit bildet. In allen diesen Geschichten kommen zwei Figuren vor: der Kalif Harūn er-Raschīd und sein Wesir Dscha'far.

Im Gegensatz zu den europäischen Märchen, bei denen ein Herrscher meist einfach als „der König" bezeichnet wurde, gaben Perser wie Araber ihren Märchen-Königen Namen; und Harūn er-Raschīd und sein Wesir Dscha'far gar sind historisch verbürgte Gestalten. Ähnlich steht es mit den Orten der Märchenhandlungen: Gewissenhaft wird von einem Prinzen, Kaufmann oder Lastträger berichtet, daß er aus Bagdad, Basra oder Samarkand stamme, und die Helden dieser Märchen sind auch nicht einfach lange unterwegs, vielmehr heißt es ganz bestimmt: „Wir segelten sechs Monate lang bei ruhigem Wetter nach China." Daß es von allen Umayyaden- beziehungsweise Abbasidenkalifen gerade Harūn er-Raschīd (Harun der Gerechte) ist, der in so viele Erzählungen aus „Tausendundeiner Nacht" einging, dürfte kaum am Charakter dieses - in den Geschichten so leutseligen! - Mannes gelegen haben. Der historische Raschīd war mißtrauisch, jähzornig und konnte bei aller Verschwendungssucht überaus geizig sein. Doch hatte das Kalifat von Bagdad in seinen Regierungsjahren (785 bis 809) die größte Ausdehnung: vom Atlas bis zum Indus; die Handelsstädte Bagdad und Basra blühten auf und mit ihnen die Künste und Wissenschaften. Alles in allem stellen Harūn er-Raschīds Herrschaftsjahre einen der Höhepunkte während des Kalifats dar.

Im Verlauf der Jahrhunderte erfuhren so die Zeit dieses

Herrschers wie auch er selbst eine Verklärung: Aus dem Despoten, dem selbst ausgemachte Günstlinge nur zitternd nahten, wurde ein leutseliger, ja gutmütiger Herrscher, dem man sogar einmal einen Possen spielen durfte, so z. B. in der „Geschichte von Abu al-Hasan oder dem erwachten Schläfer", die wir hier kurz nacherzählen wollen.

Abu al-Hasan, ein junger Kaufmann, begegnet bei seinem abendlichen Spaziergang dem als Kaufmann verkleideten Kalifen und seinem Wesir. Hasan lädt die beiden ein, bei ihm zu speisen und zu zechen. Im Gespräch äußert Hasan seinen Herzenswunsch: einmal nur Kalif sein. Von Hasan unbemerkt, schüttet der Kalif ein Betäubungsmittel in dessen Becher, und sobald der junge Mann schläft, schafft man ihn in Raschīds Palast. Dort wird er, Hasan, am nächsten Tag so angesprochen und behandelt, als wäre er tatsächlich der Kalif - bis er selbst daran glaubt. Am Abend betäubt man ihn wieder und bringt ihn in seine Behausung. Den darauffolgenden Morgen hält er sich freilich noch immer für den Kalifen, den Beherrscher aller Gläubigen, solange, bis ihn besorgte Nachbarn ins Tollhaus bringen, wo er bei Hunger und Prügel eines Besseren belehrt wird. Einige Zeit nach seiner Freilassung aus diesem fatalen Ort begegnet Hasan wiederum dem Kalifen uns seinem Wesir, wird aber diesmal betrunken gemacht und betäubt in den Palast des Kalifen geschafft. Doch diesmal ist Hasan auf der Hut: So sehr man ihn auch von seiner Kalifen-Existenz zu überzeugen sucht, er will - eingedenk des Tollhauses - nichts davon wissen. Hinter einem Vorhang versteckt, lacht Harūn er-Raschīd, „bis er vor Lachen auf den Rücken fällt", und verheiratet Hasan - sozusagen als Wiedergutmachung - mit einer der Sklavinnen seiner Gemahlin Zubaida und beschenkt die beiden großzügig. Doch die tausend Dinare sind bald dahin, und so beschließen Hasan und sein Weib, dem Kalifen und Zubaida durch eine List ein erkleckliches Sümmchen abzuluchsen.

Hasan läuft zum Kalifen, rauft sich das Haar und bejammert sein urplötzlich dahingegangenes Weib, in der Hoffnung, zum Trost für diesen Verlust erneut beschenkt zu werden, und gerade so verfährt seine Frau bei ihrer Herrin, bei Zubaida. Daraufhin ist es am Herrscherpaar, sich zu wundern, Harun und Zubaida kommen ins Streiten, wer von ihren Günstlingen sein Ehegespons verloren habe. So eilen der Kalif und seine Gemahlin in Hasans Haus, um der Sache auf den Grund zu gehen. Dort finden sie beide - scheinbar tot, und der Kalif schwört, demjenigen tausend Dinare zu geben, der ihm sagen könne, ob denn nun zuerst Hasan oder sein Weib gestorben sei. Flugs erhebt sich daraufhin Hasan und fordert die besagten tausend Dinare von seinem Herrn, damit dieser ja nicht etwa eidbrüchig werde. Lachend kommt der Kalif dem nach, steigert gar noch den Lohn seines Günstlings, herzlich froh darüber, daß dieser noch unter den Lebenden weilt.

Die Geschichte von Hasan kann erst im 13. Jahrhundert entstanden beziehungsweise in der vorliegenden Form ins Buch der Tausend Nächte eingegangen sein, da in ihr ein Mamlukenknabe auftaucht, die Mamluken aber erst im 13. Jahrhundert in den arabischen Raum eindrangen.

Diese Posse gestaltete der Komponist Peter Cornelius zu einer Oper, die Ende 1858 unter dem Titel „Der Barbier von Bagdad" zur Aufführung kam.

Auch und gerade als Kindermärchen sehr beliebt ist „Die Geschichte von Ali Baba und den vierzig Räubern" (AaTh 954). In den arabischen Handschriften von „Tausendundeiner Nacht" findet sich das Märchen nicht, ist aber verschiedentlich (mündlich und schriftlich) überliefert worden.

Ali Baba, ein armer Holzsammler, beobachtet eines Tages, wie vierzig Räuber ihre Beute in einer geheimnisvollen Höhle, die sich auf die Worte „Sesam, öffne dich" hin auftut, verbergen. Einige Zeit nachdem sich die Räuber wieder entfernt haben, betritt Ali Baba die Höhle, staunt über die angehäuften Kostbarkeiten und belädt schnellstens seine Esel mit Goldsäcken. Zu zählen ist die Menge der Goldstücke nicht, deshalb borgt sich Ali Baba bei seinem reichen Bruder Kāsim ein Maß, an dem aber ein Goldstück klebenbleibt. Kāsim, verwundert darüber, daß sein bisher armer Bruder plötzlich im Golde zu schwimmen scheint, dringt in Ali Baba und erfährt so von der Existenz der Höhle. Gleich am nächsten Tag zieht Kāsim mit zehn Maultieren los, auf das Zauberwort hin öffnet sich auch ganz richtig die Höhle und verschließt sich wieder hinter ihm. Kāsim rafft an Schätzen zusammen, was die Tiere nur tragen können - doch dann hat Kāsim das „Sesam, öffne dich" vergessen.

Als nach geraumer Zeit die Räuber kommen überwältigen und vierteilen sie den Unseligen.

Da Kāsim am frühen Morgen noch nicht zurück ist, macht

Sphinx und Menschenvogel auf einer arabischen Miniatur, 1237

sich Ali Baba auf, um nach dem Bruder zu suchen. Kaum, daß er die Höhle betreten hat, erblickt er die Leiche des Bruders, nimmt sie an sich, belädt rasch noch seine Esel und macht sich aus dem Staube. Die Räuber wissen nun, daß außer ihnen und dem getöteten Kāsim mindestens noch einer das Geheimnis

Der Sonnenadler Garuda (Vogel Rock) trägt das Götterpaar Vishnu und Lakshmi. Miniatur von Mihr Chand, um 1780

der Höhle kennt. Diesen einen versuchen sie aufzuspüren, um ihn zu töten. Doch Ali Babas kluge Sklavin Mardschāna vereitelt alle Anschläge, und die Räuber werden unschädlich gemacht. Zum Dank dafür, daß sie ihm das Leben gerettet, vermählt Ali Baba Mardschāna mit Kāsims Sohn (der nach Kāsims Tod auch sein Sohn geworden ist).

Die Geschichte enthält deutlich didaktische Momente, z. B. wenn Kāsim seine Habgier mit dem Tode büßen muß.

Daß es gerade eine Frau ist, die durch kluges, tatkräftiges Handeln ihren Herrn rettet, mag zunächst bei einem orientalischen Märchen erstaunen, aber nach muslemischer Auffassung ist Mardschāna nur das Werkzeug Allahs, dessen Wille es ist, daß die Räuber allesamt zugrunde gehen sollen, der brave Ali Baba aber zu Reichtum und Ansehen gelangen möge.

So beginnen auch viele arabische Erzählungen mit der Formel: „Im Namen Allahs, des Gnädigen und Barmherzigen" und enden mit den Worten: „...und sie genossen jeglichen Überflusses, bis zu ihnen kam der Vernichter der Wonnen und der Trenner aller Gemeinschaft; und solches ist der Schluß ihrer Geschichte, möge Allah sich ihrer aller erbarmen!" Die Diesseitsbezogenheit und Diesseitsfreude der Märchen sind dadurch allerdings nicht aufgehoben. Anrufungen Allahs und Gebete in Gefahrensituationen sind ebenso selbstverständlich wie Danksagungen nach überstandener Gefahr. Da nun alles, was das Leben bringt, nach muslemischer Auffassung nur durch Allah geschieht, sind die Gestalten der Märchen und Erzählungen lediglich Vollstrecker des Schicksals, ohne selbst über ihr Wohl und Wehe bestimmen zu können.

Eine Ausnahme scheint „Die Geschichte von Sindbad dem Seefahrer" zu sein. Dieser in sich geschlossene Zyklus innerhalb von „Tausendundeiner Nacht" beginnt zunächst mit der Schilderung des schweren Alltags Sindbads des Lastträgers. Der ruht sich, erschöpft von seiner Arbeit und der Mittagssonne, einen Moment vor dem Hause eines reichen Kaufmanns aus, spricht einige Verse vor sich hin und wird, da er gerade wieder aufbrechen will, in das Haus des Kaufmanns Sindbads des Seefahrers eingeladen. Sindbad der Lastträger soll dort seine Verse, die von seiner Mühe und Armut und dem Glück und dem Wohlstand anderer künden, noch einmal vortragen. Danach spricht Sindbad der Seefahrer zu seinem Namensvetter:

„Wisse, o Lastträger, meine Geschichte ist wunderbar, und du sollst alles vernehmen, was ich durchmachen mußte, ehe ich emporstieg zu dieser Höhe des Wohlstandes und zum Herrn dieses Hauses wurde, darin du mich siehst; denn nicht ohne Mühsal die Hülle und Gefahren die Fülle kam ich zu solchem Reichtum; und wie viel der Mühsal und Beschwerde habe ich nicht erduldet in alten Tagen!"

Sindbad der Seefahrer erzählt nunmehr seine Reiseabenteuer: In der ersten Reise landete sein Schiff an einer Insel, die sich als ein riesiger Fisch herausstellt, ein Motiv, das schon im griechischen Alexanderroman (2. Jahrhundert v. u. Z.) auftaucht, und es ist nicht das einzige, welches an die Antike erinnert: Die Gefahren der Seereisen waren im 5. Jahrhundert v. u. Z. mehr oder weniger die gleichen wie im 8. oder 9. Jahrhundert u. Z. - wie etwa die Sindbad-Geschichten datiert werden. Und Seemannsgarn wurde wohl zu allen Zeiten gesponnen, nicht zuletzt deshalb, um mögliche Konkurrenten von lukrativen Handelsstraßen und -partnern fernzuhalten. Bei der ersten Reise überlebt Sindbad die Katastrophe dank eines Zubers beziehungsweise Balkens - von Allah gesandt -, an den er sich klammert. Der Schiffbrüchige wird an eine ferne Insel gespült und von den dortigen Bewohnern freundlich aufgenommen. Nach einiger Zeit läuft wie durch ein Wunder auch Sindbads Schiff jene Insel an, und so kann er mit vielem Gewinn nach Hause zurückkehren.

Dort hält es ihn aber nicht lange, und so macht Sindbad der Seefahrer sich wieder und wieder auf die Reise; insgesamt unternimmt er sieben Reisen. Aber alle führen ihn in Richtung Osten (vielleicht ist mit dem Lande Waik Waik Japan gemeint). Aus der alten arabischen Reiseliteratur ging manche Einzelheit in Sindbads Abenteuer über und ließ die Ferne verlockend erscheinen, verlockend und realistisch. Dabei begegnet ihm allerlei Wundersames: zum Beispiel der Riesenvogel Rukh (oder Rock), der sich aber nicht als gefährlich, sondern vielmehr als hilfreich für Sindbad erweist. - Eine in diesem Punkt ähnliche Geschichte steht in „Tausendundein Tag": Dort befreit der Riesenvogel Rukh die Mannschaft eines Schiffes von einem Riesen, der nach Vertilgung aller Vorräte die Schiffer zu verspeisen beginnt, bis der Vogel Rukh den Gefräßigen überwältigt. Möglicherweise liegen hier Anklänge an das persische „Schah-nameh" vor; dort erweist sich der Riesenvogel Simurg dem Helden hilfreich.

Stark an das Polyphem-Märchen erinnern Teile der dritten Reise Sindbads. Sindbad und seine Gefährten werden nahe einer Insel von affenähnlichen Menschen überfallen, die sie ihres Schiffes berauben. Aber auf dieser Insel entdecken Sindbad und seine Mannschaft eine Burg, in der sich niemand befindet. Am Abend freilich erscheint der Hausherr - ein menschenfressender Riese. Sindbad, als erster von diesem ergriffen, aber für nicht fett genug befunden und darum vorerst verschont, schlägt seinen Gefährten vor, ein Boot zu zimmern. Das Boot wird gebaut und sodann der Riese geblendet, worauf

Sindbad und seine Schiffskameraden begegnen dem Menschenfresser; die Geschichte von Sindbad ist dem Polyphem-Märchen aus der „Odyssee" verwandt. Illustration aus einer Urdu-Ausgabe (Urdu - wichtigste Nebenform des Hindi) von „Sindbad dem Seefahrer"

sich die Seefahrer in ihr Boot retten. In Anbetracht der Kenntnisse antiken Schrifttums bei den arabischen Gelehrten jener Zeit, dürfen wir mit einiger Sicherheit von einer Adaption des Polyphem-Abenteuers des Odysseus ausgehen.

Bei der vierten Reise fallen Sindbad und seine Gefährten wiederum unter Menschenfresser, allein Sindbad kann sich retten, gelangt nach einem mühseligen Marsch in behauste Gegenden, erringt auch hier hohes Ansehen und heiratet. Fatalerweise besteht in jenem Land der Brauch, daß nach dem Tode eines Ehepartners der andere mit ihm in den Tod gehen muß. Sowohl der oder die Verstorbene als auch das noch lebende Ehegespons werden in eine tiefe, scheinbar ausweglose Höhle hinabgelassen. So geschieht es auch Sindbad, nachdem sein Weib von einer Krankheit dahingerafft ward. Aber er ernährt sich von der schmalen Ration, die den Überlebenden mitgegeben wurde - und Sindbad schreckte auch nicht davor zurück, später hinabgelassene Leidensgefährten umzubringen, um sich ihres geringen Proviants zu bemächtigen und dadurch das eigene Überleben, und sei es auch nur für kurze Zeit, zu sichern.

Eines Tages aber schreckt ein Geräusch Sindbad auf, irgendein Tier hat sich in die Höhle verirrt, Sindbad folgt ihm und entdeckt so einen natürlichen Ausgang. Nach geraumer Zeit nimmt ihn ein Schiff auf, das ihn wohlbehalten nach Bagdad bringt.

Wenn auch in den orientalischen, genauer islamischen Märchen und Erzählungen immer beteuert wird, daß nichts ohne Allah, aber alles mit ihm möglich sei, gerade in den Sindbad-Abenteuern sehr oft betont, so sind es doch Mut, Erfindungsgabe und - wenn es not tut - Skrupellosigkeit des Helden, die sein Überleben sichern. Daß Sindbad, kaum einer tödlichen Gefahr entronnen, sogleich wieder an seinen geschäftlichen Vorteil denkt, z. B. wenn er eben in der vierten Reise den Toten wie den von ihm Erschlagenen ihre Schätze abnimmt, das ist eigentlich fern von islamischem Fatalismus. Wir fragen uns auch, ob ein Märchenheld, der doch für das Gute steht und kämpft, so handeln darf. Oder überwiegt hier in den Sindbad-Erzählungen die historische Couleur so sehr, daß sie stellenweise das Märchenhafte überdecken kann? Aber vergessen wir nicht: Für Sindbad, den arabischen Kaufherrn, sind diejenigen, die er überlistet, überwunden oder auch getötet hat, Ungläubige, das mindert seine Schuld, wenn sie ihm überhaupt zugemessen wird.

Wieder beeinflußt eine Hochreligion das Märchen, sie löst es nicht auf, verändert aber doch Erzählzüge und Gestalten und wirkt sich auf die Ethik des Märchens aus.

Das zeigt auch eine Episode aus der fünften Reise Sindbads, in der der Held dem Alten vom Meere, einer in damaligen orientalischen Erzählungen nicht selten anzutreffenden Gestalt, begegnet. Dieser Alte hat die Gewohnheit, sich auf den Schultern seiner Opfer häuslich niederzulassen; sterben sie vor Entkräftung, so verzehrt er sie. Sindbad entgeht diesem Schicksal,

„Die wunderbare Rettung des ausgesetzten Reisenden".
Ein Adler (der Größe und Kraft nach ein Vogel Rock)
rettet den Reisenden aus den Meereswogen.
Illustration aus der arabischen Handschrift
„Die Wunder der Schöpfung", von Al Qazwini, Irak, 1280

indem er den Alten betrunken macht, sich durch eine List seiner entledigt und ihn dann erschlägt.

Von diesen ersten fünf Reisen weichen die sechste und siebente ab: In der sechsten Reise hat Sindbad es nicht mit Menschenfressern und anderen Ungeheuern zu tun, sondern ausschließlich mit Naturgewalten, die zu bewältigen er schon seine ganze Erfahrung in die Waagschale werfen muß, um zu überleben. Die Geschichte der siebenten Reise ist stark von religiösen Erlebnissen geprägt: Da verwandeln sich die Einwohner einer Stadt, in der Sindbad nach dem üblichen Schiffbruch lebt, in gehörnte teufelähnliche Wesen, die es nicht ertragen, wenn er, Sindbad, den Namen Allahs ausspricht. Eines dieser merkwürdigen geflügelten Wesen, das Sindbad aus dem Maul einer Schlange errettet, bringt ihn schließlich in seine Heimat, nach Bagdad, zurück.

Damit schließt sich der Kreis: Sindbad der Seefahrer und Sindbad der Lastträger sitzen nach dem Erzählen einander gegenüber, und der Lastträger - ganz offensichtlich ein verarmter Gelehrter - bekennt: „„Allah sei mit dir, o mein Herr!' ... 'verzeih mir das Unrecht, das ich dir antat.'" Der Lastträger Sindbad hatte also nichts mehr an dem hart erkämpften Glück und Reichtum Sindbads des Seefahrers auszusetzen; ihn hatte zuvor vor allem der Gedanke des leicht, ohne Mühe erworbenen Wohlstandes bedrückt, nicht zuletzt auf Grund der eigenen kläglichen Lage.

Daß Sindbad der Seefahrer den armen Namensvetter wie einen Bruder an die eigene Tafel bittet, ist ein Märchenschluß, wie ihn diese komplizierte Erzählkomposition verlangt.

Eigentlich begegnen uns zwei Helden: Einmal der verwegene Seefahrer und geschäftstüchtige Kaufmann, eine Gestalt, mit der sich zahlreiche Händler, Seefahrer und Reisende identifizieren konnten, ein Held, der auszieht, um Geschäfte zu betreiben, der in Abenteuer gerät und von allen Abenteuerfahrten mit Gewinn zurückkehrt. Sein Glück wird durch das Erzählen der Leiden und Gefahren nur bestätigt, das erfolgreiche Handeln noch einmal genußvoll durchlebt. Zum anderen ist noch der zweite Sindbad da, der aus seinem elenden Dasein erst herauskommt, als er in das Umfeld und den Aktionskreis des ersten gerät. Der Zweitheld findet es dabei nur gerecht, daß derjenige, der sein Geschäft mit Wagemut - und mit Allahs Hilfe - betreibt, zu Wohlstand gelangt. Für diese Einsicht und Unterordnung gewähren Sindbad der Seefahrer und das Märchen dem armen Lastträger einen schönen Lebensabend.

Erstaunlich für uns ist die in den Geschichten aus „Tausendundeiner Nacht" trotz des Auftretens von Dschinnen und Ghulen spürbare Nähe zur Realität. Aber bei Märchen, die in Bagdad oder Basra, der Hafenstadt nah am Persischen Golf, in Damaskus, Aleppo und Kairo spielen, bewegt sich die Handlung auf historischen Straßen und Plätzen, vor bekannten Bauten. Allerdings entsprach, wie wir schon sahen, das Konterfei Harūn er-Raschīds nicht ganz dem historischen, sondern stellte eher das Wunschbild eines gütigen und gerechten Herrschers dar, in dem sich sagen- und märchenhafte Vorstellungen mischten. Zu den historischen Persönlichkeiten gehörten ebenfalls der in den Märchen erscheinende König Salomo, der Sassanidenkönig Chosrau, der Mamluke Baibars. Doch nimmt der Kaufmann Sindbad in den Märchen von „Tausendundeiner Nacht" weit mehr Raum ein als die gekrönten Häupter. So begaben sich unlängst arabische Forscher auf die Suche nach Spuren von Sindbad, dem Kaufherrn und Seefahrer, um auch in ihm eine historische Gestalt zu entdecken. Das Ergebnis steht noch aus.

Neben den illustren Persönlichkeiten agieren aber noch andere Helden in den Märchen, vornehmlich in denen, die aus dem ägyptischen Erzählfundus kommen. Da sind der Fischer Chalifa, der Schuhflicker Ma'rūf, der Färber Abu-Kīr, der Barbier Abu-Sīr. Alle diese Gestalten hasten durch die Straßen und Gassen, die Basare, vorbei an Palästen, Gärten, Bädern und Moscheen... Händler, Schuhflicker, Lastträger - sie gehören in eine städtisch-mittelalterliche islamische Märchenwelt.

Dschinnen und Ghulen haben es schwer, in dieser Umgebung zu erscheinen, sie leben im Verborgenen. Ein Mann entdeckt zu seinem Grausen, daß seine Frau mit den Ghulen nächtlich auf Friedhöfen zusammentrifft, um die Toten zu verspeisen. Das ist kein Märchenmotiv, und es ist charakteristisch, daß dieser Stoff Jahrhunderte später wieder aufgenommen wurde - von E. T. A. Hoffmann, und zwar in einer tragisch endenden „Vampirgeschichte".

Unser für das arabisch-islamische Erzählgut so typische Sindbad erlebt seine Abenteuer und Begegnungen mit Dämonen außerhalb der Heimatstadt, zu Hause erholt er sich im Garten und trinkt Wein, was er nach Allahs Gebot gar nicht dürfte.

Und auch im Märchen von Ali Baba geschehen kaum Wunder, die Räuber werden durch List und schnelles Handeln unschädlich gemacht, wunderbar ist nur, daß der Fels sich auf ein Zauberwort auftut.

Die in der Sammlung verschachtelten Geschichten zeichnen immer wieder neue Erzählkreise und Anlässe zum Erzählen nach, aber sie sind alle im städtischen Bereich angesiedelt. Im 15. Jahrhundert fanden sich im Ägyptischen und Türkischen die Erzähler in regelrechten Zünften zusammen. In der Überlieferung konnten sich mündliche wie schriftliche Tradition ergänzen und abstützen. Die gewerbsmäßigen Erzähler nutzten die handschriftlichen Sammlungen, um ihr Repertoire zu ergänzen und zu festigen. Die Schreiber und Kompilatoren wiederum konnten auf einen umfangreichen, allerdings sehr heterogenen Erzählfundus zurückgreifen.

Dieser Fundus gründete sich nicht nur auf Märchen, sondern auch auf Schwänke, lehrhafte Stücke und Anekdoten. Die Sage dagegen war in vielen Fällen mit dem Märchen verschmolzen, so in Erinnerungen an die Zeit der Blüte des Kalifats von Bagdad. Aber eines war allen Erzählungen gemeinsam: die Einstellung gegenüber der Frau. Ausführlich und genußvoll werden ihre Schönheit und körperlichen Reize geschildert, aber die Erotik gerann in Formeln, „..der Nabel faßte wohl eine Unze Öles und die Schenkel waren wie Kissen, die mit Straußenfedern gestopft sind“.

Während die jungen Mädchen und Frauen als liebreizend geschildert werden, tendiert das Bild der alten Frauen zur Vettel, einer Kupplerin oder einer Hexe. Vor allem aber werden die Frauen der Heimtücke, der Unkeuschheit, der Treulosigkeit und sinnlicher Gier bezichtigt. Auch die kluge Wesirtochter, deren Handeln die Rahmenerzählung von „Tausendundeiner Nacht“ bestimmt, ist eine löbliche Ausnahme gegenüber den vielen treulosen Geschöpfen, die den König erst zu seinem harten Entschluß und zu Rachsucht getrieben haben.

Die Rahmenerzählung des „Papageienbuches“ wird in einer - ausgetauschten - Erzählung der Sammlung von „Tausendundeiner Nacht“ in gekürzter Form neu akzentuiert. Das Weib des Kaufmanns ist so raffiniert und so voller Sinnengier, daß es ihr gelingt, den Papagei, der über ihre Tugend wachen soll, zu überlisten und ihren Mann zu betrügen. Der Papagei wird auf die Anschuldigungen der Frau hin getötet, und erst dann entdeckt der Mann deren Betrug. Nun muß sie ihn allerdings mit ihrem Leben büßen. Das war freilich ein Kaufmann, dem die Klugheit Sindbads fehlte.

Aber der Kaufmann, der weite abenteuerliche Reisen zu unternehmen hat, spielt in den Märchen des arabisch-islamischen Raumes eine wichtige Rolle. Diese Märchen, in denen die Kaufleute sich selbst wiederfanden, wurden nicht nur in Städten erzählt, sondern auch in Herbergen, auf den großen Handelsstraßen, und dort zogen sie mit den Kaufleuten in die Ferne, weiter in den Mittelmeerraum hinein.

Das europäische Märchen im Mittelalter

Am Tisch großer Herren
geht die Märe vom Bauern Einochs.
Aus dem „Cantus de uno bove"

So beginnt - in deutscher Übersetzung - der „Cantus de uno bove", das Lied vom Einochs. Eine Betrachtung des Cantus wird uns helfen, den Weg in die Welt des mittelalterlichen Märchens zu finden.

Cantus - das bedeutet, daß der Stoff in Strophen gefaßt wiedergegeben wurde, begleitet von Mimik und Gestik, dies beglaubigt der ausdrückliche Hinweis „In personarum drammate / uno cantemus de bove" (Laßt singen uns die Einochs-Mär, / als ob es schier ein Schauspiel wär!). Der Märchenstoff und seine Darbietung waren spielmännischer Abkunft als „fabula per verba iocularia" (Geschichte in lustigen Worten) angepriesen. Spielleute und vagierende Kleriker besaßen ein gemeinsames Repertoire, beide kamen weit herum, waren heimatlose Gesellen, die ihr Leben mit dem Vortrag von Liedern und Erzählungen fristeten. Der fahrende Kleriker war des Lateins kundig, und mit Hilfe der lateinischen Sprache konnten die Stoffe über Sprachgrenzen vermittelt werden. Die Spielleute dagegen vermochten selber sich des Lateinischen zu bedienen, sie entstammten als Mimen und Jokulatoren der römischen Provinzialkultur, sie konnten Gaukeleien vorführen, musizieren, Possen reißen, fechten, Bären tanzen lassen...

Ob vagierender Kleriker oder Spielmann - es soll auf die Bedeutung der Fahrenden für den Vortrag und die Überlieferung von Märchenstoffen hingewiesen werden. Später kamen Wanderhandwerker, Fuhrknechte, Händler als Vertreter mobiler

Bevölkerungsschichten hinzu, so daß wir auch im Mittelalter das Märchen keineswegs nur auf dem Dorfe bei den Bauern zu suchen haben.

Sehen wir uns nun den „Cantus de uno bove“ (AaTh 1535) an, wie er in einer aus dem 11. Jahrhundert stammenden, in Brüssel bewahrten Handschrift aufgezeichnet ist.

Ein armer Bauer kann sein Feld immer nur mit einem Ochsen pflügen, ein zweiter Ochse geht ihm stets ein. Im Dorfe nennt man den Armen deshalb nur den Einochs. Schließlich stirbt ihm noch sein letzter Ochse weg. Der Bauer zieht ihm das Fell ab und wandert damit zum nächsten Marktort, um es dort zu verkaufen. Mit einem geringen Erlös begibt er sich auf den Heimweg. Unterwegs überkommt ihn ein menschliches Bedürfnis, und er hockt sich nieder. Zum Abputzen reißt er ein Grasbüschel aus und entdeckt unter dem Gras einen Silberschatz. Der Bauer füllt flugs die Münzen in seine Taschen und eilt nach Hause. Dort schickt er seinen Sohn zum Schulzen, um ein Scheffelmaß auszuleihen, und der Junge erzählt in seiner Arglosigkeit von dem Schatz zu Hause. Der Schulze späht in die armselige Hütte, er ist überrascht und zornig zugleich: „Der Schatz dieses Armen ist Diebstahl, nicht Gewinn!“ Der Bauer aber läßt sich nicht überraschen, er gibt vor, das Geld beim Verkauf der Rinderhaut gewonnen zu haben, denn auf dem Handelsplatz hinter der Landesgrenze zahle man hohe Preise für Häute. Der Schulze bespricht sich mit dem Pfarrer und dem Meier, und alle drei schlachten ihre Ochsen ab und ziehen damit zu Markte. Aber niemand will ihnen die Felle für die geforderten aberwitzigen Preise abkaufen, und zum Schluß werden die drei durchgeprügelt, und das Marktgericht beschlagnahmt die Ware. Als die Dorfgewaltigen erbost die Hütte des Einochs betreten, sehen sie, wie seine Frau blutbeschmiert auf dem Boden liegt.

Ehe die drei über ihn herfallen, holt Einochs eine Weidenflöte vor, umwandelt flötend seine Frau, die daraufhin aufsteht und, wie ihr geheißen, sich wäscht und danach viel jünger und schöner aussieht als vordem. „Vor ihrem Tode war sie ein Scheusal, als Engelsbild kehrt sie vom Tod zurück.“ So handeln die drei dem Einochs die Weidenflöte ab, beeilen sich, ihre Frauen, die Schulzin, die Pfarrerin und die Meierin, umzubringen. Natürlich macht kein Flötenton sie wieder lebendig. Nachdem die drei ihre Frauen begraben haben, wollen sie

Gaukler ziehen durch die Lande.
Hier präsentieren sie
sich vor einer Bude, kündigen Kunststücke an
und vollführen Taschenspielertricks.
Federzeichnung aus dem Hausmeisterbuch
des Fürsten Waldburg-Wolfegg, um 1480

neuerlich ihren Rachedurst an Einochs stillen. Aber der steht in seiner Stube und preßt seiner Stute Münzen unter dem Schwanz hervor. Der Zorn der drei Gevattern ist sogleich verraucht, und sie kaufen dem Pfiffikus die Wunderstute ab. Der Pfarrer ist der erste, der das Tier einstallt, es tüchtig füttert und am anderen Morgen vor Mist steht. Den beiden anderen, die geldgierig die Stute in ihren Stall zerren, ergeht es genauso.

Sie packen endlich Einochs, um ihn zu töten. Er wird in eine Tonne gesteckt, um im Meer versenkt zu werden. Aus der Tonne heraus macht Einochs einen lockenden Vorschlag: „Auf dem Grunde meines Beutels findet ihr noch zwölf Groschen, die versauft, ehrwürdige Herren, zur höheren Ehre Gottes!" Während die Gevattern im Wirtshaus zechen, tauscht Einochs den Platz in der Tonne mit einem Sauhirten, der des Wegs mit seiner Herde zog. Der Sauhirt glaubt so Dorfschulze werden zu können. Als die drei vom Gelage zurückkehren, rollen sie die Tonne ins Wasser. Drei Tage später treibt Einochs eine große Sauherde durch das Dorf. Die Gevattern, die ihn tot wähnen, staunen ihn an, und er erzählt ihnen, daß er die Sauen auf dem Boden des Meeres zusammengetrieben habe, wo es unzählige solcher Herden gäbe. Der Schulze spricht wieder für alle. „Die Hoffnung auf Schinken mahnt uns, das Meer zu versuchen. Auf, mir nach!"

So stürzen sich die drei Narren kopfüber in die Flut, nachdem Einochs sie zu der Stelle geführt hat, wo das Meer am tiefsten ist. Es wird noch ein ebenso didaktischer wie frommer Spruch angehängt, der wieder auf einen Kleriker als Aufzeichner verweist: „Den verschlagenen Ratschlägen eines Feindes darf man nicht glauben, das lehrt diese Geschichte von nun an bis in Ewigkeit!"

Mit dem „Unibos" tritt eine neue Untergattung des Märchens in Erscheinung: das Schwankmärchen. Wunschträume, wie sie das alte Zaubermärchen kennt und über Jahrhunderte auch beibehält, werden verschwankt, werden zu deftigen Scherzen; Wunder werden zu Tricks. Wer denkt bei der Stute, die so brav ihren Schwanz hebt, um Pferdeäpfel fallen zu lassen, nicht an den Goldesel! Aber von solchen Wundern hat sich der Vagant - ob Kleriker oder Spielmann - distanziert. Wahre Wunder wie im Zaubermärchen oder vorgetäuschte Wunder wie im Schwankmärchen - beide treiben die Handlung voran und sind aus der Komposition des Märchens nicht wegzudenken. Ohne den Rahmen des Märchens, in dem alles durchgespielt werden kann, würde das Hinschlachten der Rinder, das Töten der Eheweiber, das Ertränken des Sauhirten wie eine Schauergroteske aussehen. So aber sind im Schwankmärchen diese Episoden nur ein Bild für ruinöse Besitzgier und Torheit. Damit ist letztlich die Sympathie der Hörer auf seiten des Einochs, der, nachdem er durch Zufall einen Schatz gefunden hat, mit einer Sauherde und einer frisch gewaschenen Ehefrau dasteht. Kein Königreich und keine Prinzessin braucht er zu seinem Glück. Realistische und skurrile Züge sind vermischt, aber „per verba iocularia". Der Vortragende wird variiert haben. Um den „Cantus" am „Tisch großer Herren" darbieten zu können, mußte er den Bauern möglichst häufig in komischen Situationen zeigen (am drastischsten darzustellen beim Auffinden des Schatzes). Hier hatten die „hohen Herren" Gelegenheit, über den Bauern zu spotten und später dann auch über die drei Gevattern, sie gehörten immerhin, wie Einochs, in die dörfliche Szenerie und waren so weit wie dieser von Herrensitzen und Burgen entfernt.

Vor einem bäuerlichen Hörerkreis wird der Fahrende andere Akzente gesetzt, andere Bilder gewählt haben. das Grundmuster des Märchens ist aber immer erkennbar. Als der arme Bauer sich der größten Not gegenübersieht, gelangt er durch Glück und Pfiffigkeit zu einem schönen bäuerlichen Anwesen, seine Widersacher, die ihn verachten und ihm sein Glück mißgönnen, gehen an ihrer Gier zugrunde.

Daß dem „Cantus" ein älteres Märchen voranging, belegt ein historisches Detail: Der Pfarrer wird im „Unibos" als verheiratet geschildert, er sticht ja seine Frau Pfarrerin ab. Die niederen Geistlichen waren früher verheiratet, erst nach der Fastensynode von 1074 mehrten sich Dekrete gegen diese Praxis.

Die Freude am Verschwanken, an komischen Gestalten und Szenen begleitet das Märchenerzählen über die Jahrhunderte, Lebensfreude kulminiert oft im Lachen:

Da wurde die Weideprobe (AaTh 570, Des Königs Hasenhüter), die der Viehzüchter dem Bewerber seiner Tochter auferlegte, zum lustigen Hasenhüten; mit einer Wunderpfeife brachte der junge Bursche trotz aller entgegengerichteten Bemühungen der königlichen Familie seine einhundert Hasen wieder zusammen. Als er dann noch drei „Säcke mit Lügen" zu füllen hatte - vor dem gesamten Hofstaat -, mußte der Hasenhüter nur die Umstände andeuten, unter welchen König wie Königin und die Prinzessin versucht hatten, ihm einen Hasen abzulisten. An die Ehre des Königs rührte ebenfalls das Schwankmärchen von der Lügenwette (AaTh 852), die der König mit einem unbedachten „Du lügst“ verlor. Auch Mutproben, den alten Initiationsriten zugehörig, wurden in komische Szenen umgesetzt: Das beste Beispiel dafür bietet uns immer wieder der Gruselnlerner. Er fürchtet sich weder vor Gehenkten am Galgen noch vor Geisterkatzen und schwarzen Kerlen.

Das Schwankhafte kann sogar in die Sphäre des Zaubermärchens, die Welt des Wünschens und der Wunscherfüllung einziehen. Der faule Bursche, der die Gabe verliehen bekam, daß seine Wünsche Wirklichkeit werden, wünscht der Prinzessin, die über ihn lacht, ein Kind an - zum Schluß bezieht er mit seiner Prinzessin ein schönes Schloß, denn noch richtet sich die Handlung nach den Gesetzen des Märchens. (AaTh 675, Der faule Bursche mit der Zaubermacht)

Das Spielmännische, Spöttische, führt aber mitunter völlig in den Schwank hinüber: Das Motiv der Wundergeburt, wie viele Märchenhelden verdanken ihr das Leben, wird verulkt - so im „Schneekindschwank“ (10./11. Jahrhundert)!

Der Däumling - Tom Thumb - erhält neben der Königin einen Ehrenplatz, nachdem er am Hofe König Arthurs zum Ritter, also zum Sir, geschlagen wurde. Titelblatt mit anonymem Holzschnitt, um 1800

Bettelnder und vagierender Begarde (Bettelmönch) mit Esel. Holzschnitt von Felix Hemmerling in „Das Buch von dem vermügenden betteler", um 1500

Ein Kaufmann, der mehrere Jahre auf Reisen war, findet bei der Rückkehr einen kleinen Sohn vor. Seine Frau, die sich während seiner Abwesenheit vergnügt hat, behauptet, durch das Essen von Schnee schwanger geworden zu sein. Der Kaufmann widerspricht nicht, nimmt aber später den Jungen auf eine Handelsreise mit und verkauft ihn in der Fremde. Seiner Frau berichtet er, daß das Schneekind leider unter der heißen Sonne geschmolzen sei. Das Glück des Märchens ist an dem Schneekind vorübergegangen.

Grotesk-komische Gestalten, die uns aus den Märchen bekannt sind, finden sich auch in einer Aufzeichnung der Sage um König Artus (14. Jahrhundert). An seinem Hofe gibt es einen Scharfäugigen, einen Schnelläufer, einen Hellhörigen, einen Fresser und einen Säufer. Wir kennen diese wundersamen Helfer bereits aus der Argonautensage, sie haben sich dann im Märchen verselbständigt (bei Grimm: „Sechse kommen durch die ganze Welt").

Auch in den Märchen um den „Starken Hans" wird geschmaust und die Freßlust verschwankt. Da werden zum Beispiel sieben Ochsen, sieben Schweine und sieben Schafe von dem Helden verzehrt, vielleicht einem Vorfahren von Rabelais' Gargantua.

Neben dem alten Drachentöter oder dem Schmied, der ebenfalls Verbindung zur Mythologie hat, kann ein Schneiderlein die Heldenrolle übernehmen, wobei es nicht durch Mut und Stärke, sondern durch Pfiffigkeit seine Gegner überwindet, überlistet. List ist ja oft die einzige Waffe des Schwachen. Um den Gegensatz noch deutlicher, wir können sagen: märchengerechter, zu machen, sind die Gegner Riesen, aber dumm.

Durch die Entwicklung des Schwankmärchens zur eigenständigen Untergattung, sicherlich besonders gepflegt und tradiert von Spielleuten, Vaganten und entlaufenen Mönchen, und durch die Einblendung schwankhafter Motive und komischer Gestalten in Zauber- wie Tiermärchen wurde die Märchenwelt des Mittelalters bunter, weiträumiger und reicher.

Wir können hier von einer europäischen Märchenwelt des Mittelalters sprechen, denn die Entwicklung nationalen Märchengutes vollzog sich erst mit der Herausbildung von Nationalsprachen und -staaten. Freilich schlugen sich allmählich landschaftliche und ethnische Eigentümlichkeiten in ihnen nieder, aber sie zeigten sich weiterhin in Einzelzügen, die über größere Entfernungen nicht weitergetragen wurden. Die Gestalten waren zwar unterschiedlich gewandet, obwohl die archaischen Erscheinungen des Volksglaubens am wenigsten ihr Aussehen veränderten; die Landschaftskulissen wurden verschoben, bald spielte die Handlung an felsigen nebligen Küsten, bald in dichten Wäldern, bald auf hellen Bergweiden. Dennoch blieb das Grundmuster des Märchens und eines Märchentypes erhalten.

Der Entwicklung des Märchens, des Tiermärchens, des Zaubermärchens und auch des Schwankmärchens, war das Mittelalter günstig. Erzähler mit ihren Märchenstoffen konnten auf neu angelegten Handelsstraßen wandern. Die mobilen Bevölkerungsschichten hatten zugenommen und waren zu einer bunt gemischten Menge geworden: Zu ihnen gehörten Vaganten, Spielleute, Handwerksgesellen, herumziehende Händler, fahrende Studenten, Komödianten, kriegsversehrte Landsknechte, Scharlatane, Zigeuner, Wahrsager, Bettler, Fuhrknechte, Arbeiter von Bauhütten, auch die Kreuzfahrer. Aber auch die Bauern, die Bewohner kleiner Marktflecken, liebten das Märchenerzählen; Fremde, die erzählen konnten, wurden gern beherbergt, denn die Märchen trugen Abenteuer und das Bild einer schönen fernen Welt in Alltag und Abgeschiedenheit. Wie viele Menschen mögen auch sehnsüchtig an ein Tischchen deck dich und ein immer volles Töpfchen mit Hirsebrei gedacht haben? Und wie wir eingangs sahen, auch die „großen Herren" ergötzten sich am Märchen.

Die viele alte Glaubensvorstellungen und Bräuche widerspiegelnden Motive in den Märchen der europäischen Völker stützen die These, daß sich bereits vor dem Mittelalter Märchen herausgebildet hatten. Dafür sprechen auch die Gestalten und die Motive, die sich in alten Heldensagen finden: Allen voran Siegfried der Drachentöter, Brunhilde, die ihre Freier im Wettkampf erprobt; in der Wälsungensage wird eine Tierhaut verbrannt, um dem Verwünschten seine menschliche Gestalt wieder zurückzugeben. Ob eine einfache Übernahme vorliegt oder eine wechselseitige Beeinflussung, ist nicht auszumachen.

Diese alten, oft mythischen Vorstellungen gerieten im Mittelalter jedoch in Widerstreit zur christlichen Kirche und erhielten deshalb eine neue Sinngebung, oft - vor allem in der Sage - wurden sie dämonisiert, im Märchen wurden sie zu poetischen Einfällen genutzt. Dem Wunder stand die Kirche keineswegs ablehnend gegenüber, denn sie hatte es in ihre Lehre integriert. Aber das Wunder war dabei Ausdruck der Güte und Allmacht Gottes. Dem Märchen fehlte dieser religiöse Bezug, es blieb auf das Diesseits bezogen, die erträumte bessere Welt sollte eine diesseitige Welt sein. Und kam der Held auf seiner Abenteuerfahrt einmal in eine Jenseitswelt, so verließ er sie, sobald er dort seine Aufgabe erfüllt hatte. Bei dem Zusammentreffen zweier Weltbilder mußten Widersprüche sichtbar werden - auch im Märchen. Da ist die weitbekannte Geschichte von dem fleißigen und dem faulen Mädchen, bei den Grimms „Frau Holle" (AaTh 480) genannt.

„Der Meisterdieb" macht - verkleidet als mit Wein handelndes Mütterchen - eine Wache des Grafen betrunken, um dann dessen Leibpferd aus dem Stall zu holen. Holzschnitt nach einer Zeichnung von Ludwig Richter, 1853

Die Mädchen stürzen in einen Brunnen, fallen in die Tiefe, finden sich auf einer Wiese wieder und schütteln bei Frau Holle die Betten aus, damit es auf der Erde schneit.

Die alte Jenseitswelt, die Unterwelt, ist da plötzlich zur himmlischen Jenseitswelt geworden, aber im Märchen entsteht deshalb kein Bruch. Im Gegenteil: Das Märchenhafte, das Phantastische hat dadurch gewonnen. Es ist eben alles möglich.

Was die Sage an Merkwürdigem vorfand und zu erklären trachtete, wurde im Märchen zum Spielraum für die Phantasie. Das helfende, oft verwünschte Tier brauchte auch nicht selbst in Erscheinung zu treten. Das treue Pferd Falada wurde enthauptet, aber der über dem Tore angenagelte Pferdekopf konnte zu seiner Herrin sprechen und ihr zu ihrem Recht und

Der Kopf des Pferdes Falada spricht zur „Gänsemagd“, während der Hütejunge lauscht. Willy Planck, Holzschnitt, o.J.

zu ihrem rechtmäßigen Gemahl verhelfen. Einfluß auf die Gestaltung eines solchen Motivs hatte das alte „pars pro toto“-Denken, das einen Teil des Körpers, möglichst den wichtigsten, stellvertretend für das Ganze wertete und agieren ließ.

In vorchristliche Vorstellungen zurück reicht der Grundsatz der Gesamthaftung, in den Märchen ist er poetisiert. Wenn einer verwünscht wird, weil er etwas falsch gemacht oder ein Tabu gebrochen hat, werden sein Haus, sein Besitz, seine Familie, sein Gesinde, sein Vieh mit bestraft und verwünscht. Glückt dem Helden die Erlösung des Verwünschten, der meist seine menschliche Gestalt eingebüßt hat, so wird seine ganze Umgebung mit ihm erlöst: Düstere, dichte Wälder werden zu besiedeltem Land, das lange Schweigen, die Starre sind gebrochen.

Das kirchliche Leben spielt dagegen in den Märchen kaum eine Rolle, ganz selten wird von einer kirchlichen Trauung berichtet, dafür wird der Hochzeitsschmaus anschaulich geschildert, und es wird befriedigt darauf hingewiesen, daß dem glücklichen Paar viele Kinder geschenkt wurden - von der Taufe ist allerdings ebenfalls wiederum keine Rede.

Ganz vereinzelt treten Geistliche im Märchen auf, der Pfarrer gleich mit seinem Küster, aber sie sind mehr Spott- und Staffagefiguren. Im Märchen vom Meisterdieb glauben sie in den Himmel gelangt zu sein und sitzen doch nur hoch oben ein einem Taubenschlag.

Kirchen kommen in den Märchen so gut wie gar nicht vor, höchstens einmal eine Kapelle im Walde, in die sich das tapfere Schneiderlein flüchtet. Doch es gibt einige Querverbindungen zum religiös-kirchlichen Bereich. Der Drachentöter wird zur Gestalt der Legende und bekämpft als heiliger Georg den Drachen. Andere Heilige können in die Märchen eindringen und sogar die Heldenrolle übernehmen, z. B. der heilige Patrick in den irischen Märchen. Das Einhorn, in der christlichen Ikonographie als Symbol begriffen, kann wie andere Ungeheuer im Walde hausen.

Die Bezüge zwischen Märchen und christlicher Lehre hinsichtlich der Gestalten und der Motive sind also überaus locker, sie sind aber - freilich in unterschiedlichem Maße - im Märchengut der christianisierten europäischen Völker zu finden.

Näher kommen sich Märchen und Christentum allerdings in Fragen der Ethik. Beide scheiden konsequent Gut und Böse, wollen den Sieg des Guten und die Bestrafung und Tilgung des Bösen, sie sind auch bereit, gerade den Armen und den Einfältigen als Träger des Guten zu sehen. Aber bei der Betrachtung des Bösen gibt es schon wieder Differenzen. Für die Kirche bedeutet der Satan, der Höllenfürst, die Verkörperung des Bösen, er ist es, der die Menschen zur Sünde verleitet.

Dennoch adaptierte der Klerus das Märchen. Seine Bildhaftigkeit konnte in christliche Symbolsprache umgesetzt werden. Die überschaubare Handlung, die Verfolgung des Bösen, der Triumph des Guten konnten schwer faßbare Richtsätze der christlichen Religion und Kirche verdeutlichen. Wenn so ein Märchen von der Kanzel herab erzählt wurde, konnte sich der Prediger sicher sein, daß die Gemeinde seinen Worten aufmerksam lauschte. Für die weniger erzählbegabten Geistlichen gab es handschriftliche Sammlungen solcher Geschichten, die überdies auch von der Geistlichkeit, zumindest von der niederen Geistlichkeit, selbst gern gelesen wurden. Die bekannteste dieser Sammlungen ist die „Gesta Romanorum“; 1342 wurden diese „Taten der Römer“, zum ersten Male in

Von der Natur/art vnnd eygenschafft der Thier/welcher namen anfahet inn frembden sprachen/darmit sie vonn den alten genant worden am Buchstaben V.

Vnicornis ein Einhorn.

Vnicornis ein Einhorn/ist bei vns ein frembd vnbekandt thier/ zimlicher grösse/doch gegē seiner treflichen stercke zu rechnen/nit groß von leib/von farben gelbfarb wie buxbaumen holtz/hat gespalten kloen/ wonet im gebirg vñ hohen wildtnussen/hat vornen an der stirn ein sehr lang scharpff horn/welches es an den felsen vnd steinen scherpffet/durchsticht darmit die

H iij grossen

Darstellung des Einhorns als naturwissenschaftliches Phänomen in der „Historia animalium“ (1603/21) von Konrad von Gesner und als christliches Symbol der Keuschheit auf einem spätgotischen Altarbehang (St.-Gotthard-kirche zu Brandenburg)

England aufgezeichnet und zusammengestellt. Den Grundstock bildeten, wie der Titel es ausweist, Geschichten um Gestaltend der griechisch-römischen Antike, wie Caesar und Augustus, aber auch um fiktive Gestalten. Oft sind sie anekdotisch zugespitzt, aber diesen Erzählungen sind auch märchenhafte Gebilde oder Motive beigestellt, z. B. ein singender oder tanzender Esel, ein unterirdischer Palast, Scharfsinnsproben. Diesen Predigtmärlein, den Legenden nahestehend, fehlt jedoch die Freude am Leben, an der diesseitigen Welt, dafür preisen sie christliche Ideale und nähren die Hoffnung auf ein besseres Jenseits.

Einen ähnlichen Prozeß haben wir ja auch in den Märchen beobachten können, die von buddhistischen Mönchen oder von islamischen Aufzeichnern/Schreibern, also unter dem Einfluß von Hochreligionen, geformt wurden. Wenn nach schweren Prüfungen ein Paar sich findet und heiratet, wird hinzugefügt, daß es sein Leben in Frieden beschließt.

Der Ritter, der einer unglücklichen Königstochter zu Hilfe kommt, muß dafür sein Leben lassen, die Königstochter tritt ins Kloster ein und verbringt ihr Dasein in Keuschheit. Oder es heißt: „Dann verschied er [Apollonius] und gelangte zum ewigen Leben, zu welchem wir auch kommen mögen. Amen." Die Kompilatoren der „Gesta" tauschten die Geschichten in den Manuskripten aus, erweiterten sie, ließen veraltete Stücke fallen, überzogen aber alle Gestalten wie Handlungen mit mittelalterlichem Kolorit. Die Stoffe wurden so aus einer nicht mehr vorstellbaren historischen Ferne in die Gegenwart des 14. Jahrhunderts gerückt, in das mittelalterliche Weltbild eingepaßt.

Die Niederschrift erfolgte in Latein. Die Kanzelredner mußten diese Predigtmärlein in die jeweilige Volkssprache übertragen, denn sonst wären sie der Gemeinde unverständlich geblieben. So konnten Predigtmärlein und Volksmärchen in der Erzähltradition einander begegnen.

Predigtmärlein waren aber auch in andere Handschriften eingestreut, so in die Mirakelgeschichten des erzählfreudigen Abtes Cäsarius von Heisterbach, denn zwischen legendärem Mirakel und Märchenwunder bestand schließlich ein Zusammenhang, deutlich z. B. in den Exempeln des Jacques de Vitry (1. Hälfte des 13. Jahrhunderts).

Mittelalterliches Denken und mittelalterliche Wertvorstellungen schlugen sich auch im Grundmuster der Märchen nieder: Ein Beispiel dafür ist die Erzählung von der Treue eines Dieners oder Freundes wie im „Treuen Johannes“, das Kernmotiv dafür findet sich im indischen „Kathāsaritsāgara“; fast gleichzeitig, also um das Jahr 1000, wurde eine Vollform des Märchens ausgeweitet in dem Versroman „Amicus und Amelius“, der in „Die sieben weisen Meister“ einging (Stuttgarter Handschrift) und sich in den folgenden Jahrhunderten weiter in Europa verbreitete.

Die zeitliche Nähe der indischen und europäischen Wiedergabe zeigt, wie verhältnismäßig schnell Märchen bzw. Märchenmotive wandern konnten - noch vor den Kreuzzügen. Einmal war es der Fernhandel, durch den sich der Austausch von Erzählungen und interessanten Berichten entwickelte, Kaufleute und Fuhrknechte nahmen in Herbergen fremdes Erzählgut auf und gaben eigenes weiter. Später, in der Zeit der Renaissance und des Humanismus, waren es Gelehrte, die nicht nur in größerem Umfange antikes, sondern auch orientalisches Erzählgut übersetzten und erschlossen. Aber die mittelalterlichen Predigtmärlein waren letztlich nur fixierte Spiegelungen mündlich umlaufender Märchen, von alten Tier- und Zaubermärchen und weniger von den sich herausbildenden Schwankmärchen.

Das Kolorit, das über Predigtmärlein und Volksmärchen liegt, ist mittelalterlich, es hat sich so fest mit dem Untergrund, mit Stoffen, Gestalten und Motiven verbunden, daß es vielfach das Märchenhafte auszumachen scheint. Könige, Königinnen, Prinzen, Prinzessinnen leben in prachtvollen Schlössern, übrigens kaum auf Burgen. Ihre Reiche sind aber meist so klein, daß ihrer mehrere an einem Tage durchwandert werden können, freilich muß das Märchen mit seinen ausgedehnten Suchwanderungen die Wanderwege und -zeiten abkürzen. Es werden Turniere ausgefochten, die Ritter erscheinen in glänzenden Rüstungen - auch der Märchenheld erhält oftmals eine Rüstung, eine silberne, eine goldene.

In der Gestalt des Königs kann sich Wunschdenken widerspiegeln, die mittelalterliche Vorstellung von einem Volkskönigtum, vor allem dann, wenn dem Helden am Schluß des Märchens die Königswürde verliehen wird, wenn mit den Worten, daß er in Frieden und Gerechtigkeit regiert, der Ausblick in die Zukunft gegeben wird.

Ist der König jedoch durch die Konstellation der Handlung zum Gegenspieler des Helden bestimmt, dann wird er negativ dargestellt, er ist hinterhältig und wortbrüchig, mitunter auch nur eine lächerliche Figur.

Doch was tut der König im Märchen? Er bewohnt ein Schloß, hat eine wunderschöne Tochter, vielleicht regiert er auch. Aber das sieht dann so aus, daß er am Abend am Hoftor steht und die heimkehrende Herde nachzählt, wie überhaupt die Wahl des Kuh-, Schaf- oder Hühnerhirten eine wichtige königliche Entscheidung ist. Wenn der König sich nicht gerade um seinen Garten zu kümmern und darauf zu achten hat, daß ihm keine Äpfel gestohlen werden, reitet er aus und geht auf die Jagd. Die Schlösser sind zwar prächtig, vieles ist aus Gold (Gold als Verkörperung von Reichtum und Schönheit), aber im Schloßhof gackern die Hühner... Was vor uns erscheint, ist nicht das Bild eines Königs, sondern das Bild eines Grundherrn aus dem Mittelalter. Erst in Märchen, die in späteren Jahrhunderten geprägt wurden, tritt der wahrhafte Rex auf.

Die ritterlichen Turniere, in den Heldenepen bis in das Detail liebevoll beschrieben, ähneln, wenn sie im Märchen abgehalten werden, oft dörflichen Raufhändeln. Die Helden sind auch eher draufgängerisch und rauflustig als ritterlich. Wenn hier Märchengestalten und Szenerien aus der Sicht der Bauern oder der Bewohner von Marktflecken gesehen sind und der vom Hörensagen bekannte König in die Verhältnisse des wohlbekannten Grundherrn versetzt wird, so dürfen wir doch das Märchen nicht als alleiniges Eigentum der bäuerlichen Bevölkerung betrachten. Wir erinnern uns an den „Cantus de uno bove“, an den Tisch „hoher Herren“, an Spielleute, Vaganten, fahrende Kleriker und die anderen, langsam anwachsenden mobilen Bevölkerungsgruppen. Das Märchen baut zwar eine Gegenwelt auf, gibt einen Ausblick in eine bessere und gerechtete Welt, nimmt sich des Hintangesetzten an, aber auch die „hohen Herren“ und Damen fanden am Märchen Gefallen, es bot Unterhaltung, die an Höfen und auf einsamen Burgen begehrt war. Die Abenteuer des Märchens standen den ritterlichen Aventiuren sehr nahe. Mit einem Drachentöter wollte sich jeder identifizieren. Und auch Königssöhne, natürlich dem Gesetz des Märchens folgend die jüngsten, zogen aus, um Abenteuer zu suchen oder eine Frau zu gewinnen. Wer auch sollte sich nicht ein Kraut herbeiwünschen, das Wunden heilte, oder wollte nicht Äpfel essen, die die Gesundheit zurückbrachten, wer hoffte nicht, das Wasser des Lebens zu erlangen? Das Märchen stand eben vielen Wünschen offen.

Der Erzähler, dessen Vortrag wir uns recht lebendig vorzustellen haben, hatte dem Schreiber gegenüber einen großen Vorteil. Zwar war er an eine Tradition gebunden, aber nicht an Details gefesselt, er konnte variieren, sich dem Hörerkreis anpassen, neue Helden oder Gegenspieler einsetzen, improvisieren.

Unter diesen Umständen konnte der Erzähler, der das Märchen immer wieder neu erzählte, es besser am Leben erhalten, als wenn er es aufgeschrieben hätte, wozu er ja oft auch gar nicht in der Lage war. Dennoch gibt es schriftliche Zeugnisse für die Existenz des Märchens im Mittelalter. Einige haben wir bereits kennengelernt.

In den „Lais“ der Marie de France (12. Jahrhundert), einer aus der Bretagne stammenden Adligen, tauchen die keltischen Feen auf, verführen den Ritter, entschwinden in ihr Feenreich. Wundersame Liebesbedingungen gibt es in diesen frühen mittelalterlichen Aufzeichnungen, doch schlägt am Ende oft der Einfluß der Kirche durch, und die drei Liebenden trennen sich, um in ein Kloster zu gehen.

Eines der bekanntesten Epen, der „Parzival“, baut im ersten Teil auf der Konstellation des Dummlingsmärchens auf. Keltisch-bretonische Feen treten in einem dem 14. Jahrhundert angehörenden Dornröschenmärchen auf, die gekränkte Fee verwünscht den Täufling, einmal durch eine Flachsfaser in einen Zauberschlaf zu versinken. Als nach Jahren ein Ritter in den Turm gelangt, in dem die Jungfrau eingeschlossen ist und schläft, weckt er sie nicht, aber er schwängert sie. Das dann geborene Kind saugt die Flachsfaser ab, die Verwünschte erwacht und bekommt zu ihrem Kinde noch ihren ritterlichen Liebhaber als Gatten.

Das Mittelalter mit seiner Wundergläubigkeit, ja Sehnsucht nach dem Wunder, war der Ausbildung und der Entwicklung des Märchens günstig. Ohne die Hoffnung auf Wunder hätten die Menschen die Bedrohung ihres Lebens durch Kriege, Überfälle, Seuchen und Naturkatastrophen schwerer, vielleicht gar nicht überwinden können. Mit dem Glauben an Wunder, an das Unmögliche, das möglich wird, brachte das Märchen Freude und Lebensmut mit sich.

Fabeltiere am Tympanon der ehemaligen Augustiner-Chorherren-Stiftskirche Hamersleben, 12. Jh. Umzeichnung

Dem Lindwurm, ihrem Wahrzeichen und Wappenbild, setzten die Klagenfurter Bürger ein Denkmal. Umzeichnung

Wir können hier nicht all die Märchen aufführen und ihren Werdegang verfolgen, die im Mittelalter entstanden, ausgeformt und weitergereicht wurden. Allerdings möchten wir in einem gesonderten Kapitel Einblick geben in die Entstehung und Verästelung eines beliebten Märchentyps, wir wollen dabei die Familie des gestiefelten Katers betrachten.

Vorerst bleiben wir aber im Mittelalter: Zu der Wundergläubigkeit mittelalterlicher Menschen muß noch nachgetragen werden, daß viele Dinge für wunderbar gehalten wurden, weil noch keine Möglichkeit bestand, sie mit einer wissenschaftlichen Erklärung einzuordnen, die Grenze zwischen Wunder und natürlichem Geschehen war noch fließend.

Der Drache galt über Jahrhunderte nicht als Fabeltier, er galt als ein Tier, das einst gelebt hatte - an die Existenz von Meeresungeheuern wurde bis in die Neuzeit geglaubt. Wir finden dazu viele Belege in der Architektur, oft als Drolerien in mittelalterlichen Schnitzwerken und Steinmetzarbeiten. Als 1590 in Klagenfurt ein Lindwurmdenkmal errichtet wurde, hatte der Künstler Knochenfunde von Sauriern vor Augen, die ihm das einstige Vorkommen und Aussehen von Drachen bzw. Lindwürmern bezeugten. Dieser Rückblick auf die Vergangenheit, auf Gewesenes findet sich ja auch im Märchen, der mittelalterlichen Heimstatt der Drachen, er gab dem Märchen die historische Tiefe, die sich z. B. in den formelhaften Eingängen „Es war einmal…“ oder „In alten Zeiten…“ ausdrückt. Zum anderen bildete sich gerade bei den mobilen Bevölkerungsschichten eine gewisse Skepsis heraus, die Abstand zum Wunder, auch zum kirchlichen, erzwang - im „Cantus de uno bove“ deutete sich dies bereits an.

Eine Bereicherung erfuhr der anwachsende europäische Fundus an Märchen durch die Kreuzzüge vom 11. bis 13. Jahrhundert, vor allem aber durch den Fernhandel, der sich im Gefolge der Kreuzzüge sehr belebte. Neben Früchten, Teppichen, Damaszenerwaffen, Samt, Seide, Gewürzen waren sicher auch Märchen auf mündlichem Wege nach Europa gelangt. Eine Übersetzungstätigkeit, die sich allerdings in erster Linie auf wissenschaftliche, mathematische wie medizinische Werke richtete, entwickelte sich und dehnte sich später auch auf andere Gebiete aus. Diese Einflüsse von Handel und orientalischer Kultur erreichten zuerst die Iberische Halbinsel, Sizilien und Unteritalien sowie den Balkan.

Ein weiterer begünstigender Faktor für den Austausch des Märchenguts im europäischen Raum war die Übereinstimmung in einzelnen Wertungen und Glaubensvorstellungen, trotz ethnischer und sozialer Unterschiede.

Die Tobiaserzählung (AaTh 507) des Alten Testaments hatte statt des Toten einen Engel als Beschützer des Helden eingesetzt und bestätigte damit eine frühe monotheistische

„Der Reisekamerad“. Johannes löst das letzte Rätsel, das ihm die Prinzessin aufgab, indem er das abgeschlagene Haupt des Zauberers vorzeigt. Der „Reisekamerad“, der Johannes half, war der Tote, dessen Schulden er bezahlt hatte. Illustration von Vilhelm Pedersen, 1905

Religion. Im mittelalterlichen Märchen (AaTh 508) trat aber der archaische Wiedergänger in seine Rechte ein, über Jahrhunderte war er latent in Glaubensvorstellungen vorhanden. Pippin läßt einen armen Toten auf seine Kosten begraben. Später begegnet ihm dieser als ein unbekannter Wanderer, der ihm hilft, im Turnier die Tochter des Königs von Frankreich und mit ihr das ganze Land zu gewinnen. Da beide, Pippin und der Wandersmann, sich darauf geeinigt hatten, alles zu teilen, bietet Pippin diesem das Reich an, um seine Gemahlin behalten zu können. Da erst gibt der Wanderer sich als der dankbare Tote zu erkennen. Er verschwindet und überläßt Pippin Reich und Frau. Trotz des Versuches, das Handlungsgeschehen vor einen historischen und geographischen Hintergrund zu setzen - der alte Wiedergänger steht als Weggefährte neben dem Märchenhelden.

In einem Märchen, das unter der Bezeichnung „novella“ in einem Florentiner Kodex aus dem 14. Jahrhundert enthalten ist, ist der Held diesem Umfeld entsprechend ein italienischer Ritter; der tote Schuldner, der dann sein Weggefährte und Helfer wird, ist mit allen abschreckenden Malen des Todes gezeichnet, die Reisenden machen einen großen Umweg, um die Stelle zu meiden, wo der Tote aufgebahrt liegt.

Archaischer Glaube schlägt auch in dem Märchen vom Marienkind durch. Oftmals ist es eine schwarze Frau, die die Patin eines Mädchens wird, es mit sich nimmt oder auch raubt und ihm das Verbot, ein bestimmtes Zimmer zu betreten, auferlegt. Die Verletzung dieses Tabus wird schwer geahndet, bis schließlich die glückliche Rettung erfolgt. Vielleicht hat zwischen der dunklen alten Glaubensgestalt und der Himmelskönigin Maria das Bild einer schwarzen Madonna, deren Her-

„Griseldis“ ist das Muster der braven,
alles erduldenden Ehefrau.
Kupferstich von Sébastien Leroy
zu dem Sammelband „Le Contes de Fées“, um 1825

kunft wir hier aber nicht nachgehen wollen, gestanden. Das sichtbar gewordene Überziehen vorchristlicher Gestalten mit christlicher Gewandung war allen Bereichen gemeinsam und typisch für das Mittelalter.

Auch über die patriarchalische Ordnung des Familienlebens geben die Märchen Auskunft. Der Mann ist der Herr im Hause oder auch in der Hütte, die Frau ihm untertan. Es gab nur ganz geringe Lockerungen an diesem Gefüge. Die französischen Troubadoure mit dem „Dienst" an der Herrin hatten angefangen, der Frau zu huldigen und zu dienen, in vereinzelten Handwerkerhaushalten dagegen gab es das „Böse Wip" (böse Weib), das mit dareinreden wollte. Das böse Weib war die ältere, verwitwete Meisterin, die der junge Geselle geheiratet hatte, um das Geschäft übernehmen zu können. Die Streitigkeiten solch eines ungleichen Paares waren der ideale Vorwurf für einen Schwank.

Im Märchen von der Griseldis wurde das Idealbild der edlen, aber demütigen Frau des 11. Jahrhunderts dargestellt. Wie viele Märchen handelt es vom Bestehen einer Probe, es wurden die Fügsamkeit und Demut der Gattin geprüft. Der König heiratet ein Mädchen, das verspricht, ihm gehorsam zu sein. Griseldis gebiert ihm drei Kinder, zwei Söhne und eine Tochter. Der König nimmt ihr die Kinder weg und tut, als ob er sie töten ließe. Dann verstößt er seine Frau. Nach Jahren beordert er sie wieder an den Hof, um bei seiner bevorstehenden Hochzeit aufzuwarten. Griseldis befolgt alle Anweisungen ohne Murren. Sie wartet bei Tisch auf und erfährt, daß die vermeintliche Braut ihre Tochter ist. Auch die Söhne sitzen an der Tafel. Für so viel Gehorsam und Demut muß Griseldis belohnt werden: Sie wird wieder die Gemahlin des Königs. Dieses Märchen war so beliebt, daß es bereits 1395 in Frankreich dramatisiert wurde.

Die Kirche gebot zwar nur „Mulier tacet in ecclesia" (Die Frau schweige in der Kirche), aber die patriarchalische Ordnung forderte, daß die Frau auch bei Entscheidungen in der Familie sich dem Manne zu beugen hatte. Die „Alternative" beleuchtet das Märchen von der Frau, die Gott sein wollte, in der Sammlung der Brüder Grimm unter dem Titel „Von dem Fischer un syner Fru" (AaTh 555; Vom Fischer und seiner Frau). Das Weib wird bestraft, da sie sich nie zufrieden geben kann, sich über alle Schranken und Maßstäbe hinwegsetzen will. Der Mann wird mit bestraft, auch er muß wieder in dem ärmlichen „Pißputt“ sitzen, denn er hat dem Drängen seiner Frau nicht Einhalt geboten. Bis dahin stimmt die Komposition dieser Geschichte, die mit ihrem Schluß in die Nähe der Predigtmärlein rückt, mit den Gesetzen des Märchens überein. In ihnen werden, wo immer sie auftreten, Gier, Habsucht und Maßlosigkeit bestraft, aber dieser Abrechnung folgt kein glücklicher Ausgang. Es gibt auch keinen Märchenhelden, mit dem sich Erzähler und Hörer identifizieren können. Die Geschichte hat eher den Ton einer Warnsage.

An sich sind Märchen und Sagen im Grundton entgegengesetzt, aber sie begegnen einander doch in der mündlichen Tradition; so sind Beeinflussungen und Übernahmen verständlich. Sie treffen eigentlich mehr die Sage als das längere, durchgegliederte Märchen. Aber im Mittelalter und auch später wird es Zeiten gegeben haben, z. B. unter dem Eindruck des „Schwarzen Todes“, da der düstere Ausklang der Sage auch auf das Märchen abfärbte. Deutlich spiegelt sich dieser Prozeß im Märchen vom „Singenden Knochen“ (AaTh 780) wider. Zu Beginn wird geschildert, wie ein Wildschwein - realistischer als ein mehrköpfiger Drache - das Land verwüstet und der König demjenigen die Hand seiner Tochter verspricht, der es tötet. Zwei Brüder ziehen aus; der jüngerer ist „unschuldig und dumm“, ihm gelingt es, das Wildschwein zu erlegen. Sein älterer Bruder, der sich währenddessen in einem Wirtshaus aufhält, ist von Neid erfüllt, tötet den Arglosen auf dem Heimweg und vergräbt ihn unter einer Brücke. Dann fordert er vom König die Tochter zur Gemahlin. „Nach langen Jahren“ kommt ein Hirt mit seiner Herde an diese Brücke, sieht einen Knochen liegen und fertigt sich daraus ein Mundstück für sein Horn. Das singt ohne Zutun des Hirten ein Lied, das von dem Mord und der Schuld des Bruders kündet. Der Hirt zieht mit seinem Horn auf den Hof des Königs. Dieser versteht das Lied wohl und läßt an der Brücke nachgraben, wo sich das Gerippe des Erschlagenen findet. Der böse Bruder wird gerichtet, der jüngere aber auf einem Kirchhof zur Ruhe gebettet. - In Varianten fällt der Mörder tot um, als er das anklagende Lied hört.

Es gibt mehrere Märchen, in denen ein Unschuldiger gemordet wird, das Opfer fliegt dann oft als Seelenvogel, eine Nachtodgestalt, davon. So z. B. im Märchen „Von dem Machandelboom“ (AaTh 720). Aber in dem Augenblick, da die hin-

„Gevatter Tod“. Der betrogene Gevatter Tod droht dem Arzt mit erhobenem Zeigefinger. Holzschnitt nach einer Zeichnung von Ludwig Richter, 1853

terhältige Stiefmutter erschlagen zu Boden sinkt, steht das Opfer wieder lebendig und glücklich unter den Lebenden. Alte Varianten vom „Singenden Knochen“ lenkten auch in einen solchen Märchenschluß ein. Aber sicher wirkten neben den Sagen um Gottesgerichte die Ordalien, die in der mittelalterlichen Rechtspflege eine Rolle spielten, auf das Märchen von der Knochenflöte ein.

Das „Memento mori“, das immer wieder von dem Klerus angemahnt wurde, das sicher auch die Mehrzahl der Predigtmärlein bestimmte, stand der Diesseitsfreude und Lebensbejahung der Märchen entgegen. Dennoch konnte diese düstere Mahnung in ein Märchen einbrechen, in das vom „Gevatter Tod“ (AaTh 332). Ursprünglich war es wohl nur ein kundiger Gevatter, der sein Patenkind in der Heilkunst unterrichtet hatte. Über das Fränkische, in dem „Tod“ (Dod) auch Pate heißt, mag dann der „Gevatter Tod“ entstanden sein - erst in der Sprache, dann auch in den Bildern des Märchens. Die Aussage dieses Märchens richtet sich gegen den Glauben an Wunderheilungen, da gibt es kein Lebenskraut, alles Auflehnen ist vergeblich. Wer es versucht, in späteren Versionen sogar mit einer List - dem Umstellen des Bettes, worin der Kranke liegt - , muß mit dem eigenen Leben dafür büßen. (Dieser Vorwurf ist im 16. Jahrhundert von Hans Sachs in einem Fastnachtsspiel behandelt worden.)

Wir kennen den Märchenhelden, der gut und unschuldig ist. Wir wissen aber, daß unser Held sich auch der List bedienen darf. Vor allem, wenn der Held für dumm gehalten wird, wendet er gern eine List an, um zum Schluß selbst als Lachender und Überlegener dazustehen. Sonst ist der Held oder die Heldin hilfsbereit, vor allem alten Leuten, Kindern und auch Tieren gegenüber.

Es gibt aber auch Märchen, in denen der Charakter des Helden, wie es scheint, Flecken aufweist. Im „Rumpelstilzchen“ (AaTh 500) behauptet die Mutter oder der Vater gegenüber dem König, daß die Tochter Stroh zu Gold spinnen kann, und das Mädchen, das so laut geschrien hat, weil es eben nicht spinnen will, akzeptiert die Lüge. In diesem Märchen hilft der Waldkobold Rumpelstilzchen, oder welch ausgefallenen Namen er immer trägt, aus der Not und als der König das gesponnene Gold sieht, verheiratet er seinen Sohn mit dem Wundermädchen. Aber die ganze Hochzeiterei ist ja nur auf Lüge aufgebaut. Das Mädchen hat, eingesperrt in der Strohkammer und erfüllt von dem Wunsch, den Königssohn zu heiraten, dem Kobold ihr erstes Kind versprochen. Als sie dann Mutter wird, kämpft sie darum, ihr Kind behalten zu können, und es gelingt ihr, die gestellte Aufgabe - Erraten des Koboldnamens - zu lösen. Der bereits genannte Namenszauber ist ein archaischer Zug: Wer den Namen kennt hat auch Gewalt über den Namensträger. Die Handlung des Märchens und die Haltung des Mädchens werden aber erst durch Sitten und Normen des Mittelalters verständlich. So gern die abendliche gemeinsame Spinnstube besucht wurde, so ungern spannen die Frauen und Mädchen stundenlang tagsüber für die Herrschaft. Wem es da gelang, sich dieser Pflicht zu entziehen, dem war das Verständnis der bäuerlichen Bevölkerung sicher, vor allem wenn im Märchen andere moralische Qualitäten des Helden oder der Heldin eingebracht wurden.

In dem Märchen von den „Drei Spinnerinnen“ (AaTh 501) wird das ganz deutlich. Das Mädchen verspricht, die drei alten Weiber, die ihr den Flachs zu feinstem Garn gesponnen haben, zu ihrer Hochzeit mit dem jungen Königssohn einzuladen. Und sie steht zu ihrem Wort. Als die drei garstig aussehenden - aber gutmütigen - Frauen nahen, der Bräutigam sich natürlich wundert, begrüßt sie diese herzlich als ihre lieben Basen.

Könige, Königssöhne, Jäger, Müllerbursche, Hirten, Bauern, Handwerksgesellen, Kaufleute, Fischer, Königstöchter und Mägde, sie charakterisieren Berufe und Stände des Mittelalters und bevölkern die Märchen, aber sie sind namenlos, wenn sie nicht gerade Hans heißen, und sind als Person nicht historisch fixierbar wie z. B. der uns bekannt gewordene Harūn er-Raschīd.

Doch es gibt Ausnahmen. Es handelt sich dabei freilich nicht um die Übernahme einer historisch bedeutenden Persönlichkeit wie Karl den Großen oder Wilhelm den Eroberer in die Welt der Märchen, sondern es handelt sich um Persönlichkeiten, die durch ihr Schicksal wie durch ihre Taten die Phantasie anregten. In den Märchen erlangten sie dabei eine Heldenrolle.

Nicht eindeutig mit allen Daten festzumachen ist der russische Recke und Held Ilja Muromez, mit der Kiewer Rus (11. Jahrhundert) verbunden. Ilja erscheint sowohl in Märchen wie auch in Heldenliedern/Bylinen und Balladen, mündliche wie schriftliche Überlieferungen gehen über die Jahrhunderte.

In englischen Märchen und Balladen tritt die historisch verbürgte Figur des Thomas the Rhymer (Thomas of Erceldoune, um 1250-1290) auf. Der schottische Sänger Thomas folgt den Feen in ein unterirdisches Schloß.

Als dritter wäre hier Ritter Blaubart zu nennen, Hauptperson der Blaubartmärchen. Als Heldin fungiert die Frau, der es gelingt, in dem Mordschloß zu überleben. Das Märchen hat düstere Töne - übrigens der historischen Wirklichkeit entsprechend, aber am Ende siegen, wenn auch in allerletzter Minute, das Gute und die Gerechtigkeit. Das archaische Verbot der Tabuverletzung setzt den entscheidenden Handlungsverlauf in Gang. Das historische Vorbild des mordenden Ritters: Gilles de Rais, der getreue Paladin der Jeanne d'Arc. Er gab sich nach ihrem Tode magischen Praktiken hin. Dazu lockte er Jungen und Mädchen auf seine Schlösser - so Tiffauges, so Pouzages, so Machecoul -, tötete und vergrub sie. 1440 wurde er als Häretiker verurteilt. Doch jetzt stellt sich uns die Frage: Wer konnte diese Daten, diese Informationen erhalten haben und sie in ältere Märchenmuster einarbeiten oder um sie eine neue Märchenhandlung gruppieren?

In den Vordergrund rücken wieder die Fahrenden, vor allem die Spielleute, die in der „Welt" d. h. in Europa, herumkamen und bald an Höfen, bald an Bischofssitzen, bald in Städten, bald in Schenken, auf Märkten und in Dörfern von neuen Geschehnissen erfuhren, sie weitergaben, sie aber auch zu einer „Aktualisierung" älterer Stoffe nutzten. Das Repertoire dieser Spielleute war groß, es umfaßte nicht nur Märchen, sondern auch Preislieder, Balladen und vor allem Epen, deren Beherrschung eine Art Statussymbol bedeutete. Vertraut mit einer Fülle verwandter epischer Formen, Motive und Gestalten, war es dem Spielmann möglich, einen Austausch vorzunehmen und Figuren wie Motive in ein anderes erzählerisches Umfeld zu versetzen; all diese Erzählungen wurden überdies unter dem Begriff „maere" (mittelhochdeutsch = Kunde, Bericht) zusammengefaßt.

Wenn wir öfter die Rolle der Spielleute bei der Verbreitung und Ausgestaltung der Märchen hervorgehoben haben, soll das nicht bedeuten, daß wir den Anteil der Bauern, der Handwerker, der Bürger an der Entwicklung des Märchens übergehen oder mindern wollen. Wir haben ja gesehen, daß frühe Märchen und viele Motive aus der Sicht der älteren Bauernschicht geprägt wurden, bevor der Spielmann in Erscheinung trat. Durch Arbeit und Lebensweise waren die Bauern eng mit ihrer natürlichen Umwelt verbunden, befanden sich vielfach in starker Naturabhängigkeit. Was nun in diesen Erlebnishorizont sich einfügte an Motiven und Glaubensgestalten, das wurde erhalten, neu bestätigt und im Märchen, dichterischen Gesetzen folgend, auch poetisiert. Weil sich an der bäuerlichen Lebensweise und Arbeit nicht viel änderte, wurden diese Züge über Jahrhunderte konserviert. Da wird das Hüten des Viehs beschrieben, immer wieder ist von der Waldweide die Rede, bei der auch die Schweine in den Wald getrieben wurden, um Eckern und Eicheln zu fressen. Das Umfeld der Märchenhandlung wird durch diese klaren farbigen, aber nicht minutiös gezeichneten Bilder vorstellbar und einprägsam gemacht. Die Phantastik dämonischer Gestalten, helfender Tiere, ferner Jenseitswelten wird mit der erlebten Realität verschmolzen - das ist ein unabdingbarer Beitrag zur Schaffung einer Märchenwelt, die ihrer Faszination gewiß ist.

Wir sind damit bei einem gestalterischen Problem angelangt, dem wir gleich zu Beginn unserer Betrachtung des mittelalterlichen Märchens begegneten. Vom „Cantus" war die Rede, einer Wiedergabe in Vers- oder Liedform, am besten wohl als Rezitativ vorzustellen. Begabte oder berufsmäßige Märchenerzähler unterstützten ihren Vortrag durch Mimik und Gestik. Die häufigen Dialoge dienten dabei der Verlebendigung und Dramatisierung. (Sie begünstigten auch das Umsetzen von Märchenstoffen ins Schauspiel.) An den „Cantus" erinnern ebenfalls die in die Märchen eingestreuten Verse. Sie stehen an Stellen, an denen sich dramatische Spannung sammelt, sie stehen mitunter auch dort, wo der Mensch Kontakt zu einem jenseitigen Wesen oder zu einem Tier aufnehmen will. Eine Alltagssprache ist unangebracht, wo es um eine fast rituelle Haltung geht.

Selbstverständlich haben sich die uns vorwiegend im 19. Jahrhundert überlieferten Märchenverse seit dem Mittelalter sprachlich weiterentwickelt, aber sie sind älter als die sie umgebende Erzählprosa, sie wiesen auch alte Formen des Reimes auf:

So haben wir einmal die Alliteration, den Stabreim, mit der die Klage der „Gänsemagd" beginnt:

Weh, weh, Windchen...

Die volkstümliche Assonanz, der klingende Vokalreim, findet sich, wenn es heißt:

Rapunzel, Rapunzel,
laß mir dein Haar herunter

Ebenso verbreitet ist auch der Endreim. Da reden „Gänsemagd“ und der Pferdekopf Faladas miteinander:

O du Falada, da du hangest,

und der Kopf antwortet:

O du Jungfer Königin, da du gangest...

Oder es wird gefragt:

Spieglein, Spieglein an der Wand,
wer ist die Schönste im ganzen Land?

Oder es meckert im „Tischchen deck dich“ die Ziege:

Ich bin so satt,
Ich mag kein Blatt: mäh! mäh!

Mit diesen Versen war es möglich, Handlungen und Stimmungen des Märchens wirkungsvoll zu begleiten, vielleicht sogar mit Hilfe eines Musikinstrumentes.

Das Märchen im 16. Jahrhundert

... ich glaubte mich mit einem wilden Tiere vermählt, aber Ihr habt mir zum Manne den schönsten, tugendreichsten und wohlgesittetsten Jüngling gegeben, der jemals auf Erden war.

Aus „Ergötzliche Nächte"
von Giovanni Francesco Straparola

Nachdem um die Mitte des 15. Jahrhunderts der Buchdruck durch Johann Gutenberg erfunden und 1443/44 die erste lateinische Bibel gedruckt worden war, erschienen sehr bald auch Bücher weltlichen Charakters. In den Städten hatte sich ein weltoffenes Bürgertum entwickelt, repräsentiert vor allem durch Kaufherren und Handwerker, die neben Amtshäusern, Zunft- und Gildehäusern auch Schulen, sogar Lateinschulen errichteten; weite Teile der Stadtbevölkerung waren so des Lesens und Schreibens kundig. Ihr Bildungsstreben wurde charakterisiert durch das „docere et delectare" (das Belehren und Ergötzen). Sie wollten Belehrung und Information, sie wollten wissen, wie die Welt jenseits der Stadtmauern aussah, welche Länder, Städte und Flüsse es gab, wie die Menschen anderswo lebten, was sie brauchten und was sie zu leisten vermochten. Aber gleichzeitig sollten diese Berichte und Belehrungen so angeboten werden, daß sie Unterhaltung und Vergnügen verschafften.

Hier fand auch das Märchen wieder seinen Platz, es hatte weniger mit dem „docere" zu tun, dafür aber war es dem „delectare" eng verbunden.

Bisher hatte alles, was nicht kirchlicher Lehre oder einem Lobpreis Gottes, sondern der Unterhaltung diente, hauptsächlich in der mündlichen Überlieferung weitergelebt. Als neues Mittel der Kommunikation erwies sich jetzt im 15. und 16. Jahrhundert das Buch. Obwohl diese Bücher, meist im Folioformat, noch verhältnismäßig teuer waren, so waren sie doch nicht so kostbar wie die Handschriften auf Pergament oder die Inkunabeln. Ein interessiertes und gutsituiertes Bürgertum konnte sie erwerben, und der Vertrieb auf Messen und Märkten öffnete dabei eine bisher noch nie dagewesene Breitenwirkung. Bei der Übernahme der bis dahin mündlich tradierten Genres boten sich dem Bearbeiter - oft war es der Drucker selbst - verschiedene Möglichkeiten. Er konnte einzelne Märchen-, Schwank- oder Sagenmotive in alte Epenvorlagen einblenden - falls sie nicht bereits darin eingelassen waren -, wenn er diese Epen in Prosa auflöste. Er konnte auch ein Märchen oder einen Schwank oder eine Sage episch ausweiten und zu einem Volksbuch umgestalten. Es wurden aber ebenso verschiedene Genres mit zugkräftigen Stoffen und Titeln zusammengestellt und so als Sammelwerk herausgebracht. Waren an der Ausbildung der Märchen, Sagen, Balladen, Lieder und Schwänke die Bauern und die mobilen Bevölkerungsschichten, in erster Linie die Spielleute, beteiligt gewesen, so

LE TREDECI
PIACEVOLI NOTTI
DEL SIG. GIO. FRANCESCO
STRAPAROLA DA
CARAVAGGIO.

LIBRO PRIMO.

IN Vinegia, appresso Domenico Farri. 1570.

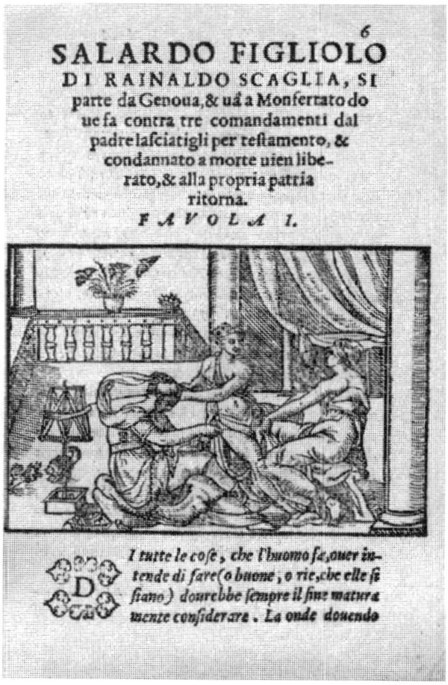
6
SALARDO FIGLIOLO
DI RAINALDO SCAGLIA, SI
parte da Genoua, & uà a Monferrato doue fa contra tre comandamenti dal padre lasciatigli per testamento, & condannato a morte uien liberato, & alla propria patria ritorna.
FAVOLA I.

D I tutte le cose, che l'huomo fa, ouer intende di fare (o buone, o rie, che elle si siano) dourebbe sempre il fine maturamente considerare. La onde douendo

Titelblatt und Textbeginn einer frühen
italienischen Ausgabe von Giovanni Francesco Straparolas
„Ergötzlichen Nächten“

hatten die Stadtbürger - voller Selbstbewußtsein auf ihre Stellung, ihre Bildung blickend -, den Schwank, besonders den antikurialen, weiterentwickelt. Das Bürgertum nahm sich der „novella“ an, deren Abkunft - novella bedeutet Neuigkeit - aus der mündlichen Tradition noch sichtbar ist, und formte ein neues literarisches Genre. Aus der „Neuigkeit“, immer hoch willkommen auf Straßen und Plätzen, wurde die interessante, meist zeittypische Begebenheit (anfangs oft mit einer Pointe versehen und damit dem allerdings plumperen Schwank nahestehend).

Beide, der tradierte Schwank wie die aufblühende Novelle, waren es, die zuerst und vorrangig in die Sammlungen aufgenommen wurden.

Das Märchen dagegen trat zurück; die alten Märchenhelden wie der Drachentöter hatten es schwer, sich in der merkantilistischen Welt zurechtzufinden. In Oberitalien, dem Ausgangspunkt der Renaissance, erschienen zum ersten Male Märchen in einer Erzählsammlung. Giovanni Francesco Straparola, gebürtig aus Caravaggio, brachte 1550 bis 1553 „Le tredeci piacevoli notti“ (Die ergötzlichen Nächte) heraus. Von den dreiundsiebzig Geschichten sind immerhin einundzwanzig Märchen, darunter so vertraute wie das vom Drachentöter (AaTh 300), vom gestiefelten Kater (AaTh 545 AB), vom Meisterdieb (AaTh 1525), dem Jungen, der der Prinzessin ein Kind anwünscht (AaTh 673), dem Eisenhans, dem in ein Tier verwünschten Jüngling (AaTh 430 und 440). Die „Ergötzlichen Nächte“ wurden viel gelesen und auch häufig nachgedruckt, wobei vielfach Spitzen, die sich gegen die Geistlichkeit richteten, gestrichen wurden. Aber diese Korrekturen änderten letztlich nichts an der Tendenz, und so wurde das Buch auf den Index gesetzt. Vor allem die Novellen bereiteten dem Klerus Verdruß, die Märchen klangen nicht so aggressiv, waren aber ebenfalls von pikanten und deftigen Szenen durchzogen.

Da wird der Sohn des Königspaares als ein Schwein geboren: „- und wo Schmutz und Dreck lag, so wie es die Schweine machen, da sauste es umher. Dann kam es so stinkend und schmutzig heim, ging zu Vater und Mutter, rieb sich an ihren Kleidern und besudelte sie mit Mist.“

Noch ärger führt sich „Re porco“ (Prinz Schwein) im Brautbett auf: „Der Herr Schwein ging, als der Tag gekommen war und er die Matratze voller Mist gelassen hatte, auf die Weide.“

Doch zum Schluß wird der „Schweineprinz" nach den Gesetzen des Märchens, vom dritten, jüngsten, ihm zugeführten Mädchen, das ihn liebkost und betreut, erlöst. Als die Schweinehaut abgelegt und vernichtet ist, steht ein wunderschöner junger Mann vor der beglückten Familie. Auch im Meisterdiebmärchen (AaTh 1525 A) vom „Cassandrino" wird die Komik so weit wie möglich übersteigert, der Meisterdieb stiehlt nicht nur ein Laken, sondern das ganze Bett des Prätors von Perugia; er lockt den Geistlichen aus der Kirche und in einen Sack - die Szene wird ausgemalt, sicher nicht zur Freude der Geistlichkeit. Als das Märchen sich seinem Ende zuneigt, werden wir in die Welt der oberitalienischen Handelsstädte versetzt: Cassandrino läßt von den Gaunereien ab und wird ein kluger und reicher Kaufmann. Ist hier vielleicht Ironie spürbar?

Realistisch ausgespielt ist auch die Episode in „Peter der Narr...", als der König und die Königin merken, daß ihre zwölfjährige Tochter schwanger ist, und wie sie versuchen, den Vater zu ermitteln. Daß diese Märchenzeugnisse - wir werden gleich noch weitere kennenlernen - in der Nähe der mündlichen Tradition stehen, wird an der Rahmenerzählung deutlich: Eine Gruppe junger Leute findet sich während des Karnevals allabendlich zusammen, um zu tanzen, zu singen, zu erzählen, sich Rätsel aufzugeben, zu plaudern. Die wiedergegebenen Erzählungen aus dem tradierten Bereich des Märchens und dem neuerschlossenen Bereich der Novelle sind lebendig erzählt; in den verschiedenen Ausgaben können Stücke ausgetauscht sein, der Fundus an Geschichten scheint groß. (Aus ihm schöpfte auch Giovanni Boccaccio für sein „Dekameron", er nahm aber nur Novellen auf).

Trotzdem war der Anteil der Märchen in der Überlieferung noch beträchtlich. Das seit dem späten Mittelalter eingewanderte orientalische Märchen hatte den Bestand bereichert. Überdies waren Märchen und Exempel aus dem „Pancatantra" in Verbindung mit persischen Märchen bereits im 13. Jahrhundert durch Johann von Capua ins Lateinische übersetzt worden, aus dem lateinischen Text konnten sie dann weiterverbreitet werden. Auch Märchen, die Straparola aufnahm, lassen sich bis in das indische Erzählgut zurückverfolgen.

Gestützt auf den lateinischen Text, übertrug der Geistliche Anton Pforr die Stoffe ins Deutsche, unter dem Titel „Buch der

Beispiele der alten Weisen“ (1480/81) erschienen. Hier freilich dominierte die Belehrung vor der Unterhaltung.

Ganz anders stellt sich das Verhältnis in den Schwankbüchern des 16. Jahrhunderts dar. Auf eine Rahmenhandlung wird verzichtet, aber die Gelegenheiten, bei denen sich eine Erzählrunde zusammenfindet, sind im Titel skizziert. So werden auf dem Rollwagen, der zu Märkten fährt, beim Wandern, auf Gartengesellschaften vor den Toren der Stadt Geschichten zum besten gegeben. Der Schriftgießer Valentin Schumann informiert auf dem Titelblatt seines „Nachtbüchleins“ (1559) den Leser: „Darinnen viel seltzamer kurtzweyliger Hystorien und Geschicht zu Nacht nach dem Essen, oder auff Weg und Strassen, zu lesen, auch zu recitieren.“

Bei Valentin Schumann begegnet uns wieder der Bauer Einochs: „Ein hystorie von einem bauern mit namen Ein hirn unnd seinen bawren (!) im selben dorff, bis sie sich alle ertrenckten.“ Aus dem armen Einochs wurde in der Sicht des Bürgers ein bäuerlicher Tunichtgut, ein mutwilliger Schalk. Nachdem die Bauern Einhirns Backofen zerstört haben, gibt er die brösligen Überreste für Gold aus. Als ihm die Kuh von den anderen aufgebrachten Bauern erschlagen wird, „der laur hat uns beschissen“, verkauft er das Fell an einen Lederer in der Stadt, macht sich an dessen schönes junges Weib heran und erpreßt zum Schluß beide Ehegatten. Als dann die Mutter des Einhirn - ein spöttisch abwertender Name - getötet wird, belastet dieser einen Weinfuhrmann, der erschrocken davonreitet und dem Bauern den gut beladenen Weinwagen zurückläßt. Zum Schluß ist es ein Sauhirt, der ins Wasser geworfen wird, Einhirn gewinnt die Sauherde dazu, während die ihm übelgesonnenen Bauern in den Fluß springen.

Im Gegensatz zu anderen Märchen aus den Schwankbüchern wurde, wohl von dem Kompilator, eine Lokalisierung vorgenommen: Die Stadt, in die Einhirn wandert, ist Augsburg und der Lech der Fluß, in dem die Dummen sich ertränken. Das Märchen ist damit unmittelbar in die Lebenswelt der Stadtbürger gerückt. Aber so ganz paßt es nicht in die Umgebung der Fugger.

Die derbe Erotik der Schwänke, die das Bild der Sammlungen bestimmten, greift auch auf das Märchen über. Der Titel z. B., der eine ländliche Freierprobe ankündigt, weist darauf hin: „Ein fabel von einem edelmann, der seiner tochter wolt keinen

Mann geben, er mähet dann weyter, weder sie kund bruntzen, auff einen tag." Der „Er" ist dann ein „gut gsell". Die Erprobung des Bewerbers hat hier jeden Sinn verloren, sie dient nur als Einstieg in eine deftige Burleske. Für den Bürger ist der Bauer eben ein Tölpel, ein Grobian, ein Dummling. Als ein solcher erscheint er sowohl in den Märchen stadtbürgerlicher Redaktion wie auch in den Fastnachtsspielen des Nürnberger Meistersingers Hans Sachs.

Martin Montanus hatte in seinen „Wegkürtzer" (1557) das Märchen vom tapferen Schneiderlein (AaTh 1640) aufgenommen: „Von einem könig, rysen, ainhorn und wilden schwein." Im Titel wird das Schneiderlein nicht erwähnt, aber gleich zu Anfang der Handlung schlägt es sieben Fliegen tot, die sich über seinen Apfel hermachen wollen. Dann geht der Schneider alle Schrecken des Landes an. Zuerst macht er das Einhorn unschädlich - hier als Untier gezeichnet und nicht als das christliche Symbol der Keuschheit -, es rennt sein Horn in einen Baum, hinter den der tapfere Schneider sich geflüchtet hat. Er macht die Riesen unschädlich, und das wilde Schwein sperrt er in eine Ablaßkapelle ein. Am königlichen Hofe gilt der Schneider als ein unbekannter Ritter, er bekommt nach der Verrichtung seiner Heldentaten das halbe Königreich und die Prinzessin zur Frau. Zum Schluß meldet Montanus aber seine berechtigten Bedenken an diesem glücklichen Ausgang an: „zweyffelt mir aber gar nit, het er gewüst, daß er ein schneyder were, er het ihm eh eim strick geben weder sein tochter."

Eine frühe Variante des Märchens, das uns aus der Sammlung der Brüder Grimm als „Einäuglein, Zweiäuglein und Dreiäuglein" ((AaTh 511) bekannt ist, hat Montanus in „Das Ander theyl der Gartengesellschafft", die eigentlich Jakob Frey begonnen hatte, aufgenommen: „Eine schöne History von einer Frawen mit zweyen Kindlin". Eine Stiefmutter verfolgt mit Haß ihre jüngste Stieftochter, sie hetzt die ältere gegen die jüngere Schwester auf und setzt schließlich das ungeliebte Kind aus. (Die Kindesaussetzung war, das möchten wir hier deutlich anmerken, kein poetisches Motiv - dazu wurde es erst später -, sondern ein harter, in Notzeiten geübter Brauch.) In einem einsamen Häuschen findet das Mädchen ein Erdkühlein vor. Es dient dem Kühlein, melkt es und bekommt dafür Samt und Seide als Lohn. Als das Mädchen wie auch das Erdkühlein von der Stiefmutter und der bösen Schwester entdeckt werden, muß der Metzger das Tier schlachten. Aber aus Schwanz, Horn und Hufen sprießt ein Baum, dessen Zweige sich nur dem jungen Mädchen zuwenden. So kann es dem Sohn eines hohen Herrn, der vorüberreitet, die Äpfel reichen, die ihn gesund machen, und mit ihm fortziehen, nicht ohne den Baum auszugraben und mitzunehmen. In „Einäuglein, Zweiäuglein und Dreiäuglein" der Brüder Grimm hilft eine Ziege, ein Haustier, das man gewohnt ist, auf der Weide zu sehen, dem armen Zweiäuglein. Dieses Erdkühlein, ein im tiefen Walde hausendes Fabeltier, bietet sich fast als Symbol für Ruhe und Einsamkeit an. So jedenfalls hat Goethe es Jahrhunderte später begriffen.

Die böse Stiefmutter, oft hexenartig gezeichnet, erscheint in vielen Märchen. Diese Figur ist dadurch erklärbar, daß die Fragen von Besitz und Erbe gerade in einer patriarchalisch geordneten Gesellschaft enorme Bedeutung hatten. Die Frau, die einen Witwer heiratete, mußte akzeptieren, daß die Kinder aus der ersten Ehe des Mannes, vor allem der Erstgeborene, hinsichtlich des Erbrechtes eindeutig bevorzugt wurden. Sicher begünstigte das Mißgunst, ja sogar Haß und verbrecherische Taten: Ein Drama, das nicht nur in Märchen, sondern auch in Sagen und Balladen, später in Moritaten gestaltet wurde. Das Märchen mit seinem Bestreben, Typen zu schaffen, klare Konturen zu zeichnen, Gegensätze herauszuarbeiten, überhöhte die Gestalt der Stiefmutter zu einem fast dämonischen Wesen. Dem kam entgegen, daß sich seit dem Beginn des 15. Jahrhunderts die systematische Verfolgung von Hexen ausbreitete, der Hexenwahn im „Malleus maleficarum" (1487, Hexenhammer) förmlich institutionalisiert wurde. Das böse Weib, die böse Stiefmutter konnten so leicht zu Hexen werden. Während in den Sagen, die oft historisches Geschehen im Widerschein des Volksglaubens spiegeln, die Hexe, die in der Stadt oder im Dorf ihr Unwesen treibt und Mensch und Vieh verwünscht, erst aufgespürt werden muß, um sie dann der Strafe des Feuertods zuzuführen, ist die Märchenhexe trotz allem in ihrer Gestaltung nicht so stark vom Wahn beeinflußt. Die Märchen bewahrten ja archaische Glaubensgestalten, zumindest deren Einzelzüge, über Jahrhunderte, und darum behielt die Märchenhexe Eigentümlichkeiten der alten, zauberkundigen Frau: Sie wohnt oft im Walde, fernab menschlicher Siedlungen; die russische Baba Jaga mit ihrem Häuschen auf Hühnerbeinen ist wohl ihre markanteste Vertreterin. Es konnte jedoch der von keltischen Traditionen gezeichneten Fee gelingen, die Hexe in einzelnen Gebieten von der Spielfläche der Märchen zu verdrängen.

Bei der Betrachtung der Schwankbücher haben wir gesehen, wie das Märchen dem Schwank untergeordnet wurde, wie dem Schwankmärchen beim Druck der Vorzug gegeben wurde. (Die Neigung zum Verschwanken zeigte sich ja bereits im frühen Mittelalter.) Alte Motive, z. B. auf Freierproben und Initiationsriten bauend, wurden verschwankt. Aber nachdem sich der Druck, der auf den abhängigen Bauern lastete, verstärkt hatte, konnten Proben, wie das Abholzen eines Waldes mit einer gläsernen Axt, das Ausschöpfen des Teiches mit einem Sieb, an nur einem Tage säen und ernten, als Willkürakt eines bösen Herrn, oft eines Königs, gelten, mitunter auch als Bosheit einer Hexe. Damit war wiederum die Wirklichkeit ins Märchen geholt.

Auch in Volksbücher konnten Märchenmotive aufgenommen und Märchenansätze episch geweitet werden. So im Stoff des „Apollonius von Tyrus“, der, in seiner Konzeption auf einen hellenistischen Roman zurückgehend, Ende des 12. Jahrhunderts ins Lateinische übertragen wurde und dann in der Renaissance als volkstümliches Buch erschien (1471). Die Handlung wird mit dem Inzestmotiv eingeleitet, in den Märchen bleibt es zuerst nur bei dem Wunsche des Vaters, die Tochter zu besitzen. „Tristan und Isolde“ (1484) baut auf das Grundmotiv, daß der junge Brautwerber und nicht der ihn entsendende alte König die Umworbene erhält. Das Märchen bringt selbstverständlich eine glückliche Lösung des drohenden Konfliktes.

Ein abenteuerhaltiges Märchen ist es, das eines der frühesten und beliebtesten Volksbücher romanhaft ausweitet, der „Herzog Ernst“ (um 1476). Historische Ereignisse, vorgeformt in einem Spielmannsepos, werden mit den Reisen Sindbads des Seefahrers aus „Tausendundeiner Nacht“ verbunden.

Im Mittelpunkt des Volksbuches „Fortunatus“ (1509) steht das Märchen vom Glückssäckel (AaTh 566). Die Art, wie es mit realistischen Reiseberichten verbunden wird, wie bedeutende Handelsstädte, z. B. London und Alexandria, geschildert werden, wie der Aufstieg einer Fernhandel betreibenden reichen

Erstausgabe des Volksbuches „Fortunatus“, 1509. Titelholzschnitt, wahrscheinlich von dem Augsburger Jörg Breu d. Ä.

bürgerlichen Familie verfolgt wird, deren Geschäfte, Abenteuer, Gefahren weisen es als Kaufmannsmärchen aus. So dient es dem erwachenden Selbstbewußtsein der Handelsbürger, aber diese sind noch nicht an der Macht, noch erbt der König alles, nachdem Fortunatus und seine Söhne gestorben sind. Das ist nicht der traditionelle glückhafte Märchenschluß, der ermordete Held müßte nach alter Tradition zumindest wieder belebt werden.

Auch Griseldis, die demutsvolle Frau, wurde zu Heldin eines Volksbuches (um 1470).

Die „Melusine“ (um 1474), ein Volksbuch nach einer französischen Vorlage, baute auf das Motiv der gestörten Mahrtenehe, der Ehe eines Menschen mit einem dämonischen Wesen, auf, einer Ehe, die meist tragisch endete: ein in der Nähe der Sage stehendes Motiv. Schönheit und Liebe vermochten nicht immer die Kluft zwischen Mensch und dämonischem

Die „Melusine“ ist eine Wasserfrau, deren ehelicher Verbindung mit einem Menschen denn doch keine Dauer beschieden ist. Holzschnitt, Antwerpen, 1491

Wesen zu überbrücken. Die Naivität der älteren Märchen, wohl auch ihrer Erzähler, die die Ehen mit der Tierbraut bzw. dem Tierbräutigam, vielleicht sogar mit einer Hexentochter, zu einem glücklichen Ende führte, verschwand. Hier mag gesteigertes Realitätsbewußtsein gewirkt haben wie auch der Einfluß der Kirche, die den Menschen zur Krone der Schöpfung erklärt hatte und leicht bereit war, andere Wesen zu verteufeln, zu dämonisieren.

Das Eingehen der Märchen in die schriftliche Überlieferung sicherte ihnen allgemein eine größere Wirksamkeit, denn neben die mündliche Tradition war nun eine zweite Verbreitungsmöglichkeit getreten. Allerdings war den Märchenvarianten, die in die Literatur eingepaßt wurden, keine weitere Entwicklung gegeben. Sie blieben ihrem literarischen Umfeld verhaftet, blieben über Jahrhunderte festgeschrieben, Ausdruck einer bestimmten Zeit, einer bestimmten Persönlichkeit: eines Schreibers, eines Druckers, eines Kompilators, eines Dichters ... In der mündlichen Tradition dagegen konnten und mußten sich die Märchen verändern - sprachlich, denn die Sprache entwickelte sich ja ebenfalls, stilistisch und inhaltlich.

Dennoch wollen wir hier keinen scharfen Trennungsstrich ziehen. Die Volksbücher wie auch die Schwanksammlungen hatten sich noch nicht weit von der mündlichen Überlieferung entfernt. Bereits das unhandliche Format der Bücher zeigt an, daß sie nicht zur individuellen Lektüre bestimmt waren, sondern zum Vorlesen im Familien- oder geselligen Kreise. Während einer vorlas, hörten andere zu. Jene, die nicht oder nicht gut lesen konnten, sich aber das Gehörte einprägten und wiedererzählten, führten es damit in die mündliche Überlieferung zurück.

Diese mündliche Weitergabe zog sich - jedoch nicht ausschließlich - auf das Land zurück. Bauern und Wanderhandwerker erzählten Märchen, natürlich auch andere, nichtmärchenhafte Geschichten, während die Bürger in den Städten den Schwank bevorzugten und ausbildeten oder Sagen als städtisches Wahrzeichen prägten.

Das ältere Märchen von dem Jungen, der alle zum Tanz zwingen kann, wenn er auf seiner Geige spielt (AaTh 592, Der Jude im Dorn), erhielt im 16. Jahrhundert in ganz Europa eine zeittypische Umakzentuierung. Ursprünglich hatte der Junge, dem seine Stiefmutter übel wollte, einen Mönch, der sich auf die Seite der Stiefmutter gestellt hatte, zum Tanz gezwungen, indem er aufspielte. (In einigen Varianten blies der Junge auch eine Flöte.) Wenn der Mönch bis zur Erschöpfung tanzen mußte, der Bischof, bei dem er sich beklagte, ebenfalls tanzen mußte, entsprach dies den auch in den Schwänken spürbaren antikurialen Attacken. Nun aber wurde aus dem Mönch ein Jude, die zunehmende Verfolgung der Juden schlug sich so in den Märchen nieder. Wie sollten die Märchenerzähler und -hörer auch die komplizierten, oft widersprüchlichen wirtschaftlichen und ideologischen Prozesse durchschauen können! Da die jüdischen Bürger durch Gesetze - jedenfalls im Heiligen Römischen Reich Deutscher Nation - zu Pfand- und Geldgeschäften gezwungen wurden, mußten sie gerade von denen, und das waren nicht wenige, die mit wirtschaftlichen Nöten zu kämpfen hatten, mißtrauisch betrachtet werden. Trotzdem blieb das Kernmotiv des Märchens der Konflikt des Junge mit der Stiefmutter.

Die Dramatik der Märchen, die ihren Ausdruck bereits im Aufbau findet, im Aufstieg des Helden allen Widersachern und Widerwärtigkeiten zum Trotz, die aber auch die Motivik durchzieht, die erfüllt ist von Drachenkämpfen, Begegnungen mit Totgeglaubten, mit Abenteuern, mit Unterweltfahrten, Ritten auf einen gläsernen Berg, Überwindung von Riesen, Errettung von Jungfrauen... - diese Dramatik, noch in Prosa oder Verse eingegrenzt, reizte doch verhältnismäßig früh zur Dramatisierung der Märchenstoffe. Wir haben ja gesehen, daß der Griseldis-Stoff bereits Ende des 14. Jahrhunderts in Frankreich auf die Bühne gebracht wurde.

Für das 16. Jahrhundert dürfte die Adaption von Märchensujets durch William Shakespeare wichtig sein. damit sind wir aber an die Grenzen unserer Betrachtung gelangt. Das große Drama - nicht das kleine improvisierte Spiel - erforderte auch bereits zur Elisabethanischen Zeit einen ziemlichen Aufwand; Theaterbauten, Dekorationen, Schauspielertrupps. Dagegen war es über die Jahrhunderte ein Vorzug des Märchens gewesen, der auch mit zu seiner Erhaltung beigetragen hatte, daß es ohne große Voraussetzungen überall dargeboten werden konnte, wo immer sich ein Kreis von Zuhörern fand - ob beim Fischfang, in Köhlerhütten, am häuslichen Herde, in Gasthöfen. Es bedurfte einzig und allein eines guten Erzählers.

Aber auf der Bühne, in der dramatischen Gestaltung, genauer hier: Umgestaltung, konnten die Stoffe weit verbreitet werden, und durch die Darstellung der Handlung, der Personen wurde auch das Emotionale stärker berührt.

Die Vorlagen von Shakespeares Märchendramen entstammen entweder antiken Sagen, altitalienischen Novellen oder englischen Volksmärchen, dabei vor allem den Feen- und Koboldmärchen. „The Taming of the Shrew“ (1594/95, Der Widerspenstigen Zähmung, AaTh 901) geht auf Straparola zurück. Der junge Mann, der den Zankteufel zu bändigen versteht, verrichtet keine Wunder, braucht keine wunderbaren Helfer. Im Gegenteil: Er tötet sein Getier, Hund, Katze, Pferd, aber er zeigt eine ungewöhnliche und daher doch ans Märchenhafte grenzende Menschenkenntnis. In „Cymbeline“

„Der Sturm“.
Miranda und Ferdinand
gewinnen einander sogleich lieb.
Im Hintergrund der Zauberer Prospero.
Illustration von Kenny Meadows
zu Shakespeare-Geschichten, o. J.

(1610/11) verbirgt sich das Märchen von „Schneewittchen“ (AaTh 709). Auch das Märchenspiel von George Peel „The old wivestale“ (1595) führt in das Märchen vom Schneewittchen: „One upon the time there was a king, that (!) had a fair daughter, the fairest, that ever was, as white as snow and red as blood...“ (Es war einst ein König, der hatte eine schöne Tochter, die schönste, die jemals lebte, so weiß wie der Schnee und so rot wie das Blut.)

Im „A Midsummer Night's Dream“ (1596/97, Ein Sommernachtstraum), im „Pericles“ (1609/10), in „The Winter's Tale“ (1611/12, Wintermärchen) und in „The Tempest“ (1612/13, Der Sturm) werden antike Vorlagen, heimische Folklore und auch Allegorien in turbulenten, dann aber auch wieder zum Nachdenken anregenden Szenen gemischt. Für das Theaterpublikum war damit der Wunsch nach dem „docere cum delectare“ erfüllt.

„King Lear“ (1606/07, König Lear) geht auf ein englisches Volksmärchen (AaTh 923) zurück, das Grundmotiv klingt bereits bei Geoffrey of Monmouth (gest. 1155) an. „Ich liebe dich wie das Salz“, sagt die jüngste Tochter zu ihrem Vater, während die älteren Töchter mit hochtrabenden Worten ihre Liebe zum Vater bekunden, der ihnen deshalb all seinen Besitz übergibt. Doch den armen Alten weisen sie dann ab. Die Jüngste erbarmt sich seiner, gibt ihm aber alle Speisen ohne Salz, so daß er seinen Irrtum eingesteht.

Shakespeare hat in seinem Drama das so profane Motiv vom Salz ausgewechselt und statt dessen die Liebe zum Gatten neben die Liebe zum Vater gestellt. Ohne Puck, ohne Zauber kommt die Handlung voran, getrieben durch die Haltung der Menschen, oft töricht und verschroben - aus einer Märchenvorlage wurde ein Drama, das den gesellschaftlichen Wandel und den der Wertvorstellungen berührt.

Wie vordem der Schwank sich mit dem Märchen im Schwankmärchen verband, so verschmolz in der Renaissance die Novelle mit dem Märchen im Novellenmärchen. Die Gliederung des Märchens blieb, sein Aufbau und der glückliche Schluß sowie seine Helden blieben ebenfalls, nur das Wunder wurde getilgt und durch das Wundersame, ja Wunderliche, ersetzt - eine Entwicklung, die sich Jahrhunderte später in den Kunstmärchen E. T. A. Hoffmanns noch einmal vollzog.

Die Zufälle mochten sich häufen, die Handlungsstränge

höchst kompliziert erscheinen, doch verstieß nichts gegen die Naturgesetze, die im Weltbild zu bedeutenden Faktoren wurden. Keine Zauberdinge, keine helfenden Alten, keine redenden Tiere traten in diesem Märchen mehr auf, die Menschen bewegten die Dinge oder versuchten, ihre Ausführung zu hindern. Daß die Königstochter im „König Drosselbart" (AaTh 900) den König, der um ihre Hand angehalten hatte, in dem Spielmann und auch in seinen anderen Verkleidungen nicht wiedererkannte, ist vielleicht verwunderlich, aber eben nicht unmöglich. Auch, daß die so stolze Königstochter ohne Widerrede mit dem Spielmann das Schloß ihres Vaters verließ, lediglich ihr Geschick bejammernd, ist nichts Wunderbares - nur verwunderlich. Trotzdem verdrängten die Novellenmärchen wohl kaum die älteren Zauber- und Schwankmärchen, auf Zauber und Wunder, verbunden mit einer Fülle bunter Abenteuer, ließ sich nicht verzichten. Die Tiermärchen dagegen erhielten gemäß dem Wunsche des „docere" eine „Lehre".

Den Novellenmärchen stand das Märchen von „Griseldis", der demutsvollen Frau, verhältnismäßig nahe. Wenn diese Figur auch in einer patriarchalischen Gesellschaft als Idealtyp gelten konnte, wenn der Stoff auch in ein Volksbuch aufgenommen wurde, so paßte sie doch nicht mehr ganz in die Zeit. Berühmte, geachtete, aber auch gefürchtete Frauen gehörten mit in das Frauenbild der Renaissance. Wir nennen hier nur: Margarete von Parma, Statthalterin der Niederlande, Margarete von Navarra, Förderin von Künstlern und Dichtern, Verfasserin des „Heptameron", und Katharina von Medici, Königin von Frankreich.

Nun hatte die Märchenheldin ja bereits vordem Aktivitäten gezeigt, wie sie ihr in der historischen Wirklichkeit kaum zustanden: Sie hatte ihre Eltern verlassen und eine lange, gefährliche Suchwanderung angetreten - sie konnte, wie wir sahen, die Heldenrolle übernehmen. Aber jetzt bildeten sich mit den aufkommenden Novellenmärchen solche heraus, die ein neues Bild von der Heldin entwarfen. Wir wollen das an einem typischen Novellenmärchen verfolgen: am Märchen von der „Klugen Bauerntochter" (AaTh 875; in das auch orientalische Scharfsinnproben eingelassen wurden). Ein Bauer findet auf seinem Acker einen goldenen Mörser, er will ihn zum König bringen, die Tochter rät davon ab, weil sie meint, der König würde dann auch einen Stößel von ihm fordern. Gegen den Rat der Tochter geht der Bauer doch zum König, um den Mörser abzuliefern. Der König verlangt folgerichtig den Stößel, und als der Bauer beteuert, nur einen Mörser gefunden zu haben, wird er eingesperrt. Laut jammernd bereut er, dem Rat der Tochter nicht gefolgt zu sein. Dies wird dem König hinterbracht, der den Bauern vor sich kommen läßt und ausfragt. Als der König von der Klugheit der Tochter erfährt, will er sie heiraten, vorausgesetzt, daß sie drei Aufgaben erfüllt: Sie soll zu ihm kommen, nicht gekleidet, nicht nackend, nicht gefahren, nicht geritten, nicht bei Tage, nicht bei Nacht. Das Mädchen kommt an einem Mittwoch, es hat sich ein Netz übergeworfen und läßt sich von einem Esel schleppen. Daraufhin nimmt der König das kluge Mädchen zur Frau, stellt ihr aber die Bedingung, daß sie sich nicht in seine Angelegenheiten einzumischen habe. Eines Tages bringen Bauern mit ihren Wagen Holz vor das Schloß, einige haben Pferde, andere Ochsen vorgespannt. Eines der Pferde bekommt ein Füllen, doch das läuft von der Mutter weg und stellt sich zu einem Ochsen. Der Bauer mit dem Ochsengespann will nun das Füllen behalten, während der Bauer, dem das Pferd gehört, seine Ansprüche geltend macht. Der König, der den Streit schlichten soll, gibt dem Ochsenbauern recht. Der andere Bauer ist traurig, aber er geht zu der Königin, weil alle Welt weiß, daß sie freundlich und gut ist. Sie gibt dem Bauern den Rat, sich mit einem Netz an den Rand der Straße zu stellen und, wenn der König vorbeikäme, so zu tun, als ob er fische. So tut der Bauer. Als der König dies wunderliche Gehabe sieht, befragt er den Bauern. Der antwortet, wie ihm die Königin geraten hat, daß er wohl auf der Straße Fische fangen könne, wenn Ochsen Pferdefüllen haben könnten. Der König, der bald merkt, wer hinter diesem Lehrstück steht, will seine Frau wieder in ihr kleines Häuschen zurückschicken, weil sie ihr Versprechen nicht gehalten hat. Sie widerspricht nicht, sie bittet sich von ihrem königlichen Gemahl nur aus, das mitnehmen zu dürfen, was ihr das Liebste ist. Dann kredenzt sie ihm einen Abschiedstrunk. Als der König das Glas geleert hat, versinkt er in einen tiefen Schlaf. Beim Erwachen findet er sich in dem Bauernhaus seiner Frau wieder. Sie hat ihn als das ihr Liebste aus dem Schlosse mitgenommen. Der König sieht sein Unrecht ein und kehrt mit seiner Frau auf das Schloß zurück. Der König ist hier Gemahl und Gegenspieler, auch in sozialer Hinsicht, er ist nicht dumm, er ist nicht böse, aber er ist seiner Frau charakterlich wie geistig unterlegen. Dennoch triumphiert sie nicht in verletzender Weise über ihn.

Es mag sehr wohl sein, daß dieses Märchen von Frauen erzählt wurde, die sich mit der Heldin in ihrer Phantasie identifizieren wollten. Wir wissen zu wenig über Erzähler- und Erzählerinnen des 15. bis 16. Jahrhunderts - ein Jahrhundert später wird uns dann ein buntes Weibervolk als Märchenerzählerinnen vorgeführt werden.

Wenn die Welt des Novellenmärchens nicht mehr von Wundern erfüllt ist, wenn sich Drachen, wilde Männer, Kobolde, Tierschwäger, Bärensöhne zurückzogen und nur im Zaubermärchen in alter Frische anzutreffen waren, dann mußte das Abenteuer aus anderen Bereichen eingebracht werden: Die Ferne, die Fremde, versprach immer wieder Abenteuer, von ihr ließ sich auch im Märchen Interessantes berichten, das kam dem „docere et delectare“ entgegen. Das Bild ferner, ja geheimnisvoller Welten, so ganz verschieden von der heimatlichen Umwelt, spiegelten die Märchen aus „Tausendundeiner Nacht“ wider. So wurde über das Interesse am Novellenmärchen und am Abenteuer, vor allem auch an den abenteuerlichen Fahrten der Kaufleute, das orientalische Zaubermärchen hereingeholt. Begünstigt wurde dieser Prozeß durch das Vorrücken der Türken auf dem Balkan im 16. Jahrhundert. Die Balkanvölker ihrerseits besaßen eine Fülle eigener Märchen, freilich in eng abgesteckten Sprachgrenzen. Damit boten sich zahlreiche Möglichkeiten der Übernahme und des Austauschs von Märchen und Motiven - allerdings vorwiegend auf dem Wege mündlicher Überlieferung. Die Auseinandersetzungen mit den Türken schlugen sich in Sagen wie im Märchen nieder; aus diesen Kämpfen erwuchs den ungarischen Märchen ein neuer Held: König Matthias. Matthias Corvinus, eine historische Persönlichkeit, wurde zum gerechten und auch humorvollen König Matthias. Es wurden dabei nicht neue Märchen um „König Mátyás“ geschaffen, sondern er rückte in tradierte Märchen ein, z. B. auch in das Märchen vom Kaiser und Abt (AaTh 922). Mátyás wurde aber in den Märchen nicht als Held auf dem Schlachtfeld gezeigt - als Held verherrlicht finden wir ihn in Epen und Liedern -, sondern als ein Landesvater, der über die Dörfer fuhr, meist ohne Begleitung, und sich um das Wohl seiner Untertanen kümmerte. In Buda saß er in königli-

„Das tapfere Schneiderlein" in einer Illustration von Franz Stassen (Federzeichnung), 1921

cher Würde auf dem Thronsessel, aber er konnte auch in den Schenken trinken und tanzen, und er verheiratete seine Tochter mit einem klugen Bauernburschen.

Wieder wanderten die Märchen mit den Völkern, ein für das 15. und 16. Jahrhundert wichtiger Prozeß, denn die Zahl der Spielleute, die durch das Land zogen, war kleiner geworden. Zwar gab es noch genügend Gaukler, Bärenführer, aber die Zahl der Fahrenden, die ein reiches Erzähl- und Liederrepertoire besaßen, die ein Instrument zu spielen wußten, verringerte sich. Fürsten und der höhere Klerus hielten sich eigene Musikanten, die Bürger in den Städten hatten ihre Stadtpfeifer, und auf den Marktplätzen wurden kleinere Stücke aufgeführt. Zum fahrenden Volk gesellten sich aber auch seit dem 15. und 16. Jahrhundert die aus Indien stammenden Zigeuner. Sie besaßen einen reichen Märchenfundus, den sie auf ihren Wanderungen erweiterten. Übernommene Märchen gestalteten sie so um, daß diese ihre Welt und sie selbst widerspiegelten.

Doch die seßhaften Bauern und Bürger sahen die Fahrenden mit Mißtrauen an. Vielleicht streben deshalb die Helden der Zigeunermärchen so häufig der Jenseitswelt zu.

Eingangs haben wir gesehen, wie die neuen ökonomischen Kräfte und der Buchdruck die Kultur beeinflußten, und zwar nicht nur die sich herausbildende bürgerliche Kultur. Einerseits konnten so Märchensujets in Volksbüchern popularisiert werden, konnten die Märchen mit ihrem biographischen Aufbau die Entwicklung des bürgerlichen Romans vorbereiten. Andererseits erlitt das Märchen als Genre Einbußen. Für ausgesprochene Märchensammlungen - im Gegensatz zu den Schwankbüchern - gab es auch kaum Leser. Vordem war das Märchen verschiedene, aber fruchtbare Verbindungen mit benachbarten Genres eingegangen und hatte in diesem Prozeß die Oberhand behalten; so waren das Mythenmärchen und das Schwankmärchen entstanden. Nun bildete das Novellenmärchen die vorerst letzte Ausformung des Märchens, wenn wir von dem für Kinder bestimmten Warnmärchen absehen.

Die Grundsubstanz der Märchen, der Gedanke, die Versicherung, daß eben alles möglich ist, wird am überzeugendsten in den Zaubermärchen deutlich; insofern hatte der schwedische Folklorist Carl von Sydow recht, wenn er die Zaubermärchen als die „eigentlichen Märchen" bezeichnete. Sie ließen sich von den Novellenmärchen nicht verdrängen, dort in den Zaubermärchen, wo alles möglich ist, hatte und hat die Phantasie ihren breitesten Spielraum, und gerade die, die auf die Zukunft hofften, wollten diesen nicht einbüßen.

Es begegnen uns, wenn wir Schriften von Männern einsehen, die sich um eine volkstümliche und volkssprachliche Literatur im 15. und 16. Jahrhundert bemühten, meist Zaubermärchen. Martin Luther erwähnte z. B. „Aschenbrödel" (AaTh 510), „Sieben auf einen Streich" (also „Das tapfere Schneiderlein"; AaTh 1640) und das Märchen vom „Schlaraffenland" (AaTh 1930). Johann Fischart, ein humanistischer Satiriker, spielte in seiner 1575 veröffentlichten Hauptschrift „Affenteuerliche und ungeheuerliche Geschichtsschrift..." (wesentlich dem bereits genannten „Gargantua" entlehnt) auf den „Gestiefelten Kater", „Rumpelstilzchen" und auch auf das „Schlaraffenland" an. Georg Rollenhagen, Moralsatiriker, schrieb in der Vorrede zu seinem „Froschmeuseler": „...vernimmt man aus den wunderbarlichen Hausmehrelein von dem verachten fromen Aschenpoessel vnd seinen stoltzen spoettischen Bruedern, von albern vnd faulen Heintzen, vom Eisern Heinrich..." Aschenputtel ist hier männlich, wie auch in später belegten Varianten, und hinter dem eisernen Heinrich verbirgt sich der Froschkönig.

Die Märchen hatten meist einen kurzen Titel, oft nach einer einprägsamen Gestalt. Wenn sie aufgezeichnet worden wären, besäßen wir interessante literarische Varianten. Aber die Tatsache, daß es genügte, einen Namen anzuführen, läßt erkennen, daß diese Märchen allen vertraut waren und daß es unnötig war, sie zu wiederholen. Sie waren also da im 15. und 16. Jahrhundert, der „Gestiefelte Kater", das „Rumpelstilzchen", der „Froschkönig", das „Aschenputtel", und sie waren sogar in den Studierstuben der Humanisten bekannt.

Das Märchen im 17. Jahrhundert

Es war einmal eine schwangere Frau,
die hieß Pascadocia.
Als sie eines Tages an ihrem Fenster stand,
das auf den Garten einer Hexe hinausging,
erblickte sie ein schönes Petersilienbeet.
Aus „Petrosinella“ von Giambattista Basile

Unter kulturhistorischem Aspekt sehen wir das 17. Jahrhundert als die Zeit des Barock, und mit diesem Begriff verbinden wir prunkvolle Schlösser, Klöster und Kirchen, weiträumige Gartenanlagen im französischen Stil, höfische Feste, ein sich entfaltendes Musikleben, Opern und Singspiele neben ernster Kirchenmusik, kostbare Gewänder und die Freude an satten Farben, einer Farbigkeit, die auch vor Wallfahrtskapellen nicht haltmachte.

Dieser Eindruck aber verdunkelt sich, wenn wir bedenken, daß im 17. Jahrhundert Mitteleuropa unter den Wirren des Dreißigjährigen Krieges litt, daß den Heerhaufen plündernde Marodeure und Seuchen folgten. Diese schrecklichen Geschehnisse wurden in Sagen und auf Einblattdrucken wiedergegeben. Der Verlust in der Volkskultur ist nicht zu übersehen, ganze Dörfer starben aus, Brauchspiele erloschen, Erzählrunden und -gelegenheiten schwanden. Dennoch war die Zeit des Barock der Entwicklung des Märchens nicht abträglich, im Gegenteil: Die Antithetik, die die barocke Kunst und Literatur bevorzugten, fand sich im Märchen, das auf Gegensätzlichkeit baute und durch klare Konturen und bildhafte Szenen gekennzeichnet ist. Auch der Widerspruch zwischen Schein und Sein, der die barocke Literatur beherrschte, lag in der Gestalt des Märchenhelden, der sich zu Beginn der Handlung als ein Verkannter zeigt. So kam es zu einer gewissen Übereinstimmung von Märchen und Literatur im engeren Sinne. Daher ist es nicht verwunderlich, sondern nur folgerichtig, wenn gerade

Die Märchenerzählerin hat sich
zur Märchenvorleserin gewandelt.
Gustave Doré, Kupferstich zu Charles Perrault
„Les Contes des Fées“, 1862

im 17. Jahrhundert die ersten größeren europäischen Märchensammlungen erschienen. Natürlich verlief diese Entwicklung nicht ohne Widersprüche.

Die bekannte Sammlung des Neapolitaners Giambattista Basile wurde erst nach seinem plötzlichen Tode, 1637, herausgebracht. Die Schwester Basiles, Adriana, hatte sich nicht um die Herausgabe der Märchensammlung bemüht, sondern es für wichtiger befunden, aus seinem Nachlaß ein pompöses Poem der Nachwelt zu überliefern. Der Märchen nahm sich ein Buchhändler an, Salvatore Scarano, der ein feines Gespür für die Lesebedürfnisse seiner Mitbürger und einen Hang für volkssprachliche Literatur, hier für das neapolitanische Idiom, besaß. Auf der einen Seite als Unverständnis für das Märchen und Desinteresse, auf der anderen Seite, wohl der kompetenteren, ein erwachendes Interesse für Volkssprache und auch Märchen. Denn im Gegensatz zu den „Ergötzlichen Nächten", wo einzelne Märchen den Novellen beigestellt sind, bringt das „Pentameron" nur Märchen, und auch die Rahmenerzählung gehört den Märchen an, es ist eine erweiterte Form der „Wahren Braut" (AaTh 533). Freilich tragen diese Märchen, obwohl im neapolitanischen Dialekt erzählt, die Handschrift Basiles, eines Dichters des Barock. Aber zeittypische Elemente in Erzählstil und Sprache lassen sich stets beobachten, individuelle Elemente können sie noch ergänzen.

Zweifellos kannte Basile Märchenerzähler bzw. -erzählerinnen, zweifellos beschäftigte er sich mit dem Thema. Ob er selbst eine Veröffentlichung der Märchen wollte, wissen wir leider nicht. Aber sicher vermied er eine sentimentale Hingabe an sie und ging als anerkannter Dichter, als Kavalier und Governatore auf Distanz. Die Rahmenerzählung bringt einen kurzen Vergleich des Märchens mit anderen Geschichten, Basiles eigene Wertung widerspiegelnd: „Denn seht, aus Gelüsten nach Neuigkeiten verlassen die Handwerker ihre Werkstätten, die Kaufleute ihre Kontore, die Advokaten ihre Gerichtshöfe, die Krämer ihre Läden und gehen in die Barbierstuben und wo sie sonst noch Schwätzer finden, um mit offenen Mäulern falschen Nachrichten, aus der Luft gegriffenen Zeitungen und erfundenen Berichten zu lauschen."

In diese Nachbarschaft wird das Märchen gesetzt, aber gleichzeitig auch abgegrenzt: „... eine Geschichte zu erzählen,

I L
CONTO
DE' CONTI
TRATTENIMENTO A' FANCIULLI

Trafportato dalla Napolitana all' Italiana favella, ed adornato di belliffime Figure.

IN NAPOLI MDCCLXXXIV.
Preffo Gennaro Migliaccio.
Con Licenza de' Superiori.

161

LA PIETRA DEL GALLO
TRATTENIMENTO
PRIMO
Della Giornata Quarta.

DOmenico Aniello, per virtù d' una pietra trovata in capo d'un Gallo diviene Giovane, e ricco; ma effendogli rubata da due Negromanti, torna vecchio, e povero, e cercando per lo Mondo; ha notizia della pietra nel Regno de' Sorci; ajutato, la ricupera, torna allo ftato di prima, e fi vendica de' ladri.

ERa nella Città di Grotta nera un certo Domenico Aniello tanto difgraziato, e pove-

156

LE SETTE PALUMMELLE
TRATTENIMENTO
OTTAVO
Della Giornata Quarta.

SEtte Fratelli partono dalla lor cafa, perchè la Madre non fa una figlia femina, onde caminando fempre il Mondo trovano la di loro forte, e dopo varj fucceffi ritornano ricchi alla di loro cafa.

NElla Città di Bene gi venga, vi era una buona femina, la quale in ogni anno faceva un figlio mafchio, tanto ch'erano giunti a fette, che parea una firinga del Dio Pan a fette canne. Li giovani differo alla Madre un giorno, fe quefta volta non fai una femina fcordati di noi, perchè vogliamo andare vagan-

Titelblatt
der Märchensammlung
Giambattista Basiles,
eine frühe Ausgabe
des "Pentameron“.
Beginn der Märchen
„Der Hahnenstein“ und
"Die sieben Tauben“

wie es die alten Weiber mit den Kindern machen, um ihnen die Zeit zu vertreiben."

Held der Rahmenerzählung ist die Königstochter Zoza. Von einem alten Weibe wird sie verwünscht, und sie verläßt ihres Vaters Schloß, um nach langer Suchwanderung das Grab des Fürsten von Camporotondo aufzufinden und zu versuchen, ihn zu erlösen, indem sie in drei Tagen einen Krug mit ihren Tränen füllt. Doch ermattet schläft Zoza ein, und eine Mohrensklavin weint die letzten Tropfen in den Krug. Als der Fürst sich aus dem Marmorsarg erhebt, gilt diese als seine Retterin, und der Fürst macht sie aus Dankbarkeit zu seiner Gemahlin. Zoza kann nur noch traurig in die Stadt zurückkehren. Als die Mohrin fühlt, daß sie schwanger ist, bedrängt sie ihren Gemahl mit allerlei Wünschen. (Die sonderbaren Gelüste von Schwangeren sind uns ja bestens aus „Rapunzel" bekannt.) Schließlich will die betrügerische Fürstin Märchen erzählt haben. Camporotondo schaut sich - und das ist jetzt für uns interessant - unter dem Weibervolk des Landes um und heißt dann die „Gescheitesten und Zungenfertigsten" in seinen Palast kommen. Nun folgt die von Basile sichtlich mit spöttischem Behagen gegebene Schilderung der Auserwählten: „die lahme Zeza, die krumme Cecca, die kropfhalsige Menica, die großmäulige Tolla, die bucklige Popa, die geifernde Antonella, die breitmäulige Ciulla, die triefäugige Paola, die grindige Ciommetella und die schlampige Jacova".

Die Bitte, Märchen vorzutragen, gab Raum für die folgenden Geschichten. An fünf Tagen wurde erzählt, das letzte Märchen brachte die Rahmenerzählung zu Ende, das Märchen von der „Wahren Braut". Die falsche Gemahlin wurde entlarvt und bestraft, während Zoza ihren Fürsten heiratete. Der Schlußsatz ist nicht schwulstig oder lehrhaft, sondern gleicht bekannten, ins Humoristische gewandten Märchenschlüssen: „Ich aber will mich nun ganz sachte, sachte vom Mahle empfehlen, doch ich werde mir noch lange die Finger danach lecken."

Die fünfzig Märchen sind alte Bekannte: Kaufmannssöhne sind jetzt die Helden des alten Zweibrüdermärchens (AaTh 303: „Li duje Fratielle"), aber als Kaufleute passend in das Lokal- und Zeitkolorit gefügt.

„Lo cunto d L'Uerco", der Zauberer, gibt dem armen Antuono, der bei ihm dient, erst ein Tischchen deck dich, dann einen Goldesel und zuletzt den Knüppel aus dem Sack (AaTh 563).

„Petrosinella" kennen wir als Rapunzel (AaTh 310), „L'Orza" (Die Bärin) als Allerleiräuh (AaTh 510 B), „La Schiavotella" (Die Küchenmagd) als Schneewittchen (AaTh 709). Auch der gestiefelte Kater (AaTh 545), dem wir uns noch zuwenden wollen, tritt in „Gagliuso" auf.

Die Stelle von Frau Holle (AaTh 480) nehmen „Le tre Ffate" (Die drei Feen) ein, „Li tre Rri anemale" (Die drei Tierbrüder) sind die drei Tierschwäger (AaTh 552 A) und „Le sette Palummelle" (Die sieben Tauben) die sieben Raben (AaTh 451). Hänsel und Gretel (AaTh 327) heißen Nennillo und Nennella.

Auch das Orientalische Märchen von Alā-ed-Din und seiner Wunderlampe (AaTh 561) findet sich noch vor der Sammlung Antoine Gallands im 18. Jahrhundert bei Basile unter dem Titel „La pietra del gallo" (Der Hahnenstein), allerdings wieder umgesetzt in die italienische Landschaft.

Die Erzählungen sind freilich mit barocker Metaphorik überwuchert, dennoch ist das Grundmuster deutlich erkennbar, und am Handlungsablauf wurde nichts verändert. Durch das Einstreuen von Sprichwörtern und sprichwörtlichen Redensarten versuchte Basile wohl, sich einem „Volkston" zu nähern, der ihm als höfischem Dichter an sich fremd war. Die Lehrverse am Schluß der Märchen, sozusagen „die Moral von der Geschicht" bildend, dürften dagegen für den Geschmack eines bürgerlichen Lesepublikums bestimmt sein:

Die gute Tat, einmal geschehen,
kann nie und nimmer untergehen.

So groß, wie meist vermutet wird, dürfte der Unterschied zwischen der zeitgenössischen Aufzeichnung eines Märchens und der Wiedergabe in der mündlichen Überlieferung jedoch gar nicht gewesen sein. Um es noch einmal zu bekräftigen: Die Volksdichtung - hier das Märchen - ist eben in der lebendigen mündlichen Tradition nichts Unveränderliches. Es werden nicht nur in der Thematik Akzente verschoben, sondern es entwickelt sich parallel dazu die sprachliche Form. In unserem konkreten Falle heißt das, daß sich die Erzähler des Wortschatzes, der Redewendungen, des Sprachstils des 17. Jahrhunderts bedienten, also nicht fernab sind zum Beispiel von einer Fassung des Tierbräutigammärchens „Lo Serpe" (Die Schlange; AaTh 425 kombiniert mit AaTh 400) bei Basile: „Ei-

Gilles de Rais (um 1404-1440), Marschall von Frankreich, war das Urbild des Blaubarts

nes Tages hatte der arme Mann ein Bündel Reisig nach Hause gebracht, das er im Gebirge geschnitten hatte. Als er es aufband, fand er mitten zwischen den Zweigen ein niedliches Schlänglein..."

Ähnlich wie bei Straparola wurden auch im „Pentameron" die Märchen im Hörerkreise besprochen, wobei die Unterhaltung in volkstümliche Spiele überleitete, die Basile im neapolitanischen Volksleben kennengelernt hatte. Auf alle Fälle bekundet diese Sammlung, daß es in der ersten Hälfte des 17. Jahrhunderts zumindest in Mittelitalien ein dichtes Geflecht von Märchen gab, denn die fünfzig Märchen des „Pentameron“ stellen ja nur eine Auswahl dar.

Bleiben wir mit unseren Betrachtungen im südlichen Europa. Mit dem Vordringen der orientalischen Märchen auf dem Balkan gelangten auch die Vorstellungen von Ghulen nach Europa. Diese vermengten sich mit den auf dem Balkan beheimateten und bis in die Antike zurückverfolgenden Vorstellungen von blutsaugenden, nächtlich herumschweifenden Strigen und Lamien. Infolge seiner Düsternis und Schauerlichkeit manifestierte sich der Glaube an Vampire in erster Linie in Sagen, er drang später - im 18. Jahrhundert - in Prozeßberichte ein, aber es bildete sich auch ein eigenständiges Vampirmärchen heraus. Am Schluß mußte freilich die Atmosphäre des Grauens getilgt sein.

Eine Prinzessin, die in der Kirchengruft aufgebahrt liegt, verzehrt ihre „Leichen“wachen (AaTh 363). Dem beherzten Helden gelingt schließlich die Erlösung der Prinzessin, indem er sie vom Vampirismus befreit. Sodann heiratet er die ihm so zugefallene Prinzessin und gewinnt zumindest ein halbes Königreich. Die Verwandlung der Prinzessin von einem Scheusal zu einer schönen jungen Braut vollzieht sich ohne Bruch; Angst und Grauen sind ausgeräumt. Nur in einer Variante steigen in dem wackeren Helden unliebsame Erinnerungen auf, als am Morgen nach der Erlösung und Rückkehr aus der Gruft, die nunmehr wieder lebendige Prinzessin neben ihm an der Tafel sitzt und herzhaft frühstückt. Aber das dürfte sicher die spätere Zutat eines Erzählers sein, der das Märchen mit Augenzwinkern betrachtete.

Bereits im 16. Jahrhundert wurde der Soldat, der bei den Bauern im Winterquartier faul, also „auf der Bärenhaut“, lag, Bärenhäuter genannt. Er war der Held eines Märchens, das auf älterem Glauben und Brauch fußte. Sich nicht das Haar zu schneiden, galt als Zeugnis für ein noch einzulösendes Versprechen. Das Motiv findet sich schon in dem antiken Roman „Apollonius von Tyros“. Im 17. Jahrhundert erzählte Hans Jakob Christoffel von Grimmelshausen vom „Ursprung des Namens Bärnhäuter...“ (1670). Um einen Landsknecht glaubhaft als Märchenhelden einführen zu können, versetzte er die Handlung in das 14. Jahrhundert zurück. Denn in der Zeit des Dreißigjährigen Krieges oder in den folgenden Jahren, da die Soldateska und Marodeure das Land ausplünderten, konnte kein Landsknecht Sympathien bei der Bevölkerung erwarten. Der Abstand zu der traurigen historischen Wirklichkeit wurde durch die Rückblende gewonnen. Dafür trug Grimmelshausen kräftig Lokalkolorit auf, er siedelte die Handlung auf Hohenrode im Achertal, seiner engeren Heimat, an (AaTh 361).

Ein Landsknecht irrt nach einer verlorenen Schlacht durch den Wald, da begegnet ihm, ein Gespenst, das vielleicht sogar der Teufel selbst ist, und verspricht ihm Geld, Bier, Tabak und Branntwein, wenn er einwilligt, sich eine Bärenhaut statt eines Mantels umzuhängen, wenn er weiter „Haar und Bart weder kämpeln, noch selbige wie auch die Nägel nicht abschneiden, die Nase nicht schneuzen, seine Hände und das Angesicht nicht wäschen, den Hindern nicht wischen" würde. Nachdem der Landsknecht sich vergewissert hat, daß sein Seelenheil nicht gefährdet ist, schließt er den Pakt ab.

So zieht der Bärnhäuter in die Welt, und bald bedeckt ihn „abscheulicher Unflat", die Nägel sehen aus wie Adlerklauen. Doch wenn er seine Dukaten vorzeigt, ist er im Wirtshaus ein willkommener Gast. Dort schließt der „Oberst Bärnhäuter" mit einem vornehmen Herrn eine Wette ab, der Bärnhäuter gewinnt sie und damit die jüngste Tochter des Edelmannes. Aber bevor die Hochzeit ausgerichtet wird, kehrt der Landsknecht noch einmal in den Wald zurück. Gesäubert, rasiert, herausgeputzt wie ein Kavalier findet er sich dann wieder mit Kutsche und Pferden im Schlosse ein. Als er sich seiner Braut, der jüngsten der drei Schwestern, zu erkennen gibt, sind die beiden älteren Mädchen, die gern den schmucken und reichen Herrn geheiratet hätten, so enttäuscht, daß die eine sich erhängt, die andere sich in den Brunnen stürzt, so daß der Teufe gleich zwei Seelen erhält.

Den Schluß mit dem Ende der neidischen Schwestern hat Grimmelshausen vielleicht einer „Mordgeschichte" aus dem „Großen Schau-Platz jämmerlicher Mordgeschichte" von Georg Philipp Harsdörffer entlehnt. Es ist nicht geklärt, ob Grimmelshausen das Bärnhäutermärchen erfunden oder nur nacherzählt hat. Sein Leben hatte sich jedoch nach bewegten, abenteuerlichen Jahren so gestaltet, daß er in engem Kontakt zur Bevölkerung, vor allem zu den Bauern, lebte. Er war der Wirt zum „Silbernen Stern" in Gaisbach (später Schultheiß in Renchen), und Gasthöfe dienten schon immer dem Austausch von Erlebnissen und tradiertem Erzählgut. Wirte waren daher

Der Landsknecht begegnet im Walde dem Teufel und einem Bären.
Marcus Behmers Illustration zu „Der erste Beernhäuter“
(von Grimmelshausen), 1919

oft gute Erzähler und besaßen einen reichen Schatz von Geschichten. So könnten wir Grimmelshausen, was das Märchen anbetrifft, als einen Mittler von der mündlichen zur schriftlichen Überlieferung betrachten.

In zahlreichen Varianten des Bärnhäutermärchens sind das Verhalten und die Gutherzigkeit der jüngsten Schwester besser charakterisiert, ihre Wesensart und nicht so sehr der Zufall gewinnt ihr den Bräutigam.

Interessant ist vor allem die Gestalt des „übernatürlichen Helfers“, bei Grimmelshausen ein Gespenst, sicherlich aber der Leibhaftige. Sonst wird er eindeutig als der Teufel bezeichnet. Dieser Teufel aber ist weit entfernt von dem kirchlichen Teufelsbild, wie wir schon einmal sahen. Hier im Märchen steht der Teufel dem Bedrängten oftmals bei, dem Landsknecht, der nach verlorener Schlacht umherirrt, der sich als verläßlich erweist, und überdies hilft er, das Böse zu bestrafen, das bisher unerkannt im Charakter der älteren Schwestern verborgen war.

In dem Märchentyp „Vom Geschäft dreier Brüder mit dem Teufel“ (AaTh 360) ist dieser das Agens. Er paktiert mit den in Not geratenen Brüdern. Sie einigen sich daraufhin, daß die Brüder zu Außenstehenden nur bestimmte Sätze sprechen sollen - und auch nur können. Als die Brüder ihre Reden, die gegebenenfalls als inkriminierend ausgelegt werden können, in einem Gasthof führen, nutzt der Wirt die Gelegenheit, da er offensichtlich drei Sündenböcke vorweisen kann, einen längst geplanten Raubmord zu verwirklichen. Nur Feigheit, Angst vor dem Entdecktwerden und vor der Strafe haben ihn und auch seine Frau bisher von der Tat abhalten können. Doch rechtzeitig erscheint der Teufel - sozusagen als Diener der Gerechtigkeit -, um die unschuldig Angeklagten zu entlasten und die heimtückischen Wirtsleute zu überführen.

Es ist ein kluger Teufel, der das Böse aus seiner Verborgenheit lockt, um es vor den Augen aller bloßzustellen und zu vernichten. Daneben gibt es in vielen Schwankmärchen den schon sprichwörtlichen dummen und armen Teufel. Aber letztlich haftet auch ihm etwas Häretisches an. Denn dieser dumme Teufel, den jeder Bauer übertölpeln kann, dürfte wohl kaum listenreich irgend jemandes Seelenheil gefährden.

Der schreibfreudige Leipziger Magister Johannes Praetorius, der in der Handels- und Messestadt zahlreiche Kontakte zu Reisenden und Kaufleuten ausnutzte, um von kuriosen Geschehnissen zu erfahren, und der sich gleichzeitig eifrig Bücherwissen aneignete, zeichnete in „Der Ander Theil der Weltbeschreibung" (1667) auch das Märchen auf, das die Brüder Grimm dann als „Krautesel" brachten.

Das Grundmotiv, die Verwandlung eines Menschen in einen Esel oder auch die Auszier seines Hauptes mit Eselsohren, ist uns ja bereits aus der Antike bekannt, wir erinnern an den „Goldenen Esel" und an „König Midas". Praetorius verlegte die Märchenhandlung (AaTh 567) in das 17. Jahrhundert: Ein Bürgersohn hatte sich den Schweden angeschlossen, wurde von einer Hexe und ihrer Tochter in einen Esel verwünscht, hatte als solcher schwere Säcke zu schleppen, bis es ihm gelang, seine menschliche Gestalt durch das Fressen von Lilien zurückzugewinnen. Sonst ward dem Helden kein weiteres Glück zuteil.

Im 17. Jahrhundert finden wir in England das Märchen von der kostbaren Katze (AaTh 1651). Die Katze galt jahrhundertelang tatsächlich als kostbares Tier (in England noch um das Jahr 1000), da sie die Vorräte vor den lästigen Mäusen und Ratten schützte. Als sie sich derart vermehrt hatte, daß sie als Hauskatze eben überall zu Hause war, sank natürlich ihre Wertschätzung. Den Vorläufer der englischen Variante finden wir erstmals im Lateinischen (datiert auf 1175) und mit der Gründung Venedigs in Verbindung gebracht: Ein armer und ein reicher Kaufmann waren befreundet. Als der Reiche mit seinem Handelsschiff auf Reisen ging, gab ihm der arme Freund seinen ganzen Besitz mit: zwei Katzen. Der Freund kam in ein Land, das von einer Mäuseplage befallen war, in dem es aber keine Katzen gab. Für die beiden Katzen wurde ein Vermögen gezahlt, das der Kaufmann getreulich seinem Freunde übergab.

In späteren Jahrhunderten mußte diese Geschichte leicht komisch wirken und als Vorlage für ein Schwankmärchen gelten. Die Neufassung der Geschichte erhielt wieder einen konkreten lokalen und historischen Hintergrund. Der Lord-Mayor von London, Richard Whittington, hatte sich wohl tatsächlich aus ziemlich armen Verhältnissen - er soll Küchenjunge gewesen sein - zu einem wohlhabenden Bürger emporgearbeitet. Nach seinem Tode wurde er in der Kirche St. Michael Royal beigesetzt, und in eben dieser Kirche liegt - zumindest seit 1670, wenn nicht noch länger - eine mumifizierte Katze in einem Glasschrein. Da mußte sich doch die Frage stellen: Warum liegt die Katze in der Kirche?

Und das Märchen gibt darauf eine Antwort: Whittington habe sein Vermögen durch seine Katze verdient. Eine nicht so ganz ernst gemeinte und ernst zu nehmende Antwort, wie sie auch Tiermärchen oder Ätiologien des öfteren bieten. Whittington verdankte seinen Aufstieg seiner eigenen Tüchtigkeit. Damit war der Lord-Mayor des 15. Jahrhunderts im Märchen zu einer Gestalt geworden, mit der sich das selbstbewußte Londoner Bürgertum, ja das englische Bürgertum des 17. Jahrhunderts identifizieren konnte. Diese Bürger hatten sich um die Jahrhundertmitte gegen König Karl I. gewandt, weil er das Parlament auszuschalten trachtete, und ihn schließlich hinrichten lassen.

Wenn ein Märchen aufs neue Aktualität gewinnen konnte, so zeugt das von der Lebensfähigkeit dieses Genres, seiner Beliebtheit und seiner Verbreitung. Wir haben gesehen, daß das Märchen, anders z. B. als die Novelle, nur selten aufgezeichnet wurde, somit die Erzählrunde weiterhin ihre Bedeutung behielt.

Der Erzähler bekam meist eine kleine Anerkennung: einen guten Happen zu essen oder einen guten Trunk; Anspielungen darauf finden sich in allen Märchen. Aber es gab im europäischen Raum auch fest verpflichtete Märchenerzähler. Sie waren vor allem am Hofe russischer Zaren und Großfürsten zu finden und wurden „bald mit himmelblauem Tuch, bald mit Kalbslederstiefeln“ belohnt.

Bereits Iwan IV., unter dem Beinamen „der Schreckliche“ bekannt, hielt sich Erzähler, drei blinde Greise, die ihm abends in seinem Schlafgemach abwechselnd Märchen zu erzählen hatten. Aber auch Bauern, Handwerker und Bürger vergnügten sich bei Gastereien am Märchen.

Hinweisen zur Praxis des Erzählens, wie sie in Chroniken gegeben wurden, läßt sich entnehmen, daß hauptsächlich ältere oder alte Leute die Märchen darboten. Das ist begreiflich, denn diese Älteren standen am festesten in der Tradition, hatten im Laufe ihres Lebens ihr Repertoire zusammentragen können, vielfältige Erlebnisse und Erfahrungen gesammelt. Wenngleich die Alten oft nicht mehr mitarbeiten konnten, so konnten sie doch den Arbeitenden in den wenigen Mußestunden etwas Unterhaltung bieten. Das Märchen war also in allen Bevölkerungsschichten anzutreffen und galt noch nicht als „Ammenmärchen".

Die Tatsache, daß die Märchen vorwiegend in mündlicher Überlieferung weitergegeben wurden, macht verständlich, daß sie auch Zeiten kulturellen Zerfalls, z. B. den Dreißigjährigen Krieg, überdauerten. Das Erzählen erforderte keine besonderen Voraussetzungen und Aufwendungen, es konnte da weiterexistieren, wo Brauchspiele und Umzüge verloschen, Theatergruppen sich auflösten.

Steht am Beginn des 17. Jahrhunderts die postum erschienene Sammlung des Giambattista Basile, so steht am Ende des Jahrhunderts die Märchensammlung Charles Perraults. Wir

Charles Perrault (1628-1703)

„Cendrillon". Der Prinz zieht Aschenputtel den Schuh an. Kleidung der Damen und Einrichtung sind ganz im Empirestil gehalten. Anonymer Kupferstich, 1809

wissen nicht, ob Basile seine neapolitanischen Märchen herausgebracht hätte. Wir wissen jedoch, daß Charles Perrault, Dichter und langjähriger Mitarbeiter Jean-Baptiste Colberts, des Finanzministers Ludwigs XIV., auf vorsichtige Distanz zu seiner Märchensammlung ging. (Das kann nicht verwundern, da sein poetisches Werk hauptsächlich dem Ruhm seines Königs geweiht war.) Er ließ die Sammlung unter dem Titel „Contes de ma mère l'Oye" (Märchen meiner Mutter Gans) erscheinen und signalisierte damit, daß diese Märchen nicht als Literatur zu würdigen seien. Die Bezeichnung „Contes de ma mère l'Oye" wurde freilich nicht von Perrault erfunden, sondern nur übernommen - märchenhafte Geschichten wurden im Volksmund als „Contes de la mère l'Oye" bezeichnet; die Herkunft des Bildes ist unbestimmt.

Der Sammlung Perraults ist ein Kupferstich von Antoine Clouzier vorangestellt, der eine am Kamin spinnende Märchenerzählerin darstellt. Um noch größeren Abstand herzustellen, gab Perrault seinen Sohn Pierre als Verfasser der Märchen an. Zusätzlich wurde das Buch betitelt mit „Histoires ou contes du temps passé" unter Hinzufügung: „avec des moralités" (mit Moralitäten). Mit der Anfügung der aus dem Märchen abgeleiteten, wie angeflickt wirkenden Moralitäten paßten die Märchen in das unter dem Einfluß der frömmelnden Mätresse Ludwigs XIV., der Maintenon, immer tugendsamer (und langweiliger) werdende Leben am Hofe des alternden Königs. Charles Perrault kannte zwar das „Pentameron", hatte aber in seine Sammlung nur französische Volksmärchen aufgenommen, übrigens nicht allzu eigenwillig bearbeitet. Aus seinen Memoiren, als Manuskript erhalten, erfahren wir von seinem erstaunlichen Interesse für die Folklore. Unter „Des superstitions et erreurs populaires" (Über volkstümlichen Aberglauben und Irrtümer) hatte er Bauern- und Wetterregeln und Sprichwörter zusammengefaßt. Perrault hatte auch versucht, die Märchen in Versform wiederzugeben. Erfolgreich war aber die Prosavariante.

Die Märchen, die Perrault aufnahm und - ohne Rahmenerzählung - dem Leser anbot, waren:

La Belle au bois dormant - Die Schöne im schlafenden Walde/Dornröschen (AaTh 410)
Le Petit Chaperon rouge - Rotkäppchen (AaTh 333)
Barbe-Bleue - Blaubart (AaTh 312)
Le Chat botté - Der gestiefelte Kater (AaTh 545)
Les Fées - Die Feen/Frau Holle (AaTh 480)
Cendrillon ou la Petite Pantoufle de verre - Aschenputtel (AaTh 510)
Riquet à la houppe - Riquet mit dem Schopfe
Le petit Poucet - Der kleine Däumling (AaTh 700)

Zuerst kursierten die Märchen in den Salons, dann erschienen sie 1696/97 im Druck, anfangs, wie gesagt, unter dem Namen Pierre Perrault. Aber Perrault brauchte um die Aufnahme sei-

„Blaubart“.
Die Brüder spornen die Pferde an,
um die Schwester aus der Gewalt Blaubarts zu retten.
Im Hintergrund droht düster das Schloß des Ritters.
Gustav Doré, Kupferstich, 1862

ner Märchen nicht besorgt zu sein, die Leser, gesättigt von preziösen Romanen, wandten sich dankbar einem neuen Lesevergnügen zu. Außerdem eigneten sich die Märchen, der mündlichen Überlieferung entstammend, besonders gut zum Nacherzählen. In den Salons und den Vorzimmern der Paläste, Versailles nicht ausgenommen, herrschte vielfach gähnende Langeweile. Mit Blick auf diese Kreise und seine Lesergemeinde blendete Perrault in die Märchen Anspielungen auf zeitgenössische Ereignisse ein, möglichst pikanten Inhalts. Den Widerhall, den die „Contes de ma mère l'Oye" fanden, hatte Perrault weder erahnt noch erhofft. Aber mit der Märchensammlung lag etwas der Form wie dem Inhalt nach ganz Neuartiges für die französische Literatur vor. Zaghaft kündigte sich eine neue Geisteshaltung an: die Abwendung von einer überzüchteten höfischen Kultur und die Hinwendung zum Einfachen, der Jean-Jacques Rousseau etwa 70 Jahre später in seiner Formulierung „Zurück zur Natur" prägnant Ausdruck verlieh.

Perrault hatte Volksmärchen, wie sie in Frankreich, und ähnlich wohl auch bei anderen Völkern Europas, umliefen, nacherzählt, den Stil der Zeit nicht verleugnend, aber in der Gestaltung den Märchen nahe. So nutzte er z. B. die Wiederholung, um Dramatik und Steigerung des Handlungsgeschehens zu erzielen. Am Schluß des Märchens vom Blaubart, da der Ritter seiner Frau mit dem Tode droht, ruft sie ihrer Schwester, die auf den Turm gestiegen war, zu: Anna, liebe Schwester Anna, siehst du noch nichts kommen?" Und die Schwester Anna antwortet: „Ich sehe nichts als im Staub die Sonne glühn und nichts als des Grases Grün." Die unglückliche Frau, die auf das Kommen ihrer Brüder hofft, ruft wieder: „Anna, liebe Schwester Anna, siehst du noch nichts kommen?", und die Schwester antwortet ihr: „Ich sehe nichts als im Staub die Sonne glühn und nichts als des Grases Grün." Ein drittes Mal ruft die Bedrohte: „Anna, liebe Schwester Anna, siehst du noch nichts kommen?" „Ich sehe", antwortete ihre Schwester Anna, „eine große Staubwolke, die auf uns zukommt!" „Sind es meine Brüder?" „Ach nein, liebe Schwester, es ist eine Schafherde!" Und in Blaubarts Drohen hinein: „Anna, liebe Schwester Anna, siehst du noch nichts kommen?" „Ich sehe", antwortet diese, „zwei Reiter auf uns zukommen, aber sie sind noch sehr weit weg." Dennoch treffen die Brüder in dem Moment ein, da

Blaubart hält den Schlüssel
mit dem verräterischen Blutfleck in der Hand.
Um dieses zentrale Motiv ordnete der Künstler Einzelbilder,
die wesentliche Momente der Handlung festhalten -
von der Brautwerbung (links oben)
bis zum Tod Blaubarts (rechts unten).
Carl Peter Geißler, Stahlstich, 1843

Blaubart seiner Frau den Hals durchschneiden will - und stechen ihn nieder.

Mit Blaubart ist ein alter Bekannter aus dem Mittelalter aufgetaucht, wir haben ja erfahren, wie das Treiben Gilles de Rais' in Sagen, Balladen, dann auch in Märchen Eingang gefunden hatte. Bei Perrault hat Blaubart aber jeden dämonischen und archaischen Zug verloren, er präsentiert sich als wohlhabender Landedelmann, der seinen Landsitz auch Gesellschaften, Festen, Tänzen und Jagdpartien öffnet.

Hatte Perrault hier Überlieferungen aus dem Anjou aufgenommen, so arbeitete er beim Ausmalen der Kulissen des Dornröschenschlosses Eindrücke ein, die er von dem im Loire-Tal inmitten des Waldes von Chinon gelegenen Château d'Usse empfangen hatte. Noch heute heißt es volksläufig das Dornröschenschloß.

Wurden mit der Schilderung des verwunschenen Schlosses Phantasie und Gemüt angesprochen, so spüren wir an kommentierenden Zusätzen Perraults kritische Distanz. Als Dornröschen aus ihrem hundertjährigen Schlaf erweckt wird, ist sie zwar noch immer ein reizendes junges Mädchen, aber der

Château
d'Usse sur l'Indre,
das sogenannte
Dornröschenschloß

Prinz sieht mit Erstaunen, daß die Schöne altmodische Kleider trägt wie seine Großmutter mit einem hohen steifen Kragen. Auch die Musikanten, die an der festlichen Tafel aufspielen, intonieren alte, fast vergessene Stücke. (Sonst werden im Märchen eigentlich solch wunderbare Zeitüberschreitungen kommentarlos akzeptiert.) Wundervolll ist die Hochzeitsnacht, der Prinz ist so beglückt, daß er keine Müdigkeit spürt, und Dornröschen braucht keinen Schlaf, sie hat ja hundert Jahre geruht. Dafür, daß Perrault relativ vertraut mit den heimischen Märchen war, spricht auch, daß er gelegentlich verschiedene Märchen verknüpfte, z. B. band er an das Märchen von Dornröschen noch das Märchenmotiv von den Nachstellungen der bösen Schwiegermutter an. Wir konnten es ja öfter beobachten: Ein Motiv ist gleichsam die Weiche, über die zu einem benachbarten Märchen hingeleitet wird.

Die Märchen Perraults sind Zaubermärchen, ausgenommen das vom Rotkäppchen, dies war als Warnmärchen für Kinder gedacht. In der uns von den Brüdern Grimm überlieferten Version werden sowohl Rotkäppchen wie seine Großmutter durch einen Jäger gerettet. Bei Perrault endet das Märchen damit, daß der Wolf Großmutter und Enkelin auffrißt und sich dann gesättigt wieder in den Wald trollt.

In den Märchen treiben Unholde wie Menschenfresser oder auch Ritter Blaubart oder ein Tier wie der gestiefelte Kater die Handlung voran: Die auffälligsten Gestalten sind jedoch die Feen, z. B. in Dornröschen. Sie entstammen keltischen Glaubensvorstellungen und herrschen damit in der französischen Märchenszene vor. Dafür fehlen bei den Nachfahren keltischer Völker Schwankmärchen ebenso wie die Tiermärchen. Das mag aus der besonderen Konstellation zu verstehen sein, denn die Schwankmärchen wären dem Akademiker und Höfling zu derb gewesen, und die Tiermärchen gingen sehr leicht in die Fabel über. Die Fabeldichtung war jedoch durch Jean de La Fontaine unübertroffen vertreten. Eigentlich hatte Charles Perrault ja nur ein bescheidenes Bändchen herausbringen wollen, aber er fand überraschend Anklang und Nachahmung - in der Folge überschwemmte eine Flut von „Feerien“ die französische Literatur. Elisabeth-Charlotte von Orléans - bekannter unter dem Namen Liselotte von der Pfalz -, Schwägerin Ludwigs XIV., las gern die Märchen Perraults und dachte dabei an das „Eschenpudelgen“ ihrer Kindheit zurück.

Exkurs: Der gestiefelte Kater

Der Kater hörte die Kutsche
über die Zugbrücke rasseln,
lief hinaus und sprach zum König:
„Eure Majestät sind hochwillkommen
in diesem Schlosse
des Herrn Marquis von Carabas!"
Aus den „Contes de ma mère l'Oye"
von Charles Perrault

Es gibt interessante Untersuchungen über die Verbreitung eines Märchens, vor allem von Vertretern der historisch-geographischen Methode: Antti Aarne hatte mit dem Märchentyp „Tiere auf der Wanderschaft" (AaTh 130), wir kennen alle „Die Bremer Stadtmusikanten", den Anfang gemacht. Uns geht es hier nicht um das Auflisten aller Varianten, um einen Versuch, eine „Urform" zu rekonstruieren, eine Rekonstruktion, die uns problematisch erscheint, sondern uns geht es darum, anschaulich Einblick zu geben in die Entwicklung eines Märchens.

Unser Hauptanliegen ist und bleibt die Entwicklung und Geschichte des Märchens allgemein zu verfolgen: Wie das Grundmotiv eines Märchens im Laufe der Jahrhunderte immer wieder neu erzählt und umgestaltet wurde, ohne daß jedoch die Varianten die Motivbasis verließen. Es wären da auch einige alte Märchen, deren frühe Formen wir bereits kennengelernt haben, für solch ein Exempel geeignet, z. B. die altägyptischen Märchen von den zwei Brüdern und von dem Meisterdieb, die wir mit denen vergleichen können, die dann zu Beginn des 19. Jahrhunderts von den Brüdern Grimm aufgezeichnet wurden. Oder wir könnten neben den „Einochs" den „Einhirn" und „Das Bürle" der Brüder Grimm stellen. Wir haben aber ein Märchen ausgewählt, das allseits beliebt und bekannt ist und nicht nur andeutungsweise in Literaturdenkmälern lebt: den „Gestiefelten Kater". Er tauchte in unseren Betrachtungen bereits wiederholt auf. Hilfreiche Tiere, die dem Menschen beispringen, gibt es in den alten Zaubermärchen, weniger in den Tiermärchen. Es sind sowohl Haustiere, wie das Pferd, als auch wilde Tiere, so der Bär. Daß der Mensch dem Wesen und der Leistung des Tieres Achtung entgegenbringt, ist verständlich. Bereits der Jäger, später der Viehhalter und der Bauer waren ja wirtschaftlich abhängig von den Tieren, ob Jagdgetier oder Herdenvieh. Sie hatten engen Kontakt zum Tier, beobachteten es und übertrugen und übertragen oft noch immer menschliche Eigenschaften oder menschliches Verhalten auf das Tier.

Hilfreich konnte sich jedoch nur ein Tier erweisen, das als klug galt und dem Menschen nützlich war. Dazu gehörte die Katze; wir brauchen uns nur an die Achtung zu erinnern, die die alten Ägypter diesem Tier entgegenbrachten.

Einige Wissenschaftler, darunter auch Johannes Bolte - nahmen als Vorgänger des Katers einen Troll an. Aber das scheint aus verschiedenen Gründen fraglich zu sein. Es gibt in den Märchen mehr hilfreiche Tiere als Trolle oder andere Unterirdische. Außerdem würde der Troll uns auf die skandinavische Folklore verweisen, und dort ist das Märchen weder früh noch häufig belegt. Letztlich aber wäre auch der Aufbau des Märchens gestört. Der jüngste der Brüder hat doch das geringste Erbe zu erwarten - nach den poetischen Gesetzen des Märchens. Ein zauberkundiger Troll aber dürfte weit größeren Wert besitzen als z. B. der Esel, den der zweitälteste Bruder erbt, wohl auch mehr Wert als die Mühle - oder ein adäquates Objekt -, die der Älteste erbt.

Wir wissen nicht, wann und wo dieses Märchen vom gestiefelten Kater entstand, wir wissen aber, daß er im 16. Jahrhundert wie ein guter Bekannter erwähnt wurde. Die „Ergötzlichen Nächte" Straparolas liefern überdies einen literarischen Beleg. Allerdings ist das Märchen dort ziemlich nüchtern wiedergegeben, es fehlen vor allem die humoristischen Szenen, auch ist der gestiefelte Kater gar nicht gestiefelt.

Skizzieren wir kurz den Handlungsverlauf: Eine Witwe hinterläßt ihren drei Söhnen einen Backtrog, einen Backkorb und eine Katze. Die ist für den Jüngsten, Constantinos, bestimmt. Die Katze fängt Hasen, überreicht sie dem König im Namen ihres Herrn. Dann rät sie ihrem Herrn, ihr zu folgen, und wirft ihn ins Wasser, als der König vorbeikommmt. Der König läßt den anscheinend Ertrinkenden aus dem Wasser holen und ihn

Der kavaliersmäßig gekleidete Kater -
vom Federhut bis zu den Stulpenstiefeln fehlt nichts -
ruft um Hilfe für seinen nackt im Wasser sitzenden Herrn.
Guatave Doré. Kupferstich, 1862

bekleiden. Da der „Herr“ Constantinos sich mit seinem Hasenbratengeschenk bei dem König gut eingeführt hat, verheiratet dieser ihn mit seiner Tochter. Aber nach der Hochzeit will der alte König Land und Leute seines Schwiegersohnes sehen. Die Katze läuft dem königlichen Troß voran und zwingt alle Reiter, alle Hirten, alles Gesinde auf dem Weg und den Feldern des Valentino, sich als Leute des „Herrn“ Constantinos auszugeben.

Der Landbesitzer Valentino kehrt nicht mehr heim, da ihn ein plötzlicher Tod ereilt. Der Sohn der armen Witwe, nunmehr wirklich Herr Constantinos, seine Frau und die Katze können glücklich und in Ruhe auf ihrem Besitz leben. - Es regiert in dieser literarischen Variante mehr der Zufall als der listige Kater. Aber das Ganze steuert doch auf einen glücklichen, märchenhaften Schluß zu.

Anders dagegen „Gagliuso“ in Basiles „Pentameron“. (Gagliuso ist der Name des jüngsten Sohnes.) Der Eingang des Märchens ist erst einmal erfüllt vom Lamentieren eines alten Bettlers, der seinen beiden Söhnen nur ein Sieb und eine Katze vererben kann. Als der jüngste Sohn seine Katze bekommt, fängt auch er an zu jammern: „Ich weiß nicht, wie ich mich allein durchbringen soll, und muß nun noch Ausgaben für zwei machen!“

Die Antwort der Katze beruhigt ihn: „Du bringst dich vor Klagen fast um, und dabei hast du mehr Glück als Verstand: Du hast ja keine Ahnung von deinem Glück, denn ich bin gut und mache dich zum reichen Manne, wenn ich mich nur rühre.“ Zuerst geht die Katze fischen und überreicht dem König einen Goldbarsch und eine Muräne mit Empfehlungen von dem edlen Herrn Gagliuso. Dann werden leckere Vögel für des Königs Tafel gebracht, bis dieser den Spender selbst kennenlernen möchte. Aber zu dem festgelegten Termin erscheint nur die Katze mit der betrüblichen Kunde, daß Herrn Gagliuso die Kleider gestohlen seien. Der König läßt ihm flugs Wäsche und Gewänder zustellen. So kann Gagliuso im Palast erscheinen, geführt von seiner Katze. Während diese ihre Rolle gut spielt, stellt sich ihr Herr recht dumm an. Als alle an der festlichen Tafel sitzen, wendet er sich bekümmert an die Katze: „Liebe Mieze, achte ja auf meine paar Lumpen, damit sie nicht zum Teufel gehen.“ Die Katze kann ihn gerade noch rechtzeitig zum Schweigen bringen.

Der König denkt daran, seine Tochter mit Gagliuso zu verheiraten, möchte aber zuvor wissen, wieviel Land der künftige Schwiegersohn besitzt. Die Katze erbietet sich, die Vertrauten des Königs zu den Ländereien zu führen, trickst sie aber aus. Kaum daß sie die Grenze des Königreiches hinter sich haben, läuft die Katze voraus und schüchtert die Hirten und Bauern ein, und wo nun die Männer des Königs vorbeikommen, heißt es auf allen Schaf- und Rinderkoppeln und Feldern, daß alles dem Herrn Gagliuso gehöre. So wird dieser der Gemahl der Prinzessin und durch die Heirat so reich, daß er in der Lombardei Landbesitz erwerben kann. Mit Dankesworten überhäuft der jetzt wohlhabende Gagliuso seine Katze und gibt ihr auch sein Wort, „er werde sie, wenn sie gestorben sei - möchte sie noch hundert Jahre leben! -, einbalsamieren und in einem goldenen Schrein in seinem eigenen Gemache aufstellen lassen.“ (Gibt es da Querverbindungen zu der Katzenmumie in

Einkleidungsszene von Sébastien Leroy dargestellt:
Der Kater erhält modische Stulpenstiefel mit Sporen, um 1825

der Londoner Kirche?) Die Katze will die großen Worte prüfen und stellt sich tot. Als Gagliuso davon hört, ruft er seiner Frau zu: „Nimm sie bei den Beinen und wirf sie zum Fenster hinaus." Da springt die Katze hoch und rechnet vor den Ohren der Frau mit dem Undankbaren ab, mit dem „Haderlump", mit dem „Bettelkerl", mit dem „Lausejungen". Und dann verläßt die Katze das Haus, obwohl Gagliuso bestürzt versucht, sie umzustimmen und zurückzuhalten.

Der Schluß macht nachdenklich. Der Mensch belohnt erwiesene Wohltaten mit Undank. Märchenhaft ist der Ausklang auch nicht: Die Katze verläßt ihren undankbaren Herrn, ehe er ihr Schaden zufügen kann. Aber Hörer wie Leser haben eine Ahnung, daß auch Gagliusos Glück und Wohlstand nicht von langer Dauer sein werden. Unser Gagliuso ist nicht nur dumm, er ist auch undankbar. Wie soll er ohne die Hilfe und den Rat der Katze bestehen? Der Held des Märchens ist eigentlich die kluge Katze, Gagliuso vermag die Rolle des Märchenhelden nicht auszufüllen.

Die traurig abziehende und auch „moralbehängte" Katze ist noch nicht der gestiefelte Kater, den wir alle kennen und lieben. Ob der resignierende Schlußton von Basile ersonnen und dem Märchen angefügt wurde oder ob er sich bereits in dem neapolitanischen Märchen fand, das Basile als Vorlage diente, ist nicht mit Bestimmtheit auszumachen. Gerade in süditalienischen Märchen, vor allem in denen aus Sizilien, die oft von sehr armen Menschen ohne Hoffnung erzählt wurden, gab es solchen bitteren Ausklang, der sogar die Schlußformeln prägen konnte.

„Le chat botté" heißt es in Perraults „Contes de ma mère l'Oye" - da hat der Kater Stiefel an: Ein Müller hinterläßt seinen drei Söhnen ein geringes Erbteil. Der älteste Sohn bekommt die Mühle, der zweite den Esel, der dritte und jüngste Sohn den Kater. Dieser jüngste Sohn betrachtet trübsinnig seine Erbschaft: „Ich aber, wenn ich meinen Kater verspeist und mir aus seinem Pelz einen Pulswärmer gemacht haben werde, ich werde Hungers sterben müssen." Der Kater versteht diese Worte gut und macht einen besseren Vorschlag und bittet seinen Herrn, ihm Stiefel machen zu lassen und ihm einen Sack zu geben. Der Bursche, der bereits des öfteren die Geschicklichkeit und Schlauheit des Katers bewundert hatte, willigt ein. So zieht der Kater mit hohen Stiefeln durch das Gebüsch und begibt sich auf Kaninchenjagd. Seine Jagdbeute überreicht er dem König mit einem tiefen Bückling im Auftrag des Marquis von Carabas - diesen stolzen Namen hat der Kater seinem Herrn gegeben. Ein anderes Mal fängt der Kater Rebhühner, bringt sie dem König und bekommt ein gutes Trinkgeld. So versorgt der Kater den König mehrere Monate mit Wildbret „von der Jagd seines Herrn".

Als der Kater erfährt, daß der König eine Ausfahrt am Flußufer machen will, eilt er zu seinem Herrn und gibt ihm den Rat, im Flusse an einer bestimmten Stelle zu baden. Der Bursche befolgt getreulich den Rat und steigt ins Wasser. Lautes Geschrei des Katers läßt den vorüberfahrenden König anhalten. Als er hört, daß der Marquis von Carabas am Ertrinken sei, befiehlt er seiner Leibwache, ihm unverzüglich zu Hilfe zu eilen. Da der Kater berichtet, Räuber hatten die Kleider seines Herrn gestohlen, bekommt dieser auch prächtige Gewänder, um sich darin zu kleiden. Dann lädt ihn der König ein, an der Kutschfahrt teilzunehmen, auch die Prinzessin freut sich über den schmucken Marquis. Der Kater aber eilt voraus. Als er auf einer Wiese am Rande der Straße Mäher erblickt, schärft er ihnen ein, zu sagen, daß die Wiese dem Marquis von Carabas gehört - so geschieht es auch. Der Kater eilt weiter und trifft auf Schnitter in einem Kornfeld, auch sie müssen sagen, daß dieses Feld dem Marquis von Carabas gehört. So geht es weiter, der König freut sich über den schönen Landbesitz und Monsieur le Marquis erst recht. Dann gelangt der Kater zu dem Schlosse eines Ogers, das er zuvor erkundet hatte. Er läßt sich bei dem Oger melden, um seine Aufwartung zu machen. Der Kater bekundet außerordentliches Interesse für die Verwandlungskünste des Schloßherrn. Der geschmeichelte Oger ist bereit, sich in ein großes Tier zu verwandeln, und so steht plötzlich ein Löwe vor dem Kater, der sicherheitshalber die Flucht ergreift. Die Stiefel freilich sind ihm hinderlich beim Klettern auf das Dach. (Hier spüren wir die Hand Perraults, der gern einmal eine realistische Einblendung gibt.) Doch dann geht es weiter: Der Oger verwandelt sich auf Vorschlag des Katers in ein ganz kleines Tier. Eine Maus huscht über den Boden, der Kater macht einen Satz, erwischt die Maus und frißt sie auf. Damit ist der Oger tot, das Schloß erlöst. Als im Hof die Kutsche des Königs einrollt, kann der Kater den König und die Prinzessin im Schlosse des Marquis von Carabas be-

Der Kater mit seiner Beute auf dem Weg zum König.
Illustration von Franz Pocci (1867),
für eine Perrault-Ausgabe des Jahres 1836

grüßen. Der König vermählt seine Tochter mit dem Marquis, es wird festlich getafelt. Dem Kater gegenüber bleibt sein Herr dankbar. Und so heißt der Schlußsatz: „Der Kater ward ein großer Herr und lief nur mehr vergnügungshalber den Mäusen nach.“

Perrault hatte zwar im Untertitel der „Contes“ Moralitäten angekündigt, aber in „Le chat botté“ - und nicht nur hier - verzichtete er auf die moralische Nutzanwendung. Freude an der Pfiffigkeit des Katers ist deutlich spürbar. Anfangs schien ihm nur beschieden zu sein, mit seinem Pelz Pulswärmer abzugeben, doch dann avancierte er zum Helden des Märchens. Nur in seinem Schatten wurde der Müllerbursche zum Marquis und Gemahl der Prinzessin. Doch nicht eben völlig unverdient, denn er hatte seinem Kater vertraut, ihm die gewünschten Stiefel anmessen lassen, seine Ratschläge befolgt und sich niemals überheblich oder undankbar gezeigt. Das Verhältnis zwischen dem Menschen und dem hilfreichen Tier stimmte, so brauchte es am Schluß auch zu keiner Dissonanz zu kommen.

In einigen Varianten des Märchens blieb freilich die Prüfung des Katerherrn auf seine Dankbarkeit erhalten - der hilfreiche Kater entweicht, wenn er seinen Herrn bei Wortbruch und Undankbarkeit ertappt. Ein Schluß, der diese Prüfung bringt, das Miteinander von Herrn und hilfreichem Tier aber doch noch zu einem guten Ende führt, findet sich in einem sizilianischen Märchen.

Ein armer Junge hat ein Häuschen geerbt und dazu einen Birnbaum, der zu allen Jahreszeiten Früchte trägt. Da zeigt sich ein Fuchs als hilfreich. Er läßt sich von dem armen Burschen Birnen schenken, trägt sie zum König mit einer Empfehlung von „Conte" Piro. Der König, der immer wieder schöne Früchte bekommt, interessiert sich für den „Conte", und der Fuchs wirbt für seinen Herrn um die Prinzessin. Er bringt es fertig, den armen Burschen beim Schneider einkleiden zu lassen. Als das Besitztum des „Conte" besichtigt werden soll, läuft der Fuchs voran, schüchtert alle am Weg Arbeitenden ein, und so heißt es, daß die Schafherde dem „Conte" Piro gehört und ebenso die Schweineherde, die Rinderherde und die Pferdeherde. Das Schloß über den Ländereien ist von einem Menschenfresserpaar bewohnt, der Fuchs lockt es in den Backofen und verrammelt diesen. Dann begrüßt der die königlichen Gäste, und der „Conte" hält Hochzeit mit der Prinzessin. Der Fuchs wird mit Dankesworten überhäuft, aber er prüft die dankbare Gesinnung seines Herrn, indem er sich tot stellt. Von einem Begräbnis ist da nicht mehr die Rede, der Fuchs soll schleunigst weggeschafft werden. Doch als er sich erhebt, den Undankbaren mit Vorwürfen überhäuft, zeigt sich dieser reuig und versucht den Fuchs zu besänftigen und vom Fortgehen abzuhalten. Der Fuchs läßt sich umstimmen, und so leben alle glücklich weiter miteinander.

Auch der Fuchs ist ungestiefelt wie die Katze bei Straparola. Vielleicht war in den südlichen Gegenden diese Jagdausrüstung nicht notwendig. Die Jagd auf Kaninchen, auf Rebhühner und anderes Getier wird nämlich recht realistisch beschrieben, vor allem bei Perrault. Sonst trägt der Kater in den europäischen Märchen seine Stiefel - sie geben ihm ja auch das herrschaftliche Flair; auf der Pyrenäenhalbinsel ist er der „El Gato con botas". In den englischen Märchen heißt er „Puss in boots", im Russischen, Belorussischen und Ukrainischen ist er „Kot w sapogach".

Für den gewitzten Kater hatten die russischen Erzähler und

Hörer eine besondere Liebe, er stand bei ihnen in der Nähe des Tiermärchens wie z. B. „Kot i Liza“ (Der Kater und die Füchsin). Allerdings ist der Kater, der die Jungfer Füchsin ehelicht, eher ein Held wider Willen. Seine Frau Füchsin hat seine Tapferkeit gelobt, er selbst möchte sich nicht mit den Tieren des Waldes anlegen. Aber als er glaubt, sich auf eine Maus im Gebüsch stürzen zu können, springt er einem Wolf an die Schnauze, der voller Schrecken entflieht. Auch der Kater rettet sich auf einen Baum, stört den dort sitzenden Bären auf, und der wieder läßt sich auf die Erde herabfallen, um dem wütenden Angreifer zu entgehen. So gilt der Kater als Held, und die Tiere des Waldes, Wolf und Bär an der Spitze, bringen ihm und Frau Füchsin ihren Tribut dar, legen Nahrhaftes vor der Höhle des Paares nieder.

In der norwegischen Variante („Herreper“) erbt der Jüngste eine Katze - keinen Kater. Sie ist dankbar, daß sie in der alten Hütte nicht umkommen muß, und hilft dem armen Burschen aus der Not. Mit ihrem Geschick und ihren Krallen bringt sie es fertig, dem König ein Rentier, einen Hirsch und ein Elentier zum Präsent zu machen; jedesmal gibt sie als den Spender ihren „Herrn Per“ an. Die Katze versieht den Burschen auch mit schönen, kostbaren Gewändern, als er an den Königshof geladen wird. Und als der König dann die Besitzungen des „Herrn Per“ besichtigen will, eilt die Katze voran - die Hirten der Schaf-, Kuh- und Pferdeherden werden durch Geschenke bestochen, zu sagen, daß alles dem Herrn Per gehöre. Die Geschenke, mit denen sich die Katze das Wohlwollen der Hirten erkauft - Löffel, Zuber und Becher -, hat sie vorsorglich aus des Königs Schloß mitgenommen (gemaust)... Das Schloß, in das die Katze den König und sein Gefolge führt, gehört aber einem Troll. Als alle bei Tische sitzen, kehrt dieser zurück. An der Tür hält ihn die Katze durch Erzählen auf, bis die Sonne aufgeht und der Troll im Licht zerspringt. (Hier wird alter Volksglaube sichtbar.) Die Katze aber bittet den Burschen, sie zu erlösen, wozu er ihr den Kopf abschlagen muß. Als er dies getan hat, steht vor ihm die Prinzessin, der das Schloß gehört und die in eine Katze verwünscht war. Natürlich ist Per gern bereit, seine Prinzessin Katze zu heiraten.

In einer anderen norwegischen Variante ist es wieder ein richtiger Kater, der seinem armen Herrn hilft. Zum Schluß verwandelt sich der Kater in einen Prinzen, und während der

Der Kater schreitet mit seinem Ordensband
stolz an der Seite des Königspaares
und läßt die Hunde vertreiben.
Otto Speckter, Radierung zur Bearbeitung des Märchens
durch Ludwig Tieck (1843)

Herr des Katers die Tochter des Königs heiratet, bekommt der entzauberte Kater die zweite Königstochter. Zum Schluß heißt es dann: „Nun feierten sie alle zusammen Hochzeit, daß man in zwölf Königreichen davon hörte, denn das Bier war stark und der Spielmann tüchtig dabei, und jeder trank für ein Dutzend und zwei."

Der Kater stellt sich hier als verzauberter Mensch dar, diese Sicht war aber im Märchen vom „Gestiefelten Kater" bereits vorbereitet. Der Italiener Straparola sprach von einer „gatta fatata" - einer verzauberten Katze.

Fragen wir uns selbst einmal: Wie stellen denn wir uns den gestiefelten Kater vor? Da steht er vor uns - und im Märchen vor dem König -, aufrecht in den hohen Stiefeln, meist bewilligen wir ihm noch eine weitergehende Ausstattung wie einen mit Federn geschmückten Hut, den unser Kater mit Eleganz zu ziehen weiß, eine Jagdtasche, einen Umhang. Der „Gestiefelte“ sieht so wie ein Mantel-und-Degen-Kavalier aus. Davon ist in den Märchen freilich nicht die Rede, aber bereits im französischen Volksmärchen, spätestens in Perraults Sammlung gleicht der Kater in Gang und Auftreten einem Menschen. Er ist kein Vierbeiner mehr. Wir haben einmal aufs Detail geschaut, was wir beim Märchen sonst nicht tun wollen, weil wir anhand der altvertrauten Vorlage uns selber davon überzeugen können, wie mit wenigen Mitteln im Märchen die Phantasie freigesetzt werden kann - beim Erzähler, beim Hörer, später beim Leser und schließlich auch beim Illustrator. Ein Paar Stiefel, und schon prägt sich das Bild von dem Kater, der mit Stiefeln an den Hinterpfoten aufrecht losstolziert. In den Vorderpfoten hält er die Schnüre des Schnappsacks, der für die Jagdbeute bestimmt ist.

In anderen Regionen der Erde hat sich das Märchen vom „Gestiefelten Kater“ von seinem Grundmuster entfernt, aber der Typ ist noch erkennbar. Wenn Natur, Landschaft und Tierwelt sowie Wertvorstellungen und Traditionen so ganz andere sind, muß sich das auch auf die Märchenwelt und ihre Gestalten auswirken. In einem Märchen aus „Tausendundeiner Nacht“ hilft ein Affe dem „faulen Kaslânen“.

In einem Märchen der Suaheli an der Ostküste Afrikas ist das hilfreiche Tier eine Gazelle, eigentlich eine Zwergantilope, von der Größe her also einem Kater vergleichbar. Den Eingang der Erzählung bildet ein Straßenhandel: Ein Bettler erwirbt eine Gazelle, doch hat er ihr nichts zu bieten als sein armseliges Lager und einen Kehrichthaufen, auf dem er nach Hirsekörnern kratzt. Aber das Tier ist dem armen Mann dankbar, daß er es von seinen wenigen Geld gekauft hat und mit ihm sein Lager teilt.

Die Gazelle, die von dem wenigen nicht leben kann, geht weiden, und auf der Weide am Fluß findet sie einen Diamanten. Den bringt sie zum Sultan in einer entfernten Stadt und gibt an, daß ihr Herr der Sultan Darai sei, und wirbt in dessen Namen um die Hand der Sultanstochter. Als der Sultan einwilligt, bringt es die Gazelle unter der Vorspiegelung, ihr Herr sei unter die Räuber gefallen, fertig, daß er prächtige Gewänder erhält. Und er erhält auch die Sultanstochter zur Frau. Die Gazelle aber nimmt für einige Zeit Abschied, um das Schloß ihres Herrn vorzubereiten. Sie findet ein prachtvolles Haus, das aus Saphiren und Türkisen errichtet ist, aber ein Drache bewohnt es. Als es der Gazelle gelingt, dem Drachen alle Köpfe abzuschlagen, kann sie das Haus für ihren Herrn in Besitz nehmen. Sultan Darai, der einstige Bettler, seine Frau und sein Troß sind voller Lob und beziehen das Haus, die Bürger der vordem von dem Drachen bedrohten Stadt preisen die tapfere Gazelle. Damit endet sozusagen das Märchen vom hilfreichen Tier, aber die Erzählung ist noch nicht zu Ende. Die Szene verdunkelt sich. Es folgt nicht nur die Prüfung des Tierherrn in Bezug auf seine Dankbarkeit, sondern die angehängte moralische

Der Kater überreicht dem König seine Beute
als Präsent seines Herrn. Puppentheater Moskau

Betrachtung führt zu bitteren Erkenntnissen. Dem Herrn wird gemeldet, daß seine Gazelle krank ist, aber es kümmert ihn wenig, gutes Essen wird ihr verweigert. Als seine Frau, die Sultanstocher, ihm Vorhaltungen macht: „Ein vornehmer Mann vergilt nicht Gutes mit Bösem“ -, schilt er sie. Die Gazelle stirbt vor Bitternis, ihr Herr läßt sie nicht begraben, sondern in einen Brunnen werfen. Doch auf einem Brief der Sultanstochter hin kommt ihr Vater, der alte Sultan, läßt die Gazelle begraben und betrauern. Als die Trauerzeit vorüber ist, findet die junge Frau sich beim Erwachen im Palast ihres Vaters wieder, ihr Ehegemahl, der einstige Bettler, aber liegt wieder neben seinem Kehrichthaufen, und die Kinder verspotten ihn in seiner Armut.

Dieser wenig märchenhafte Schluß ist motiviert, aber dennoch wird in der Erzählung als Ganzes ein Bruch sichtbar. Das hilfreiche Tier geht unter, wenngleich auch von vielen tief betrauert, es verkörpert ja das Gute. Der Bettler hat sich eher als Unheld erwiesen. Dabei war sein Bild anfangs anders angelegt. Er gab sein letztes Geld für den Kauf der Gazelle aus - vielleicht um einen Gefährten zu haben, er war traurig, wenn die Gazelle weiden ging, er freute sich, wenn sie des Abends wiederkam. Er wußte eigentlich auch um ihre übernatürlichen Kräfte. Als die Gazelle ihn am ersten Abend ansprach, sagte er zu ihr - was sonst nie eine Märchengestalt tut: „Warum habe ich Wunder gesehen?... daß du, Gazelle, reden kannst.“ Im moralisierenden Abspann dagegen ist der nunmehrige Sultan Darai roh, gefühlslos und unsagbar dumm.

Wir wissen, die Märchen wollen nicht nur erheitern, erfreuen, sondern können auch zum Nachdenken anregen. Aber diese Gedanken enden nicht in Bitternis. Wenn auch das Böse gestraft werden muß, so darf das Gute nicht untergehen. Der hier spürbare Ton der Resignation ist dem Märchen an sich fremd.

Vielleicht ist dieser moralische Abspann, der im Gegensatz zu der eigentlichen Handlung steht, durch den Aufzeichner, einen Missionsbischof, hineingetragen oder bereits vor der Aufzeichnung dem ursprünglichen Märchen hinzugefügt worden - auch hier wäre zu vermuten, daß Missionare vermittelt haben könnten. Das Märchen wurde in der zweiten Hälfte des 19. Jahrhunderts aufgenommen und publiziert, aber die mündliche Tradition, der es entstammte, ist noch deutlich sichtbar, vor allem im ersten Teil. Bedeutsame Handlungen, bedeutsame Reden werden wiederholt, zu mehreren Malen, fast läßt sich ein Rhythmus heraushören. Dem Hörer soll sich alles tief einprägen.

Weitere Ausläufer des Märchens vom „Gestiefelten Kater" reichen bis nach Indonesien, Südafrika, und in Nordamerika lassen sich noch Spuren finden, hierher wurde das Märchen wohl durch europäische Auswanderer gebracht.

Am Schluß dieses Kapitels wollen wir noch auf die erste Dramatisierung blicken. Damit greifen wir bereits auf die Märchentradition der Romantik und auf den Bereich des Kunstmärchens über. 1797 stellte Ludwig Tieck seinen „Gestiefelten Kater" vor - als ein Spiel im Spiele: Dichter, Publikum, darunter auch der Bildungsphilister, Kritiker, Maschinist, Souffleur, Schauspieler..., gespielt wurde: „Ein Kindermärchen", aber es war angelegt als Absage an die Rührstücke von Iffland und die Moralstücke Kotzebues. Der „Gestiefelte Kater" Tiecks lehnt sich an den „Chat botté" Perraults an. Der dritte Sohn erbt den Kater, die älteren Brüder erben einen Ochsen und ein Pferd. Einen Moment taucht bei Gottlieb, dem Herrn des Katers, der Gedanke an einen Muff auf, doch dann sind beide, Gottlieb und Hinze, der Kater, gute Freunde. Als der Kater die gewünschten Stiefel bekommen hat, hängt er sich noch einen Tornister um und nimmt einen Stock und einen Sack zur Hand. Auf dem Feld aber, als er auf Anstand liegt und die Nachtigall im Busche hört, wird Hinze wieder ein richtiger Kater: „Es ist fatal, daß ich nichts kann, singen hören, ohne Lust zu kriegen, es zu fressen... Fast krieg ich Lust, mir die Stiefeln auszuziehen und sacht den Baum dort hinaufzuklettern! ... Delikat muß sie schmecken." Freilich ist es anderes Jagdgetier, z. B. Kaninchen und Rebhühner, das der Kater dem königlichen Feinschmecker anbietet - mit einer Empfehlung vom Grafen Carabas. Bei der Schilderung der höfischen Szene - mit Pauken und Trompeten und Historiograph - spielt Tieck wieder seine Ironie aus, der Kater ist schließlich noch der Vernünftigste.

An der Stelle, da der Kater den in eine Maus verwandelten Popanz frißt, flickt Tieck wieder eine kritisch-ironische Anspielung ein - das Stück kam ja 1797 heraus. Der Kater ruft „Freiheit und Gleichheit! Das Gesetz ist aufgefressen! Nun wird ja wohl der Tiers état [Dritte Stand] Gottlieb zur Regierung kommen." Wohl kaum hätte ein Märchenerzähler eine derartige Formulierung gebraucht, aber tatsächlich deckt sie sich inhaltlich bis zu einem gewissen Grade mit der Aussage des Märchens. Es ist ja fast immer der soziale Widerpart, der den alten König ablöst.

Das Spiel im Spiel endet damit, daß der glückliche Gottlieb, der die Hand der Prinzessin, das Schloß und das Land bekommen hat, sich wünscht, auch sein Diener, der Kater, möge belohnt werden. Der König erhebt darauf Hinze in den Adelsstand und hängt ihm einen Orden um. Wieder ein Schuß Ironie.

Dieser Querschnitt durch den Märchentyp vom „Gestiefelten Kater" hat die Spannbreite eines Märchens gezeigt. Das hilfreiche Tier, das sich bereits im alten Märchengut findet, kann sich wandeln, es kann moralisch einwirken, es kann sogar tragische Züge erhalten, es kann zum klugen, listenreichen Helden avancieren. Das Märchen lebt, verändert sich mit der Zeit, mit seinen Erzählern, seinen Hörern und seiner Umwelt. Es wurde in seinen poetischen Gesetzen von der mündlichen Überlieferung geformt, lebte und lebt in ihr, doch vermag es unter veränderten Bedingungen in anderen Dimensionen sich weiterzuentwickeln, wobei die Form sich ändert, die Substanz aber bleibt.

Das Märchen im 18. Jahrhundert

Es war einmal ein Soldat, der hatte dem König lange Jahre treu gedient, als aber der Krieg zu Ende war und der Soldat, der vielen Wunden wegen, die er empfangen hatte, nicht weiterdienen konnte, sprach der König zu ihm: „Du kannst heimgehen, ich brauche dich nicht mehr, Geld bekommst du weiter nicht.“

Aus „Das blaue Licht“

Wohl mehr noch als dem 17. Jahrhundert wurde und wird dem 18. Jahrhundert Märchenfeindlichkeit nachgesagt - das Zeitalter der Aufklärung schien dem Märchen entgegengerichtet zu sein. Aber ein Blick auf die vorliegenden und bekannten Sammlungen zwingt uns, diese Anschauung zu revidieren, zumindest zu modifizieren.

Um die Bemühungen der Aufklärung gerecht einzuschätzen, muß hervorgehoben werden, daß es nicht nur um begrenzte Bildungsprobleme ging, sondern um Aufklärung und Bewußtseinsbildung auch der breiten Volksschichten. In erster Linie richtete sich der Kampf, freilich oft auch der Übereifer, gegen abergläubische Praktiken, Vorstellungen und Bräuche, so gegen den immer noch verbreiteten und seine Opfer fordernden Hexenwahn, gegen die daraus resultierenden Hexenprozesse. Das, was vielfach zu Recht als Aberglaube abqualifiziert wurde, stand auch der Erarbeitung und Ausbreitung eines wissenschaftlichen Weltbildes entgegen.

Hier beriefen sich die Vertreter der Aufklärung, Philosophen, Pädagogen, Pfarrer und auch Literaten, auf die Kräfte der Vernunft, die Ratio. Ein engagierter Pastor aus dem Magdeburgischen versuchte, die Überlieferung des Aberglaubens freizulegen und eiferte: „Und wodurch geschieht diese Fortpflanzung? [des Aberglaubens]. Durch thörichte Erzählungen durch Unwissenheit und Eigennutz gewisser Menschen. Von

Kindesbeinen an werden euch abergläubige Dinge erzählt, die eben weil sie sonder- und wunderbar klingen, desto mehr eure Neubegierde und Aufmerksamkeit an sich ziehen. Besonders sind die Spinnstuben bey langen Winterabenden gleichsam Kapellen des Aberglaubens, wo er gelehrt und gepredigt wird. Hier sind so manche, zwar gute und ehrliche, doch abergläubige alte Frauen die erbaulichsten Lehrerinnen und Predigerinnen. Da fängt eine an zu erzählen, was zur Zeit ihres seel. Vaters, Großvaters, auch noch zu ihrer Zeit, all für Zauber- und Wunderdinge geschehen wären. Ihr seyd stockstille, alle eure Seelenkräfte vereinigen sich ins Ohr, um alles genau zu hören. Möget ihr mir doch hier in der Kirche auch so andächtig zuhören! Ihr staunet solche Erzählungen an, fahrt oft vor Furcht und Schrecken zusammen und ginget nun, um alles in der Welt, nicht allein oder ohne Laterne Abends um 10 Uhr nach Hause." (C. L. Hahnzog, Predigten wider den Aberglauben der Landleute, Magdeburg 1784. Zitiert nach Grätz, Das Märchen in der deutschen Aufklärung, S. 147)

In diese Richtung zielte auch Johann Georg Schmidt „Gestriegelte Rockenphilosophie. Oder Aufrichtige Untersuchung derer von vielen superklugen Weibern hochgehaltenen Aberglauben", die erstmalig 1718 erschien und unter Kapiteln mit Erstens, Zweitens, Drittens Motive aus Bräuchen und Sagen vereinigte. Erst wurde das betreffende Phänomen skizziert, dann eine der Ratio gemäße Erklärung beigefügt. Eine Frage ist allerdings, ob diese immer auch akzeptiert wurde.

Im Gegensatz zu England und Frankreich, wo die Aufklärung, getragen von dem sich emanzipierenden Bürgertum, in erste Linie politische Zielstellungen verfolgte, beschränkte sich das deutsche Bürgertum vorwiegend auf den philosophischen und literarischen Bereich. Das Bildungsstreben, das dabei eine wichtige Rolle spielte, bedingte gleichzeitig, daß das Analphabetentum zurückgedrängt wurde - und damit auch die mündliche Tradition. Die schriftliche Kommunikation rückte dagegen vor. Büchern, noch verhältnismäßig teuer, gesellten sich billigere Druckschriften bei, weiterhin Zeitschriften, moralische Wochenschriften, Almanache. Die Zahl der des Lesens Kundigen nahm in der zweiten Jahrhunderthälfte stark zu, vor allem unter den bürgerlichen Mittelschichten, aber auch unter den Kleinbürgern. Die Freude am Lesen, an Novitäten und interessanten Stoffen wuchs derart, daß Vertreter von Obrigkeit und Kirche diese „Lesewut“ schon als bedenklich ansahen. Interessierte Leser - und auch die Leserinnen müssen hier genannt werden - fanden sich in Lesekränzchen zusammen, und wer sich kein Buch kaufen oder gar eine Bibliothek sein eigen nennen konnte, holte sich seine Lektüre aus der Leihbücherei. Dann gab es noch die billigen Jahrmarktdrucke, die „löschpapierenen Lieblinge“, wie Goethe sie nannte.

Gerade das Bürgertum im Heiligen Römischen Reich Deutscher Nation, das noch keine fest umrissenen nationalstaatlichen und politischen Ziele verfolgte, versuchte - in bewußtem Gegensatz zur höfischen Kultur - eine bürgerliche Nationalkultur und -literatur zu schaffen und bemühte sich, dieserzu entwickelnden Kultur und Literatur eine möglichst breite Basis zu geben, sein Bestreben auch historisch zu legitimieren.

Blicken wir nun auf die Literatur und suchen in ihr Belege, hier literarische Belege zum Märchen, so werden wir wieder auf die Entwicklung in Frankreich verwiesen. Charles Perrault hatte mit den „Contes de ma mére l’Oye“ zahlreiche Literaten, darunter auch auffällig viele Frauen, inspiriert, Feerien zu ersinnen bzw. aus tradierten Motiven zusammenzufügen, meist aber in umständlichen und ausschmückenden Erzählungen.

Traten bei Perrault neben den Feen auch Menschenfresser - mit einem höchst wohlanständigen Familienleben -, Unholde und helfende Tiere auf und konnte eine der Feen eine richtige Frau Gevatterin sein, so wurden aus den eigentlich keltischen Feen in den Dichtungen elegante und kapriziöse Rokokodamen.

Perraults „Contes“ folgten die Feenmärchen seiner Nichte Marie Jeanne L’Héritier de Villandon und die der Comtesse Marie-Catherine d’Aulnoy. Marie Jeanne L’Héritier knüpfte an die „moralités“ ihres Oheims an, vermied Frivolitäten und stellte die Grundwerte einer bürgerlichen Moral heraus: „L’Adroite Princesse ou les Aventures de Finette“ (Die gewandte Prinzessin oder Die Begebenheiten der Finette) setzte zwei Sprichwörter ins Märchen um: „Müßiggang ist aller Laster Anfang“ und „Kluges Mißtrauen ist die Mutter der Sicherheit“. Die Gräfin d’Aulnoy dagegen griff tradierte Motive auf und stellte sie in die höfische Welt. Dennoch lassen sich Spuren des Märchens von der magischen Flucht, von „Hänsel und Gretel“, vom „Däumling“, von der Tierbraut und dem Tierbräutigam

„Cendrillon". Der Prinz hat endlich die richtige Braut gefunden. Illustration von Eugène Hippolyte Forest zu „Contes de fées tirés de Ch. Perrault, de Mme d'Aulnoy et de Prince de Beaumont", 1893

erkennen, am bekanntesten ist ihre Version vom „Blauen Vogel" (L'Oiseau bleu) - der Liebhaber als Vogel.

Wunder über Wunder geschehen in den Feenmärchen, aber - die Etikette bleibt gewahrt, alles, auch die zauberkundigen Feen, hat sich in das höfische Zeremoniell einzufügen.

Mit diesen in die galante Zeit passenden Wesen verglich die Comtesse Henriette-Julie de Murat, ebenfalls eine Feerien schreibende Dame, die „alten Feen". „Ihre Sorge bestand darin, gut das Haus auszukehren, den Topf aufs Feuer zu stellen, die Wäsche zu besorgen, die Kinder zu schaukeln und zum Einschlafen zu bringen, die Kühe zu melken, den Ochsen zu prügeln...", und diese Feen sind „Alt, häßlich, schlecht gekleidet". Wer mit den Vorstellungen des Volksglaubens vertraut ist, fragt sich jedoch hier, ob die Gräfin nicht die keltischen Feen mit Hauskobolden verwechselt hatte.

Der Höhepunkt der französischen Feenmärchendichtung war „La Belle et la bête“ (1740/43, Die Schöne und das Tier, AaTh 425) von Madame Gabrielle-Suzanne de Villeneuve. Es handelt sich wieder um einen Rückgriff auf das Märchen vom Tierbräutigam. Die Heldin, die junge Belle, willigt ein, das Untier zu heiraten, dem sich ihr Vater verpflichtet hat. Der Palast, in den sie übersiedelt, um mit dem tierischen Schloßherrn zusammen zu leben, erinnert mit seinen prachtvollen Zimmerfluchten, seinen Gemäldegalerien, Spiegelkabinette, Statuen und Gärten an Versailles - tatsächlich ein Wunderwerk der französischen Architektur. Neben den meist sentimental eingefärbten Reden, neben der ausführlichen Schilderung all der Pracht, des fürstlichen Empfanges vor dem mit Lampions ausgeleuchteten Schlosse finden wir ironische Zutaten eingestreut: „Das Tier muß wohl sehr ausgehungert sein“, sagte Belle spöttisch, „um die Ankunft seiner Beute mit solchem Freudenfest zu begrüßen.“

Als Belle dann das Untier glücklich erlöst, indem sie bereit ist, sich ihm hinzugeben, und als sie am anderen Morgen einen Prinzen anstelle des Tieres in ihrem Bette erblickt, kommt es noch nicht zu dem erwarteten glücklichen Ende. Belle ist nur die Tochter eines Kaufmanns, also eine Bürgerliche; die Mutter des Prinzen, die den Erlösten begrüßt, wendet sich gegen einen „schimpflichen und...nicht würdigen Bund“.

An dieser Stelle muß sich nun die Fee, die vorher keine Rolle gespielt hat, einschalten; sie versucht es mit der Mahnung, „daß ihre [Belles] Tugenden deren Ungleichheit schwinden lassen“. Als die Berufung auf Charakter und Tugend nicht hilft, bleibt nur übrig, eine adlige Abkunft der Belle zu deklarieren.

Das Ausmalen der Wunder, die in den Feenmärchen auftauchten, die Verzauberungen, die Entzauberungen, der Gestaltwechsel, die Pracht der Schlösser, die Schönheit der Damen, auch und gerade der Feen, die zur Schau gestellte Grazie, die verschlungene Handlung führten dazu, daß Märchenstoffe in verhältnismäßig kurzer Zeit auf der Bühne wieder erschienen und musikalisch umrahmt wurden. Vor allem waren es Stoffe aus Perraults „Contes“, die literarisch kaum aufgeschwemmt und daher leichter zu dramatisieren waren. 1759 wurde „Cendrillon“, also Aschenputtel, dargeboten, und 1789 gab justament „Barbe-Bleue“, der Ritter Blaubart, sein Debüt. In Wien gelangte 1791 die Mozart-Oper „Die

Zauberflöte", Libretto von Emanuel Schikaneder, zur Aufführung - eine Allegorie, durchzogen von Märchenelementen, auf die versöhnende Macht der Musik.

Viele der Feerien verherrlichten - bereits im Wetterleuchten der Französischen Revolution - das zerfallende Ancien Régime. Hier waren noch heile Königreiche zu finden. König, Prinzen, Minister, der ganze Hofstaat war vertreten, es ging um Kapricen der Damen, amouröse Abenteuer, Intrigen, es waren die Themen des galanten Romans, aber eingebettet in eine märchenhafte Handlung voller Wunder. Die Betonung des Erotischen, entspricht der Anakreontik, die den Lebens- und Liebesgenuß in ihren Liedern besang.

Als Höfling zeigte sich der Abbé Sieur de Prêchac in seiner Märchenallegorie „Sans Paragon", in der er bereits 1698 Ludwigs XIV., dem Sonnenkönig, untertänigst huldigte. In diesen Feerien versuchten sowohl Autoren wie Leser und Hörer der sich immer mehr verdüsternden Realität zu entkommen; das Happy-End dieser Feenmärchen war eine Selbsttäuschung.

Daneben gab es noch andere Entwicklungsmöglichkeiten. Es lag im Wesen der Aufklärung, daß sie den Fragen der Erziehung breiten Raum gab. Für eine moralische Aufklärung der Kinder schienen die Märchen mit ihrer einfachen Ethik höchst geeignet zu sein, vor allem da doch, so bei Perrault, die „moralités" klar herausgestellt worden waren. Freilich fanden sich neben den Verfechtern des Märchens auch viele Gegner (einen hatten wir ausführlich zu Wort kommen lassen), meist wieder unter Pädagogen und Pastoren, denen die Herrschaft des Wunders, überhaupt das Erscheinen des Wunderbaren, nicht paßte, da es ihnen im Gegensatz zu einer sehr eng gesehenen Ratio stand. Ihnen schien die Fabel für ihre erzieherischen Zwecke geeigneter. Aber sogar Katharina II. brachte zwei Märchen heraus - das eine vom Zarewitsch Clor, das andere vom Zarewitsch Fewei -, die so angelegt waren, daß sie der Erziehung ihrer Enkel dienen sollten - der Erziehung zum absolutistischen Herrscher.

Anhänger des Feenmärchens konnten aber dabei die erwünschte Didaktik über die nun einmal nicht zu leugnende Freude am Phantastischen stellen und so argumentieren wie z. B. die Jeanne-Marie Le Prince de Beaumont, um den „Blaubart" (AaTh 312) als Kinderlektüre zu empfehlen: Zu erlernen wären „Die Unbequemlichkeiten einer aus Eigennutz geschlossenen Ehe", „die Unnützigkeit der Lüge, um der Strafe zu entgehen", und „das Unglück, welches von der wenigen Gefälligkeit entstehen kann, die man für den Eigensinn und die wunderlichen Grillen eines Ehegemahles hat". Damit wurde der „Blaubart" endgültig zu einem mit Marotten behafteten Ehemann gemacht.

In diese Richtung weitergeführt, verflachte das Feenmärchen zur Moralgeschichte. Einen anderen Entwicklungsweg kennzeichnet Jean-Jacques Rousseaus Märchen „La Reine Tantasque" (Königin Phantasie, 1758): Die höfische Welt wurde karikiert, der Lächerlichkeit preisgegeben, Wunder und die Fee Discrète waren nötig, um einen geeigneten Prinzen auf den Thron zu setzen. „Mehr auf Erfüllung seiner Pflichten als auf Ruhm bedacht, unternahm er weder Kriege gegen die Auswärtigen noch Gewalttätigkeiten gegen seine Untertanen, und er erhielt darob mehr Segenswünsche als Lobreden." So wurde unter dem Deckmantel des Märchens mit dem Absolutismus abgerechnet.

Nach der Revolution hatte, zumindest in Frankreich, das Feenmärchen seine Existenzberechtigung verloren. Dennoch erhielt, von Frankreich ausgehend, die Entwicklung des Märchens neue Impulse. Bereits im Mittelalter waren durch den Fernhandel, durch die Kreuzzüge, später durch das Vorrücken der Türken auf dem Balkan einzelne Märchen aus dem orientalischen Erzählschatz nach Europa gelangt.

1701 entdeckte der Orientalist Antoine Galland eine arabische Handschrift mit den „Geschichten von Sindbad dem Seefahrer". Nachdem er die Abenteuer ins Französische übersetzt hatte, suchte er weiter und erhielt ein mehrbändiges Manuskript mit bisher unbekannten orientalischen Märchen. Im Zeitraum von 1704 bis 1717 gab Galland die von ihm übersetzten Märchen unter dem Titel „Les Mille et une Nuits. Contes arabes" (Tausendundeine Nacht. Arabische Erzählungen) heraus. Das französische Lesepublikum war bereits durch Perraults „Contes" auf das Genre Märchen eingestimmt worden, Gallands Sammlung bot weitere Anreize.

Da war einmal die außerordentliche Rolle, die die Erotik in den Märchen spielte, zum anderen war in der Frühaufklärung ein reges Interesse an fremden Sitten und Ländern herangereift, und der mit der Aufklärung verbundene Toleranzgedanke förderte das Interesse an anderen Religionen, hier am Is-

„Oriental Tales“, eine frühe englische Ausgabe der Erzählungen aus „Tausendundeiner Nacht“. Titelblatt mit Holzstich (anonym)

lam. Galland gelang es jedoch nicht nur, Handschriften aufzuspüren, sondern er konnte auch einige Märchen der mündlichen Tradition entnehmen. Eine seiner Erzählerinnen war Hanna Dial, eine maronitische Christin aus Aleppo. Gerade die uns vertrauten Märchen stammen von ihr und sind nicht in den alten Handschriften von „Tausendundeiner Nacht" enthalten, so „Alā-ed-Din und die Wunderlampe", „Ali Baba und die vierzig Räuber" und die Geschichte „Vom Prinzen Ahmed und der Fee Perī Banu".

Gallands Werk wurde sehr bald in andere europäische Sprachen übersetzt und verschaffte jenen Lesern Freude am Märchen, die das heimische überlieferte als Kinderlektüre und Ammenmärchen verschmähten. Die Beachtung und Wertschätzung, die die Märchen von „Tausendundeiner Nacht" in Europa erfuhren, wirkten auf die Kultur und Literatur der arabischen Völker zurück, die Sammlung erhielt ein Ansehen, das sie vordem nicht gehabt hatte. Im Schatten Gallands gab Francois Pétis de la Croix 1710 bis 1712 persische Märchen heraus: „Les Mille et un jours" (Tausendundein Tag), als Gegenstück zu „Tausendundeine Nacht" gedacht.

Die Haltung deutschsprachiger Literaturtheoretiker und Dichter dem Märchen gegenüber war zwiespältig. Ein strenges kompromißloses Berufen auf die Ratio mußte die Phantasie aus der Literatur - im weitesten Sinne gefaßt - verbannen, andererseits forderte eine solche Einengung Gegenkräfte heraus, wie sie sich in der Dichtung des „Sturm und Drang" und der „Empfindsamkeit" durchsetzten.

Der Leipziger Professor Johann Christoph Gottsched, der versucht hatte, eine Theorie der Dichtkunst aufzustellen, sprach sich zwar nicht grundsätzlich gegen das Märchen aus, er wollte es jedoch, im Sinne der Aufklärung, in eine Erziehung zur Tugend eingebettet wissen: Alle Völker haben ihre Mährlein gehabt, wodurch Mütter und Wärterinnen ihren Kindern zuerst Tugend einzuflößen gesucht."

Freilich ist es nicht einfach, von der Verwendung des Begriffes Märchen aus weittragendere Schlußfolgerungen zu ziehen, denn unter Märchen wurden auch Sagen, Spukgeschichten und Altweibergeschwätz begriffen.

Vertreter des Rationalismus konnten wohl gegen das Wunderbare in Märchen zu Felde ziehen, aber sie durften das Wunder als solches nicht völlig leugnen, denn sie hätten damit

„Die Geschichte von „Alā-ed Din und der Wunderlampe“. Der der Lampe gehorchende Geist bringt Alā-ed-Din das Brautbett mit der Prinzessin und dem Sohn des Großwesirs. Illustration von Henri Baron, vor 1837

auch die Aussagen der Bibel in Frage stellen müssen, sie konnten es aber ins „Natürliche“ umdenken. Die Leser suchten sich, wenig bekümmert durch die literarischen Fehden, ihre Lektüre selbst aus. Die französischen Feenmärchen erfreuten sich dabei großer Beliebtheit, vor allem, wenn sie mit Pikanterien gewürzt waren. Im „Cabinet der Feen“ (1761 bis 1766(gab es eine Auswahl der bekanntesten Feenmärchen, andere erschienen in der „Blauen Bibliothek aller Nationen“ (ab 1790). Die „Contes“ Perraults waren bereits in der ersten Hälfte des 17. Jahrhunderts wohlbekannt, wurden allerdings erst später übersetzt. Dafür gab es zwei Gründe: Zunächst waren der Französisch sprechende Adel und das Bildungsbürgertum nicht auf Übersetzungen angewiesen. Zum anderen brachten die Hugenottenfamilien, als sie nach der Aufhebung des Edikts von Nantes 1685 Frankreich verließen, auch Märchen, auch die von Perrault, mit in ihre neue Heimat. So wurden Märchen in anderen Ländern, bis hin nach Amerika in Umlauf gesetzt.

Das Märchen in den verschiedensten Ausformungen und ihm benachbarte Genres, die ebenfalls irrationale Motive verarbeiteten, waren auch in der Zeit der Aufklärung ständig präsent und wirksam. Literatur wie Wissenschaft konzentrierten sich keineswegs ausschließlich auf den Widerspruch zwischen Irrationalem und Ratio. Das Volksmärchen hatte in naiver Form einem optimistischen Weltgefühl und einem Gefühl des Eingebundenseins in die Natur Ausdruck gegeben, was in den philosophischen Betrachtungen Gottfried Wilhelm Leibniz' als Lehre von der prästabilisierten Harmonie erschien - eine Übereinstimmung ohne Abhängigkeit, die für das Leben des Märchens wohl förderlich war. Die starren poetischen Richtlinien, die Gottsched abgesteckt hatte, mußten Widerstand herausfordern. Die Debatte auf literturästhetischem Gebiet eröffneten die Schweizer Johann Jacob Bodmer und Johann Jacob Breitinger. In der „Kritischen Abhandlung von dem Wunderbaren in der Poesie und dessen Verbindung mit dem Wahrscheinlichen" (1740), gemessen an John Miltons „Verlorenem Paradies", räumte Bodmer der Phantasie einen Freiraum ein. Feen, Elfen, Bergnymphen, Wassergeister durften sich wieder in der Dichtung tummeln, denn „sie unterhalten und erregen die geheimen Besorgnisse welchen das Gemüthe des Menschen von Natur unterworfen ist".

Die Kontroverse lenkte verstärkt das Interesse auf die Märchen, aber auch auf andere Genres der Volksdichtung. In England hatte das selbstbewußte, politisch erstarkte Bürgertum sich bereits der Volksdichtung zugewandt und diese Überlieferung als Grundpfeiler einer nationalen Kultur und Literatur angesehen. Die Bereitschaft, sich mit den alten gälischen Traditionen zu identifizieren, ging so weit, daß die dem legendären Dichter Ossian zugeschriebenen Lieder unkritisch aufgenommen wurden. Auch auf dem Kontinent wurden die angeblichen Bardengesänge begrüßt und forderten zur Beschäftigung mit eigenen älteren Literaturdenkmälern heraus. Die Aufklärung richtete sich ja gegen die höfische Kultur, und der Held der alten Gesänge, Sagen und Epen war alles andere als ein Höfling. Gottfried August Bürger hat mit den Balladendichtungen seinen vielleicht bedeutendsten Beitrag für die deutsche Literatur gegeben.

Literarische und wissenschaftliche Versuche richteten sich - in Ablehnung der späten höfischen Kultur - auf die frühe Geschichte und das Mittelalter. Den ersten Band des literarischen Magazins „Bragur“ (1791) eröffnete ein programmatischer Aufsatz: „Die Liebe zum einheimischen Altertum und die Begierde, dem ursprünglichen Nationalgeiste unserer Väter immer weiter in ihren literarischen Denkmalen nachzuforschen und die dadurch erlangte Kenntniß mit unserem Zeitgenossen zu theilen, hat uns zur Anlegung dieses Magazines bewogen.“

Vom Märchen war in diesen Veröffentlichungen aber nicht die Rede, die Flut der Feenmärchen, rückblendend in die Welt des Hofes und des Ancien Régime, mußte sich als hinderlich erweisen. Das Bestreben gerade deutscher Philosophen und Literaten ging jedoch dahin, die erstrebte bürgerliche Nationalliteratur auf eine breite Basis zu stellen, und eben diese breite Basis sollte das Berücksichtigen der Volksdichtung schaffen. In solche Überlegungen bezog Johann Gottfried Herder das Märchen ein, stellte es dabei neben Sage und Mythologie, ohne es jedoch mit diesen gleichzusetzen, was oft übersehen wurde. Seine in der Schrift „Von der Ähnlichkeit der mittleren englischen und deutschen Dichtkunst“ formulierten Anschauungen hatten wir bereits gehört. Die Umbe- und Aufwertung der Volksdichtung - vornehmlich durch Bürger und Herder - erregte Widerspruch, und das mit einem gewissen Recht, denn der Volksbegriff wurde undifferenziert verwendet, und die Volksdichtung ließ sich nicht nur an ästhetischen und poetischen Kriterien messen. Am schärfsten war wohl die Kritik des Berliner Aufklärers Friedrich Nicolai, der seinen satirischen „Feynen kleynen Almanach Vol schönerr echterr liblicherr Volckslieder, lustiger Reyen vnndt kleglicher Mordgeschichte“ dagegensetzte, und der dabei unbeabsichtigt einen Querschnitt durch das auf Märkten beheimatete volksläufige Liedgut gab.

Langsam gewann auch das Märchen an Interesse. Ein zwiespältiges Verhältnis zu ihm spiegelt sich im Schaffen Christoph Martin Wielands wider. Er versuchte sich selbst im Nachschaffen französischer Feenmärchen, setzte aber mit seinen „Abenteuern des Don Sylvio zu Rosalva oder Der Sieg der Natur über die Schwärmerei“ (1764), die etliche Anlehnungen an „Don Quichote“ aufweisen, einen Schlußpunkt unter diese Entwicklung. Die später (1769) eingeschobene „Geschichte der Biribinkers“ verspottete die Tendenz, platte Moralitäten und Lehren anzubringen. Er karikierte in einem Vers auch die Stilmittel der Feenmärchen:

Die ganze Geisterwelt
stand auf den Wink bereit,
Man ritt an einem Tag wohl
tausend Meilen weit,
Nachts stieg ein Gnom herauf,
im Wald euch aufzutischen,
Und Nymphen gab's in allen Büschen.

In seinen späteren Bearbeitungen von Märchen orientierte sich Wieland stärker auf die Geschichten aus „Tausendundeiner Nacht“, so im „Hexamerone von Rosenhain“, einer Rahmenerzählung. Jedoch verzichtete er auf breite Beschreibungen von Reichtum, Schönheit, Wunderbarem; er wollte dies der Einbildungskraft der Leser beziehungsweise Zuhörer überlassen. Die Phantasie stand bei ihm nicht im Gegensatz zur Ratio, die allerdings das Bestimmende blieb.

So lehnte Wieland andere Auffassungen vom Märchen ab. Im Vorwort zu seiner Sammlung „Dschinnistan“ formulierte er: „Producte dieser Art müssen Werke des Geschmackes seyn, oder sie sind Nichts. Ammen-Märchen im Ammen-Ton erzählt, mögen sich durch mündliche Überlieferung fortpflanzen, aber gedruckt müssen sie nicht werden.“ - Sie wurden jedoch gedruckt, wir wissen ja, daß Pädagogen am Märchen interessiert waren, weil seine Ethik schlicht und einprägsam ist, weil sie glaubten, es mit Didaktik befrachten zu können.

In die „Kinderspiele und Gespräche“ (1776 bis 1778) hatte der Schulmann Johann Gottlieb Schummel auch Märchen aufgenommen, und zwar in einer fiktiven Erzählrunde dargeboten, so daß die Kinder der Runde die Märchenhandlung unterbrechen und nachfragen konnten. Unter den Märchen befand sich auch eine Fassung von „Sechse kommen durch die ganze Welt“ (AaTh 513), allerdings sind es bei Schummel nur fünf Helfer. Für Kinder scheint auch die Historie von „Jorinde und Joringel“ (AaTh 405) bestimmt zu sein, die der Professor verschiedener Wissenschaftszweige Johann Heinrich Jung-Stilling, Sohn armer Leute, in „Henrich Stillings Jugend“ (1777) eingefügt hatte. Jung-Stilling gab an, das Märchen von seiner Base gehört zu haben, als sie beide im Walde auf den Vater warteten, der Holz schlug. Die Kinder waren in die Märchenwelt entrückt: „Henrich saß wie versteinert, seine Augen starrten geradeaus, und der Mund war halb offen.“ Es ist eine Frage, inwieweit Jung-Stilling die Erinnerung an ein tradiertes Märchen bewahrt hat oder wieweit er überlieferte Motive neu zusammengefügt hat. Dieses Märchen am Ausgang des 18. Jahrhunderts ist charakterisiert durch ein neues Naturgefühl und eine sentimentale Grundstimmung. „Es war ein schöner Abend, die Sonne schien zwischen den Stämmen der Bäume hell ins dunkle Grün des Waldes, und die Turteltaube sang kläglich auf den alten Maibuchen. Jorinde weinte zuweilen, setzte sich hin im Sonnenschein und klagte, Joringel klagte auch...“ Dabei war noch nichts geschehen, was das Klagen

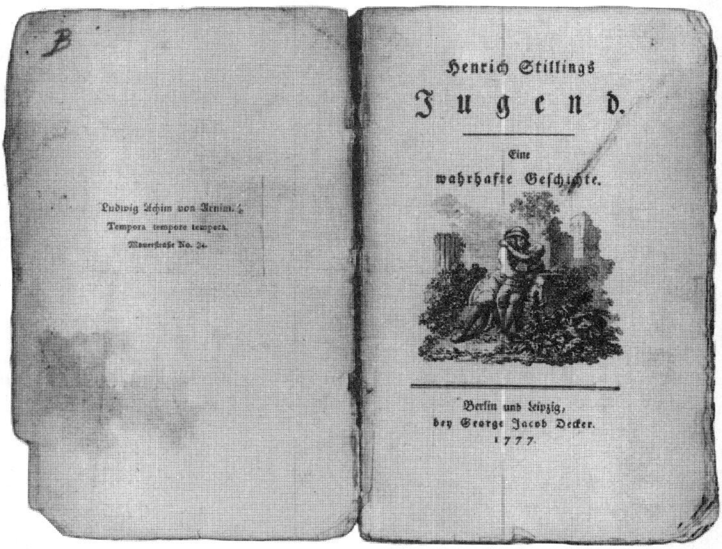

Titelblatt (und Eignungsvermerk von Achim von Arnim) zu „Henrich Stillings Jugend“, Erstausgabe

„Jorinde und Joringel“. Die Illustration für die erste englische Ausgabe von Grimms Märchen, 1826, schuf George Cruikshank

hätte auslösen können, aber es lag über dem Ganzen eine düstere Vorahnung. Diese melancholischen Töne, die Furcht vor einem unbekannten Schicksal kehren später in den romantischen Naturmärchen wieder. Dennoch können wir das Märchen aus Jung-Stillings Autobiographie nicht beiseitelassen, denn der Wald als Stätte des Wunders und Rätselvollen spielt in den deutschen Märchen - und nicht nur dort - eine wichtige Rolle.

Schummel wie auch Jung-Stilling hatten die Verbindung vom Märchen und Erzählung nachgezeichnet - außerhalb der sonst zitierten und geschmähten Kunkel(Spinn-)stuben, die bereits verdächtig erschienen, weil sich dort des Abends das junge Volk traf und vergnügte.

Aber das wachsende Interesse eines recht differenzierten Lesepublikums am Märchen hatte der Verleger und Buchdrucker Friedrich Justin Bertuch erkannt und beschrieb es, vom orientalischen Märchen ausgehend, folgendermaßen: „Vom Kinde an bis hinauf zum Greise passen sie [die Märchen] für jedes Alter, sind das angenehmste Vehikel der reinsten Moral, der witzigsten Satyre und des amüsantesten Scherzes für jeden Stand. "Anschließend gelangte er zu der Feststellung, daß es eine „Portion von Wundermärchen, Sagen und abenteuerlichen Erzählungen" bei allen Völkern zu finden gäbe.

Für ein literarisch gebildetes Lesepublikum hatte der Weimarer Professor Johann Karl August Musäus seine „Volksmährchen der Deutschen" (1782-1787) gedacht. Weitere Gründe, die ihn zu der Veröffentlichung veranlaßten, umriß er in einem Brief: „Die Feereyen scheinen wieder recht in Schwung zu kommen, Rektor Voß und Amtmann Bürger vermodernisieren die tausend und eine Nacht um die Wette, selbst die Feenmährchen sind in Jena das Jahr wieder im Nürnbergischen Verlag von neuem gedruckt worden. Ich will mich an die Rotte anhängen und lasse von meiner Drehscheibe jetzt ein Machwerk dieser Art ablaufen, das den Titel führen wird: Volksmährchen, ein Lesebuch für große und kleine Kinder. Ich sammle dazu die trivialsten Ammenmährchen, die ich aufstutze und noch zehnmal wunderbarer mache als sie ursprünglich sind, davon hofft nun meine liebe Frau, daß es ein ganz lukratifer Artickel werden soll." Musäus ging freilich über den hier abgesteckten Rahmen hinaus, er griff auf einheimische Überlieferungen zurück. Sein bester Erzähler und Gewährsmann war ein alter Kutscher; gelegentlich holte der Professor auch alte Frauen mit ihrem Spinnrad in seine Studierstube. Wenngleich Musäus sich seine Geschichten erzählen ließ, so formte er sie doch als Lektürestoff um, d. h., er erweiterte die Stoffe novellistisch, bettete breite Landschafts- und Gemütsschilderungen ein, trug Zeitkolorit auf und nutzte die Gelegenheit, literarische Fehden auszufechten. Dennoch sind die dargebotenen Märchen in ihrer Eigenart noch erkennbar. Da aber im 18. Jahrhundert Sagen und Märchen noch nicht voneinander geschieden waren, finden sich unter

Johann Karl August Musäus (1735-1787)

Musäus' „Volksmährchen" zahlreiche Sagen, z. B. die Sage von der Doppelehe des Grafen von Gleichen und von Rübezahl.

„Die Bücher der Chronika der drei Schwestern" sind das Märchen von den drei Tierschwägern (AaTh 552), „Richilde" wiederum ist eine Variante zu „Schneewittchen" (AaTh 706), „Stumme Liebe" erinnert an die Abenteuer des Helden im Spukschloß (AaTh 326) und verknüpft sie mit dem Motiv von Traum vom Schatz auf der Brücke.

Wie der Gymnasiallehrer Musäus nahm auch Frau Benedikte Naubert ihre Stoffe aus der heimischen Überlieferung, als sie ihre „Neuen Volksmährchen der Deutschen" (1789-1793) veröffentlichte. Aber diese „Volksmährchen" stellen sich samt und sonders als Sagen heraus, wie die von der Roßtrappe. Im Gegensatz zu Musäus aber vermied Frau Benedikte das zeitgenössische Kolorit des Rokoko und bezog ihre Sujets wie das Kolorit aus dem Mittelalter - wohl unter dem Einfluß der gängigen Ritterromane.

All diese Erzählungen, die wir bisher betrachtet haben, wurden verschriftlicht, genauer: gedruckt als Buch, weitergegeben, und sofern sie nicht später bearbeitet wurden, blieben sie unverändert. Sie waren als literarische Varianten von der lebendigen mündlichen Tradition ausgeschlossen. Die Mehrzahl der Feerien waren überdies reine literarische Kunstprodukte, ihnen fehlte die von einem - vielfach historisch bestimmten - Kollektiv getragene Regulierung in Darstellung und Stoffwahl.

Die mündliche Überlieferung bleibt auch für das 18. Jahrhundert schwer faßbar, die Hinweise auf Spinnstuben- und Ammenmärchen vermögen nicht völlig zu überzeugen, da die Grenzen zwischen dem Märchen und den ihm benachbarten Genres noch verwischt waren, aber sicher waren unter den vielen immer wieder genannten Spinnstubengeschichten auch einige echte Märchen.

Ein Zitat ist da bereits aufschlußreicher. Der aufgeklärte Gräter hatte sich sowohl mit dem Altertum wie mit „der Entwicklung des menschlichen Geistes" beschäftigt. Seine Sammlung von Märchen und Liedern, die er geeignet für das Begriffsvermögen und Gefühl der Kinder hielt, war also philosophisch und anthropologisch motiviert. Sie wurde nie veröffentlicht, in der Zeitschrift „Bragur" gab er 1794 jedoch einen Einblick in das Material: „In den Ammenmährchen von den drey Königstöchtern und dem in einen Frosch verzauberten Prinzen ist die ganze Erzählung in Prosa, die Gespräche mit dem Frosche und seine Forderungen aber in Versen. So spricht er z. B. da er vor die verschlossene Thüre der jüngsten Prinzessin könnt:

Königstochter jüngste
Mach mir auf!
Weißt due nicht, was gestern
Du zu mir gesagt
Bey dem kühlen Brunnenwasser?
Königstochter jüngste,
Mach mir auf!

Diese simplen Verse, die ich mich noch aus meiner Kindheit auch singen gehört zu haben erinnere..."

Parallel dazu heißt es in einer älteren schottischen Ballade, angesetzt auf 1784:

O open the door, my hinnie, my heart,
O open the door, my ain true love,
Remember the promise that you and I made,
Down in the meadow, where we twa met.

Von diesen Versen wußte Gräter allerdings nichts. So stellt sich uns die Frage: Eine Parallelentwicklung innerhalb eines Märchentyps oder Wanderung, oder gibt es ein nichtaufgefundenes Zwischenglied?

Für die Wirksamkeit der mündlichen Tradition haben wir kulturhistorische Indizien. Hier sei auf die in die Märchen eintretenden Gestalten des abgedankten Soldaten oder Deserteurs verwiesen. Beide sind ohne die Existenz der Heere absolutistischer Fürsten nicht denkbar. (Daß der Landsknecht des 17. Jahrhunderts nicht „märchenwürdig war, hatten wir bereits gesagt.) Für das 18.Jahrhundert wollen wir die beiden Erscheinungsbilder genauer ansehen: Der Soldat erhält seine Abdankung, nachdem er viele Jahre treu gedient hat, weil er dabei zum Krüppel geworden und nicht mehr tauglich ist oder weil der König keinen Sold mehr zahlen kann und will. Diese Notlage zwingt den Helden, sich nunmehr allein durch das Leben zu schlagen, Abenteuer und Gefahren auf sich zu nehmen. Er erscheint in verschiedenen Märchentypen: im Märchentyp vom „Blauen Licht" (AaTh 562) beherrscht er die gesamte Handlung. Dabei hat der abgedankte Soldat, offensichtlich eine ältere Gestalt verdrängt - nach dem Willen der Märchenerzähler und -hörer. Eine Grobskizze des Inhalts brachte bereits der Marner, ein schwäbischer Minnesänger. In dieser Version läßt Albertus Magnus die Tochter des Königs nachts in sein Bett holen. Der abgedankte Soldat dagegen befiehlt dem Geist, den er durch das blaue Licht herbeirufen kann, nächtens die Königstochter herbeizuholen, damit sie bei ihm Mägdedienste leiste. So will er sich an dem König rächen, der ihn fortschickte und hungern ließ.

Mit dieser Akzentuierung dürfte das Märchen ein sozialer Wunschtraum für viele verelendete Soldaten und Mitbetroffene gewesen sein. Während der abgedankte Soldat, der Krüppel, in seinem Leid gezeichnet wird, aus dem er freilich her-

„Die Bücher der Chronika der drei Schwestern".
Der alte Graf begegnet auf der Jagd einem wilden Bären,
dem er in der Not seine Tochter verspricht.
Holzschnitt von E. Kretzschmar nach einer Zeichnung
von Adolf Johann Schrödter, 1842

ausfindet, zeigt der Deserteur von Anfang an mehr Aktivitäten: Er flieht aus der Armee, weil er von seinen Vorgesetzten schikaniert und drangsaliert wird. In Wirklichkeit ist er allen überlegen, sogar dem Landsherrn. Mit gewissem Humor wird das Märchen vom „König und Soldat in der Räuberhöhle" (AaTh 952) im 18. Jahrhundert umgestaltet. Bereits in Konrad Derrers „Geschichtenbuch" (Mitte des 14. Jahrhunderts) tauchte das Thema auf. Hier war der Held noch kein Soldat, er hatte auch keinen Begleiter.

Im 17. Jahrhundert wurde der Held genauer bestimmt, er wurde Schlachter, Schinder oder Scharfrichter, er konnte zu den „unehrlichen Leuten" gehören. Ein Begleiter fand sich

„Richilde“. Eines der „echten“ Märchen
aus der Sammlung von J. K. A. Musäus.
Holzschnitt nach einer Zeichnung
von Ludwig Richter, 1842

ein, ein Handwerksgesell. Doch im 18. Jahrhundert wurde eine ganz neue Konstellation geschaffen, eine soziale Konfrontation gab dem Märchen erhöhte Spannung - König und Deserteur standen sich gegenüber: Der desertierte Soldat begegnet im Walde dem König, der dort allein und inkognito gejagt und sich dabei verirrt hat. Beide geraten auf der Suche nach Unterkunft in ein Räuberhaus, das von einem alten Weibe bewirtschaftet wird. Sie merken, wo sie sich befinden, als die Bande mit ihrem Hauptmann lärmend und beutebeladen zurückkehrt. Nun bekommt es der vermeintliche Jäger mit der Angst zu tun. Der Deserteur aber spricht ihm Mut zu. Er ist es, der dann auch alleine mit der Bande fertig wird.

In einzelnen Varianten des überaus beliebten Märchens läßt er dabei noch einen Zauber wirken - das einzig irrationale Element in diesem Märchentyp. Aber meist macht der Deserteur die Räuber mit Geschicklichkeit und Überlegung unschädlich. Sie werden zusammen mit der Alten in den Keller gesperrt, während sich Deserteur und Jäger auf den Weg in die Residenz begeben. Dort gibt sich der König zu erkennen und belohnt den Deserteur. Das Räubernest wird dann von den Truppen des Königs ausgehoben. Die Straßen sind wieder sicher, im Lande herrschen Ordnung und Frieden. Der Deserteur ist angesehen und glücklich. Abermals gestaltet sich im Märchen ein sozialer Wunschtraum, der nur im 18. Jahrhundert ersonnen werden konnte. Der König, der vielfach genannt wird, ist Friedrich II. von Preußen; in den alpenländisch-Österreichischen Märchen nahm Joseph II. die Rolle des einsichtigen Königs ein. Diese Königsgestalten verkörpern tatsächlich den Rex, den Herrscher, sie stehen nicht mehr am Gatter, um die heimkehrende Herde nachzuzählen. Der König regiert, seine Macht wird geschildert, aber dort, wo sein Gegenspieler ein einfacher Mann oder eben gar ein Deserteur aus dem eigenen Heere ist, muß er an diesen die Heldenrolle abtreten. Er rangiert, was Mut, Umsicht und Charakterstärke betrifft, hinter dem Deserteur.

In einem ganz vor der Kulisse des 18. Jahrhunderts spielenden Novellenmärchen (Hadelumpum-pum“; AaTh 850 kombiniert mit AaTh 559) wurde der Sohn eines Bürgers, eines Kaufmanns, zum Gegenspieler von Hof und Heer. Der junge Rekrut, in ein Bürgerquartier gesteckt, fühlt sich bei dem Traktament und dem Drill nicht sehr wohl. Er dringt in den

Garten des Königs vor, um dort Äpfel zu stehlen, nimmt einem dicken scharmutzierenden General den Tressenrock ab, stolziert damit auf der Straße herum, läßt sich respektvoll grüßen und sticht schließlich den dicken General bei der Prinzessin aus. Als der Bursche mit seinem Mutterwitz - ähnlich wie die kluge Bauerntochter - alle Forderungen des Königs erfüllt hat, erhält er die Prinzessin zur Frau und übernimmt die Regierungsgeschäfte. Hier war - noch als Komödie - eine politische Forderung des 18. Jahrhunderts durchgespielt worden.

Das Märchen im 19. Jahrhundert

Schön Hühnchen,
schön Hähnchen
und du schöne, bunte Kuh,
was sagst du dazu?
Aus „Das Waldhaus“

Als um die Weihnachtszeit des Jahres 1812 ein bescheidenes Bändchen mit dem Titel „Kinder- und Hausmärchen. Gesammelt durch die Brüder Grimm“ erschien, hätte niemand ahnen können, daß mit diesem Datum eine neue Phase in der Geschichte des Märchens und der Beginn der Märchenforschung verbunden werden sollten. Von ihrem akademischen Lehrer, dem Rechtshistoriker Friedrich Karl von Savigny, angeregt, begannen die Brüder Jacob und Wilhelm Grimm, Volksüberlieferungen zu sammeln, vor allem Lieder und Märchen. Die Lieder übergaben sie dem Freundespaar Achim von Arnim und Clemens Brentano für ihre Volksliedersammlung „Des Knaben Wunderhorn“ (1806 bis 1808). Seit 1807 wandten sich die Grimms verstärkt und mit philologischem und volkskundlichem Interesse dem Märchen zu, sie schöpften dabei sowohl aus der mündlichen wie auch aus der schriftlichen Tradition. Letztere war, wie wir unserer bisherigen Übersicht entnehmen können, nicht allzu ergiebig.

Die Brüder suchten Erzähler auf, die einen gewissen lokalen Ruf genossen, oder es fanden sich die Erzähler bei ihnen zu Hause ein, so der alte Dragonerwachtmeister Krause, der den „Liben-Herren Wohltätern“ zahlreiche Märchen in etwas rauhbeiniger Manier erzählte und dafür von den Brüdern getragene Kleider erhielt. (Allerdings besaßen sie selbst nicht viel, so daß sie Bücher, die sie sich nicht kaufen konnten, abschrieben.)

Im gleichen Jahr, also 1812, war von dem Professor für Al-

„Schneewittchen" berichtet offensichtlich den Zwergen von den Verfolgungen durch die böse Stiefmutter, denn sie deutet auf das nahe Schloß.
Illustration von Franz Pocci, 1817 (2. Auflage)

tertumswissenschaft und Altgermanistik, Johann Büsching, ein Buch „Volkssagen, Märchen und Legenden" herausgekommen. Ein Vergleich macht das andere Herangehen der Brüder Grimm deutlich. Büschings Sammlung enthielt nur fünf Märchen, er hatte Volkserzählungen ganz allgemein zusammengestellt. Dagegen, und das ist neu, grenzten die Grimms die Märchen deutlich ab, auch von den Sagen.

Freilich mengten sich zwischen diese, unter denen sowohl Tier- wie Zauber-, Schwank- und Novellenmärchen vertreten waren, einzelne Stücke benachbarter Genres, eben noch nicht so klar geschieden, wie Schwänke, Fabeln und Legenden. Die Aufzeichnung, die die beiden Brüder in möglichster Treue angefertigt hatten - wobei wir immer an das damals technisch Machbare denken müssen -, beeindruckten den in Kassel bei den Grimms zu Besuch weilenden Arnim so sehr, daß er sie drängte, das Gesammelte bald zu veröffentlichen. Zuvor hatte Clemens Brentano lebhaftes Interesse an den Materialien gezeigt, weil auch er Kindermärchen herausbringen wollte, allerdings in sehr freier Art nachgestaltet.

Auf sein Bitten hin sandten die Grimms ihm ihr Manuskript zu, fertigten vorsichtshalber zuvor eine Abschrift an, weil sie wußten, daß der Freund oft unachtsam und lässig war. Tatsächlich ging die Originalhandschrift verloren, als Brentano sein Projekt beiseiteschob, und tauchte erst über ein Jahrhundert später in dem Trappistenkloster Ölenberg (= Ölenberger Handschrift) im Elsaß wieder auf.

Es war ein Freundesdienst, den die Grimms glaubten erweisen zu müssen, gleichzeitig fühlten sie sich in ihrem Herangehen an die Märchen durch die ganz andere Haltung Brentanos bestärkt, und so schrieb Jacob Grimm an Arnim: „Daß Dir Clemens Verarbeitung nicht recht ist, freut mich, und ich bedaure nur seinen darauf verwendeten Fleiß und Geist; er mag das alles stellen und zieren, so wird unsere einfache, treu gesammelte Erzählung die seine jedesmal gewißlich beschämen."

Die Fülle des Materials, das von Band zu Band wuchs, konnten die Grimms jedoch nur mit Hilfe von Freunden zusammentragen. Es waren meist junge Leute, um die zwanzig Jahre wie die Brüder, die mit großem Engagement Märchen und Märchenerzähler aufspürten, so vor allem die Geschwister von Haxthausen, die den Bökendorfer Märchenkreis (im Paderbornischen) bildeten. Ihnen gesellten sich auch die Dichterin Annette von Droste-Hülshoff und ihre Schwester bei. Die jungen Leute suchten alte Dorfbewohner auf, ließen sich von ihnen Märchen erzählen, schrieben diese auf und sandten ihre Aufzeichnungen an die Grimms. Freilich gab es eine Art Erzählmodell, Märchenwiedergaben, deren sprachliche wie stilistische Gestaltung die Brüder hoch schätzten. Es waren die beiden von dem romantischen Maler Philipp Otto Runge aufgenommenen plattdeutschen Märchen „Von dem Machandelboom" und „Von dem Fischer un syner Fru" (AaTh 555). Runge hatte die beiden Märchen 1806 Achim von Arnim zukommen lassen, der sie später (1808) in seiner „Zeitung für Einsiedler" (den „Machandelboom" unter dem Titel „Von dem Machandel Bohm", AaTh 720) abdruckte.

Mit der Geschichte „Von dem Fischer un syner Fru" hatte es noch eine besondere Bewandtnis. Sie war in den Jahren der Napoleonischen Eroberungskriege verbreitet; der Trost, die Zukunftshoffnung, die von ihr ausgehen, hatten hierauf einen aktuellen politischen Bezug. Überdies charakterisierte sie nicht den Typ des „reinen Volksmärchens", sondern ließ die Handschrift des romantischen Malers durchschimmern, wenn sich in den Schilderungen der Natur, des Meeres der Handlungsverlauf ankündigte. Die See, anfangs ruhig und blank, wütet mit hohen Wellenbergen gegen das Ufer, unter schwarzem Gewitterhimmel, als die Frau in ihrem Hochmut sich vergreift. Runge hatte den Wert der Märchen selbst erkannt und schrieb in einem Brief, der seine „löögschen" begleitete: „Ich glaube, wenn jemand es übernähme, dergleichen zu sammeln, und hätte das Zeug, um das Eigentliche zu packen, daß es schon der Mühe verlohnen würde. Vorzüglich wäre nicht zu vergessen, daß die Sachen nicht gelesen, sondern erzählt werden sollten."

Wichtig war auch die Anregung Runges, die Märchen von den Erzählern in der Mundart aufzunehmen, wenngleich damit für ein breites Lesepublikum sprachliche Barrieren errichtet würden. (Aber es konnte sowieso noch nicht von einem sehr breiten Lesepublikum die Rede sein.)

Das Büchlein war unscheinbar aufgemacht, ohne Illustrationen und verhältnismäßig teuer. Die Grimms setzten ihre Arbeit an der Sammlung fort: Die Auswahl des ersten Bandes wurde geändert, wobei die Brüder Anregungen, die auch von Bettina und Achim von Arnim kamen, beachteten. Märchen, die für Kinder ungeeignet erschienen, wurden ausgetauscht. Mit Recht merkten die Grimms jedoch an, daß die Sammlung nicht ausschließlich als Kinderbuch gedacht war, daß sie sich mit der Bezeichnung „Hausmärchen“ an die Familie, vor allem die Eltern, wenden wollten, die entscheiden sollten, welche Märchen sie ihren Kindern darboten und welche nicht. Damit hatten die Brüder die Rolle der Familie für ihre Zeit bestimmt. Staaten waren zerschlagen und erobert worden, alte Institutionen hatten ihre Bedeutung verloren, das einzige Refugium, vor allem für das Bürgertum, war die Familie, in ihr entwickelte sich die Kultur des Biedermeier. Dennoch waren die Grimms keine Verfechter biedermeierlicher Zurückgezogenheit, auch wenn sie den Sprachstil des Biedermeier übernahmen. Die Brüder gehörten zu den fortschrittlichsten Geistern des 19. Jahrhunderts, zu den „Göttinger Sieben“ (Göttinger Professoren, die gegen den Verfassungsbruch des Landesherrn protestierten, deshalb ihr Amt verloren und ausgewiesen wurden). Und Jacob war in das Frankfurter Parlament gewählt worden.

Mit der Bezeichnung „Hausmärchen“ hatten sie also das Richtige getroffen. Diese Einstellung mußte ihnen, wenn auch nicht gleich, mit einer günstigen Aufnahme ihrer Sammlung honoriert werden. Zum anderen erfüllten die beiden Brüder, wie auch einige Jahre zuvor die Herausgeber des „Wunderhorns“, eine nationale Aufgabe. Die sich unter Schwierigkeiten entwickelnde bürgerliche Nationalkultur gewann durch das Einbeziehen von Volksliedern und Märchen sichtbar an Breite. Was jedoch die Sammlung der Brüder Grimm vor anderen auszeichnete, war die mit ihr verbundene wissenschaftliche Zielstellung; sie kam in den Vorreden zu den verschiedenen Ausgaben und in den Anmerkungen zum dritten Band zum Ausdruck. Es waren die ersten Ansätze zur Erforschung des Märchens, seines Wesens und seiner Geschichte ablesbar.

Damit war faktisch die Märchenforschung, ja in ihrem Gefolge die Folkloristik, begründet. Diese Entwicklung haben wir bereits nachgezeichnet, so daß wir jetzt die weitere Gestaltung der Märchen in den Mittelpunkt der Betrachtung rücken können, da diese Sammlung über lange Zeit als Vorbild wirkte und auch heute noch der Begriff Märchen oft mit denen der Brüder Grimm gleichgesetzt wird.

Einen Großteil der Märchen des zweiten Bandes verdankten die Brüder der Gastwirtstochter Dorothea Viehmann aus Niederzwehren bei Kassel. Die Viehmännin entstammte, wie bereits gesagt, einer alten Hugenottenfamilie und kannte sich daher auch im französischen Märchengut aus. Den „Gestiefelten Kater“, den sie den Grimms erzählt hatte, ließen diese in späteren Sammlungen fort, weil sie glaubten, sich hier ein Perraultsches Märchen anzueignen. Das Bild, das die Brüder von ihrer Erzählerin entwarfen, ergänzte der „Malerbruder“ Ludwig Emil Grimm. Eine Bemerkung in der Vorrede zum zweiten Band (1814) läßt erkennen, daß sich die Grimms mit Zweifeln an der Zuverlässigkeit der mündlichen Tradition auseinanderzusetzen hatten, ein bis heute noch nicht ausgeräumtes Problem: „Wer leicht an Verfälschung der Überlieferung, Nachlässigkeit bei der Aufbewahrung und daher an Unmöglichkeit langer Dauer als Regel glaubt, der müßte hören, wie genau sie [die Viehmännin] immer bei derselben Erzählung bleibt und auf ihre Richtigkeit eifrig ist; niemals ändert sie bei einer Wiederholung etwas in der Sache ab und bessert ein Versehen, sobald sie es bemerkt, mitten in der Rede gleich selber.“

Wenn sich die Brüder Grimm auf die Treue ihrer Erzählungen beriefen, so versuchte Jacob diesen Begriff etwas zu charakterisieren, indem er von einer Treue in der Sache sprach und sich von einer „mathematischen Treue“ distanzierte.

Wilhelm Grimm, der in der Folgezeit die Sammlung und Herausgabe der Märchen fortführte, machte von dem Recht Gebrauch, das jedem guten Erzähler zusteht: Er überarbeitete die Texte, ergänzte hier ein Fragment, verschmolz dort zwei Varianten. Und Rotkäppchen sowie die Großmutter blieben nicht wie in der Fassung Perraults im Bauche des gefräßigen Wolfes, sondern wurden - wie die jungen Geißlein - wieder befreit. Mit dem tradierten Einstieg „Es war einmal...“ und durch altertümliche Worte oder Redewendungen versuchte Wilhelm Grimm, die Vergangenheit hereinzuholen. Diese Bearbeitungen im biedermeierlichen Sprachstil, wir haben schon davon gesprochen, geschahen in Abstimmung mit dem Bruder. In der Ausgabe letzter Hand von 1856 wurden die Anmerkungen beträchtlich erweitert, es wurden - auch von Jacob - die Erkenntnisse mit eingebracht, die eine rege Sammeltätigkeit und ein beginnender Theorienstreit befördert hatten. Um über das deutsche Märchengut hinauszugehen, hatten die Brüder gemeinsam Crofton Crokers „Faiy legends and traditions of the South of Ireland“ als „Irische Elfenmärchen“ übersetzt und

Dorothea Viehmann als „Märchenfrau" auf dem Frontispiz der „Kinder- und Hausmärchen" der Brüder Grimm. Stahlstich nach einer Zeichnung von Ludwig Emil Grimm 1837

„Rotkäppchen" nähert sich dem Bett, in dem der mit einer Nachthaube bekleidete Wolf liegt. Kupferstich von Ludwig Emil Grimm, 1825

herausgebracht (1826), wobei sie die Elfen wieder in ihr angestammtes Reich zurückkehren ließen und vom höfischen Zeremoniell der Feenmärchen befreiten. Störend empfanden sie allerdings Crokers ironischen Stil.

Es paßte auch zu Wilhelms Liebe zum Märchen und Märchenerzählen, daß er eine seiner besten Erzählerinnen, die Tochter eines Kasseler Apothekers, Dortchen Wild, heiratete. Er trennte sich aber auch danach nicht von seinem Bruder. Inzwischen hatte die Sammlung an Anerkennung und Verbreitung gewonnen - auch in anderen europäischen Ländern. In England erschien ein Auswahlband mit fünfundfünfzig Märchen und mit zweiundzwanzig Kupfern von George Cruikshank, einem bekannten Londoner Künstler. Die Brüder Grimm freuten sich über die humorvollen Illustrationen, „wie sie [seit Chodowieckis Tod] kein deutscher Kupferstecher machen kann".

Die zweite Auflage der deutschen Ausgabe erhielt zwar als Frontispiz eine Szene zu „Brüderchen und Schwesterchen", gezeichnet von dem Malerbruder, aber damit hatte das Bändchen nicht allzuviel an Attraktivität gewonnen. Fast schien es, als ob das „Deutsche Märchenbuch" von Ludwig Bechstein, das erstmalig 1845 herauskam, die Sammlung der Grimms im Laufe der Jahre in den Schatten stellen sollte. Der Meininger Archivar und Bibliothekar hatte einige interessante Varianten aus Thüringen aufgefunden, doch war seine Art, die Märchen wiederzugeben, steif und preziös. Aber sein Verleger ließ die 12. Auflage von 1853 (unter dem Titel „Ludwig Bechstein's Märchenbuch") mit 174 Illustrationen Ludwig Richters, des Dresdener Künstlers, ausstatten. Nachdem zahlreiche Künstler der Romantik wie Moritz von Schwind, Otto Speckter, Franz Pocci einzelne Grimmsche Märchen ins Bild oder in Bildfolgen umgesetzt hatten, wurden die Illustrationen Richters auch in die „Kinder- und Hausmärchen" eingefügt - freilich nicht immer bruchlos. Sie waren ja ursprünglich für Bechsteins Text bestimmt gewesen. So sitzt in der Bettszene des „Froschkönigs" (AaTh 440) kein Frosch vor dem Nachtlager der Prinzessin, sondern es kriecht dort eine Schlange auf dem Fußboden.

Als die Verleger begriffen, wie sehr der Absatz der Bücher gewann, wenn sie bebildert angeboten wurden, bemühten sie sich um geeignete Illustrationen. Auf der anderen Seite gab es zahlreiche Künstler, die sich von dem Phantasiereichtum der

Titelblatt der erstmals 1845 erschienenen Märchen
(1847 in fünfter Auflage!)

Märchen angezogen und herausgefordert fühlten, eigene Phantasie dagegenzusetzen.

Mit der verstärkten Aufnahme der Märchen in Bücher traten diese in ihre „zweite Existenz“, eine literarische, ein. Damit stand das Märchen der Vermarktung offen. Allerdings hatte es vordem gelegentlich - fast möchten wir sagen zufällig - Niederschriften von Märchen gegeben, doch war die schriftliche Tradition nur auf einer Nebenstrecke weitergeführt worden. Solange Analphabetentum und damit die mündliche Tradition dominierten, hatte das Märchenerzählen keiner besonderen Voraussetzung bedurft. Nötig waren nur ein guter Erzähler und ein interessierter Zuhörerkreis sowie eine geeignete Form der Zusammenkunft. Aber eben dieses Beisammensein oder Sich-zueinander-Finden wurde im 19. Jahrhundert immer mehr reduziert. War es möglich und auch vergnüglich gewesen, z. B. beim Spinnen längere Geschichten, dabei auch

Märchen, zu erzählen, so bot die Fabrik dazu keine Möglichkeit mehr. Andererseits drängte die Einführung der Schulpflicht, obwohl in den verschiedenen Ländern unterschiedlich gehandhabt, das Analphabetentum zurück; die bereits am Ausgang des 18. Jahrhunderts gerügte „Lesewut" der „untersten Stände", genährt unter anderem durch Leihbibliotheken, breitete sich weiter aus. Das Buch, das Leihbuch, vor allem auch das Heftchen brachten Unterhaltung und führten aus dem Arbeitsalltag hinaus. Diese neue Einstellung gegenüber dem Buch, verbunden mit einem noch unkonzentrierten Streben nach Bildung, war beim Kleinbürgertum besonders ausgeprägt.

Die Brüder Grimm, die bei ihrer Sammeltätigkeit und ihren Recherchen einen Rückgang der Erzähltradition beobachten mußten, riefen daher auf, noch möglichst viel von den langsam verschwindenden Überlieferungen zu bergen, das hieß aufzunehmen und zu veröffentlichen.

Damit könnte die Frage aufgeworfen werden: Haben die Märchenpublikationen die mündlich umlaufenden Märchen verdrängt? So formuliert, dürfte die Fragestellung falsch sein. In Einzelpositionen mag ein Verlust spürbar geworden sein.

Die Sammler und Wissenschaftler, die den Anregungen der Brüder Grimm und der Anlage der „Kinder- und Hausmärchen" folgten, suchten ländliche, oft entlegene Gegenden auf. Nicht selten stießen sie auf Zurückweisung oder Befangenheit bei den einfachen Menschen, die eine vielfach ablehnende Haltung der Geistlichkeit oder der staatlichen Stellen widerspiegelte - das Erzählen von Märchen galt als unnütz, sogar als schädlich. Dennoch fanden sich Erzähler, vor allem unter Kleinbauern, Knechten und Mägden, Waldarbeitern, Dorf- und Wanderhandwerkern und natürlich auch Gastwirten.

Ausführlich ging der Norweger Peter Christian Asbjørnsen, der mit seinen Jugendfreund Jørgen Moe Märchen - und auch Sagen - zusammentrug, auf die Erzähler ein und versuchte ein stimmungsvolles Bild des Erzählens zu geben. Asbjørnsen, Forstmeister und Mitbegründer der Folkloristik in Norwegen, begegnete auf seinen Fahrten und Reisen durch das Land Bauern, Jägern, Sennen, Schmieden, Holzfällern, Vogelschützen, Schneidern, Fischern und Matrosen. 1842/43 kamen die „Norske Folkeeventyr" heraus und wurden bald nach ihrem Er-

„Der kleine Däumling". Illustration des bekannten Illustrators Theodor Hosemann, um 1870

scheinen ins Schwedische, Dänische, Russische, Englische, Französische und Deutsche übersetzt.

Bei aller Unterschiedlichkeit der Märchenpublikationen sind zwei Hauptrichtungen auszumachen. Die eine war von wissenschaftlichen Absichten bestimmt, die Herausgeber fügten ihren Sammlungen theoretische Exkurse bei, wobei die Auswahl der Märchen meist der vorgetragenen Theorie folgend getroffen worden war. Gleichzeitig bemühten diese Wissenschaftler sich, den Märchen allgemein einen Platz in der Nationalliteratur zuzuweisen. Hier könnte stellvertretend die Sammlung russischer Volksmärchen „Narodnye russkie skazki" genannt werden, die Alexander Nikolajewitsch Afanasjew in acht Bänden 1855 bis 1863 im Zusammenhang mit seiner Mythenforschung veröffentlichte.

Auf der anderen Seite aber gab es zahlreiche Märcheneditionen, die sich an kindliche Leser richteten, was bereits die Titel auswiesen, z. B. „Märchen für die Jugend". (Die Brüder Grimm hatten - und darin lag wohl auch ein Grund ihres Erfolges - beide Zielsetzungen in ihrer Sammlung verbunden.) Trotz heftigen und in vielen Punkten auch berechtigten Einspruchs waren die Märchen zur Lektüre für Kinder deklariert worden, Sammlungen, die unter diesem Gesichtspunkte zusammengestellt und geschickt aufbereitet waren, ebneten dem Märchen den Weg in die Kinderstube - die bürgerliche Kinderstube.

Hinzu kam, daß das Bürgertum im Vorfeld der bürgerlichen Revolution von 1848 sich weniger für Märchen, die es eben den Kindern überließ, als für Schriften interessierte, in denen kritische, satirische und politische Töne angeschlagen wurden, wie z. B. in „Berlin wie es ist und - trinkt", einer Heftchenfolge von Adolf Glaßbrenner.

Freilich fanden sich im Zuge weiterer Forschungen Märchen, die keineswegs für das viel zitierte „kindliche Gemüt" geeignet waren. Vielfach wurden sie, um eine treue Überlieferung zu bestätigen, in der Mundart aufgezeichnet. Unter den Sammlern befand sich auch Wilhelm Busch, Dichter, Zeichner und Maler, bekannt vor allem als Schöpfer humoristisch-satirischer Bildergeschichten.

Er ließ sich nach der Jahrhundertmitte von alten Leuten Märchen erzählen, zögerte aber, diese zu veröffentlichen, da ihn die wissenschaftlichen Sammlungen zu sehr beeindruckten. Wobei er einen Vergleich mit diesen nicht zu scheuen gehabt hätte. Erst nach seinem Tode gab sein Neffe die Märchen unter dem kennzeichnenden Titel „Ut ôler Welt" (1910) heraus.

Den Künstler Busch reizten aber auch die Märchengestalten selbst, er gab sie auf seine Weise wieder, nicht fest an den Text gebunden. So bildeten die „Bremer Stadtmusikanten" bei ihm tatsächlich eine Gruppe lustiger Straßenmusikanten, während sie im Märchen als verstoßene Tiere erschienen, die in ein Räuberhaus eindringen und sich einen behaglichen Alterssitz erobern.

Interessant für unsere Geschichte des Märchens ist, daß der Einochs (AaTh 1535) als „Bauer Pihwitt" (= Kiebitz) wiederkehrt, nachdem er in den „Kinder- und Hausmärchen", als „Das Bürle" aufgetaucht war. Seine Langlebigkeit und weite Verbreitung sind aber erklärlich; an der Lage der kleinen Bauern, ihrer Lebens- und Arbeitsweise hatte sich nicht viel, jedenfalls nichts Grundlegendes geändert. Pihwitt, der durch ein Mißgeschick seinen letzten Ochsen verloren hat, schröpfte erst einen Edelmann, den er bei der Frau des Gerbers ertappt hat, und dann die anderen Bauern, denen er die Herkunft seiner Gelder verschwiegen und statt dessen die Geschichte von der teuer verkauften Ochsenhaut erzählt hat. Pihwitt soll zuletzt von den aufgebrachten, sich betrogen fühlenden Bauern ersäuft werden - in der Weser. So weit ist das Märchen „lokalisiert". Dann kommt die Szene von der frommen Einkehr: „Nun war's gerad an einem Sonntagmorgen; und als sie unfern an einem Kirchlein vorüberkamen, da die Leute so schön zu der

Orgel sangen, meinten sie, es sei gut, hier erst einzukehren und den armen Sünder dann nach dem Gottesdienst ins Wasser zu bringen. Sie steckten ihn darum in einen Schäferkarren, der nicht weit davon im Felde stand, schlossen die Tür und gingen zur Kirche."

Natürlich stoßen dann die Bauern den Karren mitsamt einem Schäfer ins Wasser, während Pihwitt eine schöne Schafherde nach Hause treibt. Und zum Schluß springen die Bauern in den Fluß, um sich von seinem Grunde viele Schafe zu holen. Hier war und blieb die List die Waffe des armen Mannes.

In anderen Märchen vom Ausgang des 19. Jahrhunderts ist es der Teufel, der sich als Helfer den Bedrängten anbietet. Diese Märchen hatte Ulrich Jahn im norddeutschen Raum aufgefunden, und zwar, wie er ausdrücklich in seinem Vorwort zu den „Volksmärchen aus Pommern und Rügen" (1891) vermerkte, bei Landarbeitern, dem „vierten Stand". Die Märchen waren sehr realistisch gestaltet, vor allem dann, wenn die Erzähler ihr eigenes Leben als Gutsarbeiter und Knechte nachzeichneten. Ein goldenes Schloß hätte nicht in dieses Milieu gepaßt, der Held war bereits glücklich, wenn er Getreide und Fleisch bekam und den Winter über nicht zu hungern brauchte. Dieser Held vermochte es auch nicht, allein mit seinem Herrn, einem argen Leuteschinder, abzurechnen. Da fügt sich der Teufel als übermächtiger Helfer „typengerecht" in den Stil der Märchen und in den vorgegebenen Konflikt; überdies war der Teufel, der „Jenner", eine sehr lebendige Gestalt des Volksglaubens. Der Arme wurde versorgt, und der Teufel konnte mit dem fluchenden Gutsherrn zur Hölle fahren (AaTh 820, angenähert an AaTh 650).

Befriedigt waren sicher auch die Zuhörer, eben selbst Tagelöhner und Gutsarbeiter, die dieses Märchen noch weiterträumen konnten. Das Märchen befand sich in sozialem Konsens zwischen Erzählern und Hörern.

Neben den beiden Traditionslinien, der mündlichen und der schriftlichen, wurde im 19. Jahrhundert die dritte Entwicklungslinie zu breiter Entfaltung gebracht, die vordem an einzelnen Stellen begonnen hatte: Die szenische Umsetzung auf der Theater- und Opernbühne. Die vorgeführten Abenteuer und Prüfungen waren voller Spannung, Held und Heldin mußten in die Unterwelt hinabsteigen oder ihren Weg zu Sonne,

Mond und Sternen nehmen. Der dramatische Gehalt des Märchens kommt am besten in der Episode zum Ausdruck, die wir als „Triumphszene" bezeichnen möchten. (Szene deshalb, weil sie ganz vom Spielerischen, vom Theatralischen erfüllt ist. Es wird hier Theater gespielt, der Held ist der Hauptdarsteller, und er führt auch die Regie.)

Es ist eine Episode, die sich wahrscheinlich aus dem Mär-

„Oda und die Schlange" (Froschkönig). Die Schlange, in dem von den Grimms aufgezeichneten Märchen der Frosch, will zu Oda ins Bett. Holzschnitt aus einer Zeichnung von Ludwig Richter in der Ausgabe von „Ludwig Bechstein's Märchenbuch" (1853)

chentyp „Der glücklich Verheiratete besucht seine Eltern“ entwickelt und verselbständigt hat und verschiedenen Märchen hinzugefügt werden kann. In dieser Szene wird noch einmal der Aufstieg aus Armut, Erniedrigung und Demütigung zu Glück und Ansehen deutlich gemacht. Der Held, zu Hause bei Eltern und den Geschwistern als Dummling angesehen, der Gänse hüten und im Stall schlafen muß, hat sich in der Fremde hervorgetan, eine Prinzessin und ein ganzes oder halbes Königreich erworben. Er ist glücklich, hat aber doch den Wunsch, seine Heimat und seine Eltern zu besuchen. Er bespricht sich mit seiner Frau, sagt ihr, was sie zu machen hat; sie fragt nicht nach, erfüllt sein Begehren - wir sind in einer patriarchalisch geordneten Familie. Das Paar fährt in einer Kutsche los, in einzelnen Varianten mit einem stattlichen Gefolge und mit Musikanten. Kurz vor dem heimatlichen Dorfe läßt der Held anhalten, erteilt noch einmal seine Anweisungen und legt seine prächtigen Kleider ab, um die alten Lumpen, in denen er von zu Hause in die Welt gezogen war, wieder anzuziehen. Er kommt in seinem Vaterhaus an, unschwer wiederzuerkennen, aber niemand freut sich über sein Kommen, doch weist ihm auch keiner die Tür.

Als wäre er nie fort gewesen, muß der „Dummling“ die niedrigsten Arbeiten verrichten und hat nächtens im Gänsestall zu schlafen. Widerspruchslos fügt der Held sich . Plötzlich kommt eine Kutsche vorgefahren, die Prinzessin steigt aus und bittet um ein Nachtlager, da sich ein Wagenrad gelockert habe. Ehrerbietig wird sie begrüßt, nur der Dummling soll möglichst nicht in Erscheinung treten. Als er es doch tut, weil er darauf besteht, die Suppenschüssel aufzutragen, übrigens mit einem recht ruppigen Auftreten, stellt er sich absichtlich ungeschickt an und gießt die Suppe über die Robe der Prinzessin. In einem ziemlichen Durcheinander verschwinden beide, der Held und die Prinzessin, um nach kurzer Zeit wieder zurückzukommen, jetzt auch er reich und festlich gewandet. Weder Eltern noch Geschwister erkennen ihren Dummling wieder. Als er sich darauf zu erkennen gibt, sind alle beschämt und bitten ihm um Verzeihung. Das genügt dem Helden, Demütigungen möchte er den Seinen, vor allem den Eltern, nicht zufügen. Er fühlt sich rehabilitiert, denn er hat sich in der Welt - allzuweit entfernt ist sie freilich nicht - durchgesetzt, nur zu Hause, in der Familie, im Dorfe war er verkannt worden. Mitunter ziehen

Hans Christian Andersen (1805-1875)

dann alle ins Wirtshaus, um weiterzufeiern, unser Held kann dort noch einmal seinen Triumph, die Bestätigung seiner selbst genießen.

Es ist begreiflich, daß in den Varianten dieser sehr beliebten und verbreiteten Szene die Streiche und Ungeschicklichkeiten des „Dummling“ gern und in immer neuen Abwandlungen durchgespielt werden. Am gelungensten schien den Erzählern dabei eine Bettgeschichte zu sein: Der dumme Hans oder Peter, wie er gerade heißt, wird abends in den Stall geschickt, um dort auf dem Stroh zu schlafen. Aber des Morgens findet man ihn im Bett der Prinzessin. Der fassungslosen Mutter ruft er vergnügt zu: „Nu lat uns man noch ên Stunn’ slapen.“

Wir wollen nicht behaupten, daß diese Triumphszene im 19. Jahrhundert entstanden ist, aber sie zeigt, wie das Spielerische im Märchen sich verdichten kann. Wenn der Held mit seinen Streichen und seiner gemimten Tolpatschigkeit eine regelrechte Schau bietet, ist der Übergang zum Schauspiel nicht weit. Kinder konnten Märchen nachspielen, die Puppenbühne bemächtigte sich ihrer (Pocci bearbeitete einige für diese Kleine Form); aber die Theater- und Opernbühnen waren es, die dem Märchen eine überregionale Popularität sicherten. Es entstanden zahlreiche Märchendramen und -opern, aber nur wenige vermochten sich zu halten. Tiecks „Gestiefelter Kater", den wir ja schon kennengelernt haben, bedeutete allerdings eher den Eingang des Märchens in die Literatur - im engeren Sinne - als eine Eroberung der Bühne. Auf den Bühnen der Wiener Vorstadttheater hatte bereits zu Beginn des 19. Jahrhunderts eine Übernahme von Motiven und Gestalten aus der Märchen- und Sagenwelt sich angebahnt, sie schlug sich nieder in den Zauberpossen Ferdinand Raimunds, wir nennen hier nur „Der Bauer als Millionär" (1826).

Auf der Opernbühne setzten sich Engelbert Humperdinck mit „Hänsel und Gretel" (1894) und Siegfried Wagner mit „Der Bärenhäuter" (1899) durch. Die in die Märchenoper von Humperdinck eingearbeiteten Volks- und Kinderlieder sowie die romantische Welt des Waldes waren es wohl hauptsächlich, die den bleibenden Erfolg sicherten, trotz des von Pädagogen immer wieder für problematisch gehaltenen Motivs von der bösen Hexe. Das Theater und die Oper konnten mit ihren Mitteln - Kulissen, Requisiten, Kostümen - das Bildhafte, das im Märchen steckt, verstärken -, aber andererseits auch die Phantasie eingrenzen.

Wichtiger als diese Verwertung der Märchenstoffe war allerdings weiterhin die Adaption des Märchens und Märchenhaften im literarischen Bereich. Eine Aufwertung hatte ja bereits zur Zeit der Aufklärung und Klassik stattgefunden, und zwar nicht als Kinderliteratur, sondern als nunmehr legalisierte Möglichkeit, das Wunder und das Wunderbare in kräftigen Farben auszumalen, auf blasse Allegorien zu verzichten, wenn nach dem Sinngehalt gefragt wird. Das Märchen selbst als Genre war ja noch weitgehend unbekannt, und die Feenmärchen boten da kaum eine Orientierungshilfe. Gestalten und Motive waren hier nicht phantasievolle Schöpfungen, ein spielerischer Versuch, alles einmal anders zu sehen und darzustellen. Der Drache war kein dreiköpfiges Ungeheuer, sondern er sollte nur Anlaß geben zu der Frage: Was steckt an Zeitbezügen dahinter? Die Gestalten und Bilder wurden Ausdruck einer Symbolsprache, die Märchen wurden zum Gefäß von Symbolik. Es wurde viel in sie hineingelegt - und oft noch mehr herausgelesen. Damit traten individuelle Gestaltung und Sicht an erste Stelle. Das dem tradierten Volksmärchen innewohnende kollektive Element, das eine allzu eigenwillige inhaltliche wie stilistische Erzählweise ausschloß, verschwand. So bildete sich gegen Ende des 18. Jahrhunderts als Abzweig und gleichzeitig als Gegenstück des tradierten, aber immer wieder variierten Volksmärchens das romantische deutsche Kunstmärchen heraus, von einer Dichterpersönlichkeit geschaffen und nur in seltenen Fällen durch Bearbeitung „variiert". Es ist aber so bedeutsam, daß wir ihm ein gesondertes Kapitel widmen. Hier wollen wir nur anmerken, daß dieser Prozeß für die Entwicklung des Märchens allgemein im 19. Jahrhundert wichtig war.

An dieser Stelle müssen wir aber noch auf Märchen eingehen, die zwischen den beiden Bereichen - zumindest in der Erinnerung des Lesers - angesiedelt sind und die - wiederum im Urteil unseres Lesers - zu den populären Märchen des 19. Jahrhunderts gehören. Vielleicht wurden sie bereits vermißt, die Märchen von Andersen und Hauff.

Untersuchen wir die Geschichten des Dänen Hans Christian Andersen genauer, so zeigt sich, daß die allerwenigsten davon Märchen sind. Bei der Mehrzahl handelt es sich um Exempel, Beispiele, Parabeln, die freilich immer wieder dem Märchen nahe rücken. Märchen, das heißt von Andersen nacherzählte Varianten dänischer Volksmärchen, sind nur: „Das Feuerzeug" (ähnlich wie „Das blaue Licht"; AaTh 562), „Der große und der kleine Klaus" (der alte „Einochs"; AaTh 1535), „Der Reisekamerad" („Der dankbare Tote"; AaTh 507), „Der Tölpel-Hans" (Der Dummling macht sein Glück"; AaTh 853) und „Die Prinzessin auf der Erbse" (AaTh 704). In den beiden zuletzt genannten Märchen ist das Schwankhafte stark ausgeprägt.

Viele der bekannten Geschichten Andersens sind Gleichnisse, die die Vergänglichkeit irdischer Werte widerspiegeln. So zieht ein Hauch von Traurigkeit durch Andersens „Märchen", gerade die Geschichten, die besonders einprägsam und anrührend sind, haben diesen tragischen Unterton. „Die kleine Seejungfrau" (Mahrtenehe) rettet den junge Prinzen vom Tode des Ertrinkens, sie liebt ihn, will ihn und auch eine unsterbliche Seele gewinnen. Aber sie muß ihn in den Armen einer anderen lassen, sie wird zu kaltem Meeresschaum - doch Andersen läßt immer eine Hoffnung, er verweist, wie die Sage, auf das Jenseits. Nach dreihundert Jahren kann die kleine Seejungfrau, die sich inzwischen zu einem Luftgeist gewandelt hat, eine unsterbliche Seele erlangen, wenn sie den Leidenden Kühlung und Erquickung gebracht hat.

„Der Garten des Paradieses“ versinkt, vielleicht kann der Prinz ihn nach dem Tode wieder betreten, wenn seine Gedanken und sein Herz gut waren. „Der standhafte Zinnsoldat“ schmilzt in der Glut des Ofens, und mit ihm verbrennt die kleine Tänzerin aus Papier, die er geliebt hat. Der junge Kaufmann im „Fliegenden Koffer“ verzichtet darauf, die Prinzessin zu gewinnen, und im „Schweinehirt“ wendet sich der Prinz von der Geliebten ab, als er ihren Charakter erkennt. „Das kleine Mädchen mit den Schwefelhölzchen“, barfuß, armselig gekleidet, erfriert in der Kälte des Neujahrsmorgens - aber zuvor hat es noch herrliche, tröstende Visionen, es sieht einen Gänsebraten, einen lichtergeschmückten Weihnachtsbaum und die verstorbene Großmutter, die es mit in den Himmel nimmt. „Niemand wußte, was es Schönes gesehen hatte, in welchem Glanze es mit der Großmutter zur Neujahrsfreude eingegangen war.“ Trost im Traum oder im Glauben - Andersen läßt es offen.

„Die roten Schuhe“, von der putzsüchtigen Karen getragen, bringen ihr Leid, zwingen sie zum Tanzen ohne Unterlaß, bis sie sich die Füße mitsamt den Schuhen abschlagen läßt. Als sie ihre Eitelkeit bereut, wird ihr Herz „so von Sonnenschein, Frieden und Freude erfüllt“, daß es bricht. Und weiter: „Ihre Seele flog auf Sonnenstrahlen zu Gott, und da war niemand, der nach den roten Schuhen fragte.“ Der Nachsatz macht deutlich, daß Andersen ein christliches aber nicht orthodox verengtes Weltbild hatte.

„Der Tölpel-Hans“, „eine alte Geschichte aufs neue erzählt“, scheint die traurigen Töne nicht zu kennen. Der Tölpel-Hans präsentiert der Prinzessin gleich eine tote Krähe zum Braten, und mit seinem Mutterwitz gelingt es ihm, ihre Hand zu erringen. Nur heißt es dann zum Schluß: „Und so wurde Tölpel-Hans König und bekam eine Frau und eine Krone und saß auf einem Throne, und das haben wir gerade aus der Zeitung des Aldermanns - und auf die ist nicht zu bauen.“ also auch nicht auf das Märchenglück.

Der hier angemeldete Skeptizismus richtet sich wie auch viele Motive der „Märchen“ Andersens an die Erwachsenen. Andererseits aber hat er von Anfang an für Kinder erzählt und

„Das kleine Mädchen mit den Schwefelhölzchen“
wird am nächsten Morgen erfroren sein.
Illustration von Bertall, 1872

geschrieben - seine „Märchen“ erschienen in einzelnen Heften seit dem Jahr 1835. Ein Zeitgenosse berichtet in seinen Erinnerungen: „... er erzählte ihnen Geschichten, die er teils im Augenblick selbst machte, teils aus bekannten Märchen holte, aber ob er nun seine eigenen erzählte oder nur nacherzählte, so war seine Erzählweise so ausschließlich seine eigene und so lebendig, daß sie die Kinder entzückte. Ihm selbst machte es Spaß, seiner Laune freien Spielraum zu geben, die Rede floß unaufhaltsam dahin, reichlich ausgestattet mit den den Kindern bekannten Redensarten und meist Gebärden, die dazu paßten.“

Für Kinder bestimmt waren auch moralische Nutzanwendungen, die den „Märchen“ beigefügt wurden oder bereits im Titel ablesbar waren wie „Was der Vater tut, ist immer recht“. Doch auch ein Gleichnis konnte, im Gegensatz zu den meisten Geschichten, einem „märchenhaften“ Schluß zusteuern: „Das häßliche junge Entlein“, das von allen geknufft, gebissen und verspottet wurde, entpuppt sich als herrlicher junger Schwan und jubelt: „So viel Glück habe ich nicht erträumt, als ich noch das häßliche junge Entlein war“!

Es ist begreiflich, daß Andersen, der nicht, wie er gehofft hatte, durch große Werke berühmt wurde, sondern durch seine „Märchen“, sich auch theoretisch mit ihnen auseinanderzusetzen versuchte; dabei steckte er die Grenzen des Genres sehr großzügig ab. Zumindest charakterisieren folgende Worte (von 1857) seine eigene Gestaltungs- und Erzählweise: „Die Märchen-Dichtung ist das am weitesten ausgedehnte Reich der Poesie, es reicht von den blutdampfenden Gräbern der Vorzeit bis zum Bilderbuch der frommen, kindlichen Legende, nimmt die Volksdichtung und Kunstdichtung in sich auf, sie ist mir Repräsentantin aller Poesie, und der, welcher sie beherrscht, kann in sie hineinlegen das Tragische, das Komische, das Naive, die Ironie und den Humor und hat hier die lyrische Saite, das Kindlichplaudernde und die Sprache des Naturbeschreibens zu seinem Dienste.“ (nach Magon: Einleitung zu Andersen, Sämtliche Märchen ...)

Natürlich wußte Andersen, daß der Held im Märchen verdientermaßen zu Glück und Anerkennung, zum Einklang mit sich selbst und der Gesellschaft gelangen sollte (wenn das auch in seinen „Märchen“ oft nicht geschieht). So schien er sich selbst wie eben solch ein Held und nannte seine Autobio-

„Die Geschichte vom Kalif Storch“.
Der Kalif und sein Wesir verwandeln sich in Störche.
Carl Ofterdinger, Kupferstich, 1869

graphie „Das Märchen meines Lebens ohne Dichtung“ (1846). Eine mühsame und entbehrungsreiche Zeit hatte vor dem Beginn seines Aufstieges und der Zeit seines Ruhmes gestanden.

Die Märchen Wilhelm Hauffs sind anders gestimmt. Hauff erzählte keine aus der Überlieferung oder aus Büchern entnommenen Märchen nach, sondern baute tradierte Motive und Gestalten in ein von ihm erfundenes Handlungsgeschehen ein - aber diese Komposition erfüllte ein entscheidendes Signum des Märchens: die Abenteuerhaltigkeit. Die Befriedigung dieser legitimen Sehnsucht nach Abenteuer, nach Bewährung im Abenteuer, die auch aus dem bisher Schwachen einen Helden macht, diese Funktion, die das Märchen über Jahrhunderte erfüllt hatte, übernahm immer mehr der im 19. Jahrhundert sich entwickelnde Abenteuerroman. Zwar gewann so der Abenteuerroman märchenhafte Elemente hinzu, aber die Wirksamkeit des Märchens selbst erlitt Einbuße.

Hauff ist zweifellos bis heute einer der beliebtesten deutschen Märchendichter geblieben. In drei Rahmenerzählungen bringt er seine Märchen dar. Es sind die Zyklen: „Die Karawane" (1825), „Der Scheik von Alexandria und seine Sklaven" (1826) und „Das Wirtshaus im Spessart" (1827). Das bekannteste Märchen der „Karawane" ist wohl „Die Geschichte vom Kalif Storch", die wie auch die Rahmenhandlung im Orient spielt.

„Das Märchen vom falschen Prinzen".
Der Schneidergeselle Labakan macht sich mit dem schnellen Pferd des schlafenden Prinzen auf und davon.
Illustration von Theodor Weber, 1871

Held der Rahmenhandlung ist der edle Räuber Orbasan, der in der blutigen „Geschichte von der abgehauenen Hand" - die allerdings in Italien handelt -, als der geheimnisvolle Rotmantel erscheint. Diese Geschichte ist die einzige, die in direkter Beziehung zur Rahmenhandlung steht. Die anderen Geschichten, ob die von der „Errettung Fatmes", die vom „Gespensterschiff", vom „Kleinen Muck" oder „Das Märchen vom falschen Prinzen", sind lediglich locker aneinandergereiht.

Ebenso verhält es sich mit dem „Scheik von Alexandria und seinen Sklaven", die ein jeder vor ihrer Freilassung eine Geschichte vorzutragen haben. Der letzte Sklave erzählt sein abenteuerliches Leben und gibt sich so als der längst verloren geglaubte Sohn des Scheik zu erkennen.

Manches Märchen Hauffs könnte freilich ohne weiteres auch in deutschen Landen spielen, etwa das vom „Falschen Prinzen". Der Schneidergeselle Labakan mißbraucht die Offenheit eines Prinzen, um sich an dessen Stelle zu schmuggeln, und versucht diesen Prinzen für einen wahnsinnigen Schneider auszugeben, was dank der Klugheit der Mutter des Prinzen und der (eigentlich ganz unnötigen) Hilfe einer Fee mißlingt. Die Fee schenkt dem entlarvten Labakan gar noch unfehlbares Nähzeug, so daß er, in seiner Heimat angekommen, es recht bald zum wohlhabendsten Schneidermeister bringt. - Es ist die Moral des „Schuster bleib bei denen Leisten", die im orientalischen Kostüm daherkommt.

Ähnlich brav und bieder geht es allen dräuenden Gefahren zum Trotz im „Wirtshaus im Spessart" zu. Eine zufällige Reisegesellschaft - zwei Handwerksburschen, ein Student und ein Fuhrmann - vertreibt sich die Nacht im Wirtshaus mit Geschichtenerzählen, denn es scheint da nicht alles mit rechten Dingen zuzugehen, so daß man lieber nicht schlafen möchte.

Die Hauptgeschichte ist die vom „Kalten Herz". Peter Munk, ein Kohlenbrenner, will auch einmal zu Geld und Ansehen kommen, was bei seiner Arbeit schlecht möglich ist. So verkauft er seine Seele dem Bösen, kann diesen dann aber noch einmal überlisten und erhält als Belohnung für seine Reue ein schmuckes Bauernhaus.

Ganz das Gegenstück zum Kohlen-Peter, der so hoch hinaus will und erst im letzten Moment sich bescheiden lernt, ist der junge Silberschmied Felix aus der Rahmenerzählung: „... ‚den Schmuck für meine Frau Pate, die vornehme Gräfin, soll ich hergeben? Eher mein Leben; eher lass' ich mich in kleine Stücke zerschneiden.'" Durch seine Tapferkeit rettet er just seine Patin vor der schmählichen Gefangennahme durch die Räuberbande, welche im Spessart ihr Unwesen treibt. Späterhin weigert sich Felix standhaft, seine stattliche und eigentlich wohlverdiente Belohnung von der Gräfin anzunehmen.

Unausgesprochen steht das „Bleibe im Lande und nähre dich redlich" als Moral fast hinter jedem Hauffschen Märchen. Daß diese gängigen Moralvorstellungen eben nicht aufdringlich serviert, sondern geschickt in die Geschichten eingebunden wurden, trug sicher mit zu ihrer Verbreitung bei.

Aber auch viele Frauen mühten sich um das Märchen, freilich war es ihnen aufgrund der gesellschaftlichen Verhältnisse noch nicht möglich, selbständig sammelnd umherzuziehen. Auch konnten sie sich kaum die notwendige fachliche Ausbildung verschaffen, gaben aber für Kinder geeignete Märchen heraus oder versuchten Märchen für Kinder zu erzählen. Eine Ausnahme stellt die tschechische Dichterin Božena Němcová dar. Sie trug Märchen zusammen, bemühte sich, sie schriftlich zu fixieren, da sie glaubte, die Märchen so besser als Teil der Nationalliteratur bewahren zu können. Auch aus diesem Grunde fühlte sie sich veranlaßt, Gehörtes und Gesammeltes verändert weiterzugeben. So schrieb sie in einem Brief 1846 an ihre Freundin: „Mir widerstrebt es, wenn ich ein Märchen höre, aber völlig verdreht und verunstaltet, es so aufzuschreiben, sondern ich gebe, wo es nötig scheint, von mir hinzu und lasse das Unschöne weg." (Übersetzung nach Jaromir Jech).

Überdies verstärkte sie den ideologischen Gehalt der Märchen in einem Maße, das weit über die Aussage der tradierten Volksmärchen hinausging. Weit entfernte sich Frau Němcová allerdings nicht von der mündlichen Tradition, ihre Sammlungen „Národni báchorky a pověsti" (1845/46, Tschechische Volksmärchen und Sagen) und „Slovenské pohádky a pověsti" (1857/58, Slowakische Märchen und Sagen) fanden regen Widerhall.

„Die zwölf Monate", ein slowakisches Märchen, gleicht in den Grundzügen dem Märchen, das wir aus der Sammlung der Brüder Grimm als „Die drei Männlein im Walde" (AaTh 403 B) kennen.

Die Männer im Walde sind hier allerdings Verkörperungen der zwölf Monate, und die Veilchen, Erdbeeren oder Äpfel wachsen nicht einfach wie durch ein Wunder im Winterwald, sondern erst müssen der März, dann der Juni, dann der September in Aktion treten, um den Schnee schmelzen, die Blumen sprießen und die Früchte reifen zu lassen. Nachdem die böse Stiefmutter und die Stiefschwester bestraft worden sind - im Schnee erfroren -, hat das brave, arbeitsame und schöne Mädchen die Hütte mit der Kuh und einem Stück Feld ganz für sich, und dann findet sich auch ein Bauer, wohlgemerkt kein Königssohn, der sie heiratet.

Auffällig sind die Schilderungen vom Leben auf dem kleinen Anwesen am Bergwald, sie sind ausführlich und realistisch, es sollte ja auch ein Lesepublikum angesprochen werden, das diese Umgebung eben nicht aus eigenem Erleben kannte.

Das Kunstmärchen

Mondbeglänzte Zaubernacht,
Die den Sinn gefangen hält,
Wundervolle Märchenwelt,
Steig auf in der alten Pracht!
Aus „Kaiser Octavianus"
von Ludwig Tieck

Der Begriff Kunstmärchen hat sich so eingebürgert, daß wir ihn übernehmen wollen. Wir möchten aber gleich darauf hinweisen, daß er nicht den Schluß nahelegen darf, die anderen Märchen, die Volksmärchen, hätten nichts mit Kunst, d. h. mit der Kunst des Gestaltens, des Erzählens, zu tun. Beide - Volksmärchen wie Kunstmärchen - sind Dichtung; die Bezeichnung „Kunstmärchen" sagt also nichts aus über den poetischen Wert, der auch bei dieser Gattung manchmal von geringer Qualität sein kann, während er bei manchem Volksmärchen hoch anzusetzen ist.

Das Kunstmärchen hat durch eine namentlich bekannte literarische Persönlichkeit seine einmalige individuelle Prägung erhalten, es ist festgeschrieben. Freilich erscheint die Abgrenzung zu anderen Genres mitunter unscharf, populäre Kunstmärchen können nacherzählt werden - aber sie bleiben doch für Erzähler wie Hörer „Hauffs Märchen" oder „Andersens Märchen". Auch wird der Spielraum des Märchens erweitert, die „Handschrift" des Dichters zeigt sich genauso in seinen Märchenschöpfungen.

Wir haben mit Straparola, Basile, Perrault - um nur einige Namen anzuführen - Literaten kennengelernt, die ihren Lesern Märchen anboten. Aber deren nähere Betrachtung hat uns gezeigt, daß hier ältere, der Überlieferung entnommene, auch anderswo bekannte Märchen dem Zeitgeschmack und dem eigenen Stilempfinden angepaßt wurden. Es sind eben die literarischen Varianten eines Märchens, die einen bestimmten Entwicklungsstand festhalten, die wie Petrefakte in der Tradition stehen. (Auch die durch Chronisten und Spielleute im Zeitgeschmack aufgezeichneten Märchen sind hier zu nennen.)

Die Feenmärchen, die Perraults „Contes de ma mère l'Oye" folgten, liegen freilich im Vorfeld des sich langsam herausbildenden Kunstmärchens, aber der dichterischen Phantasie sind nicht nur durch Etikette und Kunstverständnis des Rokoko Grenzen gesetzt, sondern auch durch die Einschränkung auf ein Motiv: die - an sich alte - Gestalt der Fee. Es wird keine Märchenwelt geschildert, sondern ein wohlgeordnetes Feenreich, in dem amouröse Abenteuer den Vorrang vor Staatsgeschäften haben.

Das Kunstmärchen entfaltet sich erst dann, wenn ein Dichter versucht, die Phantasie, das Spiel mit der Phantasie im Märchen sich zu eigen zu machen, die Gestalten seiner Phantasie mit Gestalten aus der Welt des Märchens zu verbinden, sie gemeinsam agieren zu lassen, tradierte Motive mit selbsterdachten zu verknüpfen.

Vielleicht hat auch hier wieder Herder die Entwicklung vorangetrieben mit seinem uns schon bekannten Hinweis auf die Bedeutung der Mythen und Märchen für Dichter und Philosophen. Das Märchen war, auch durch die verschiedenen Publikationen, im 18. Jahrhundert stärker in das Bewußtsein und in die Gefühlswelt der Dichter eingedrungen, wurde allerdings nur unscharf von benachbarten Genres abgegrenzt: Bei Musäus z. B. waren Märchen und Sagen identisch.

Das Herausheben einer Symbolsprache im Märchen, die jedoch in den Volksmärchen nie durchgängig angewendet wurde, weil sie das Märchen von Handlung, Abenteuer und Erregung weggeführt hätte, regte einige Dichter an, das Märchen in der Form der Allegorie nachzubilden. Als eine solche stellt sich auch Goethes „Märchen" in dem Erzählzyklus „Unterhaltungen deutscher Ausgewanderter" dar, dessen Titel und das Jahr seiner Entstehung, 1795, deuten bereits an, daß das „Märchen" keineswegs eine weltabgewandte Träumerei ist. Hintergrund der „Unterhaltungen" wie auch des „Märchens" sind die politischen Zustände Europas, speziell Frankreichs und Deutschlands, am Ausgang des 18. Jahrhunderts. Wenn Goethe auch der Französischen Revolution von 1789 sehr reserviert gegenüberstand, so war ihm doch klar, daß die Zeit des Ancien Régime, des Absolutismus, vorüber war.

Im „Märchen" selbst ist davon natürlich nirgends direkt die Rede; und die Versuche, die Figuren des „Märchen" - sei es der Alte mit der Lampe, der Ritter, die schöne Lilie, die Reisen oder die Könige - mit Zeitgenossen Goethes oder bestimmten Zuständen seiner Zeit gleichzusetzen, sind noch allemal gescheitert.

Beherrscht wird das „Märchen" ganz offensichtlich von der großen Idee „des gegenseitigen Hilfeleistens der Kräfte und des Zurückweisens aufeinander" (Schiller), wodurch beinahe zwangsläufig Glück und Wohlfahrt aller befördert werden.

Zwei andere, weniger bedeutungsschwere Märchen Goethes sind „Der neue Paris" und „Die neue Melusine".

Im „Neuen Paris", in „Dichtung und Wahrheit" (1811-1833) enthalten, berichtet Goethe, wie ihm als Knabe in der Nacht vor Pfingstsonntag träumte, daß er vor einem großen Spiegel stünde und ihm Merkur erschiene, um ihm drei apfelgroße Edelsteine zu überreichen, die er - Goethe - den drei schönsten jungen Leuten der Stadt geben solle, denen dann vortreffliche Gattinnen zufallen würden. Die Edelsteine verwandeln sich sodann in puppengroße Jungfrauen, die entschweben, da er sie ergreifen will. Der Knabe steht noch staunend, da bemerkt er, wie auf seinen Fingerspitzen ein winziges Mädchen tanzt, doch als er es erhaschen will, erhält er einen solchen Schlag an den Kopf, daß er eine ganze Weile bewußtlos liegt.

Später am Tag will der junge Goethe Freunde besuchen und findet sich auf einmal in einer verrufenen Gegend, der „Schlimmen Mauer", wieder, wo er eine nie zuvor gesehene Pforte entdeckt. Hinter der Pforte liegt ein wundersamer Garten, in dem der Knabe sowohl die drei Schönen aus den Edelsteinen wie auch das kleine Mädchen, nun aber alle in natürlicher Größe wiedertrifft. Doch beim Spielen mit der Kleinen kommt es zum Streit, und der Junge wird des Gartens verwiesen, wenn auch mit dem Rat, sich das Pförtchen in der Mauer nur ja gut zu merken. Aber er kann die Pforte nie mehr finden.

„Die neue Melusine", eingebettet in „Wilhelm Meisters Wanderjahre" (1821), ist eine heitere Variation Goethes auf die alte Sage von der schönen Meerfrau, die den Grafen Raimund heiratet unter der Bedingung, daß er ihrem allsonntäglichen Verschwinden nicht nachforscht; als Raimund sein Versprechen bricht, verwandelt sich die Melusine in einen Dachen und entschwindet.

Bei Goethe nun ist der Ich-Erzähler ein Taugenichts, der sich recht und schlecht durchschlägt; und ausgerechnet auf ihn fällt die Wahl einer zeitweise Menschengröße annehmenden Zwergenprinzessin. Diese braucht den jungen Menschen zwecks Blutauffrischung, denn die Zwerge, zumal die Mitglieder der königlichen Familie, sind im Verlauf der Jahrtausende bedenklich klein geworden. Der Erzähler stimmt zwar zunächst zu, mit Hilfe eines Zauberringes ebenfalls Zwergengröße anzunehmen, kann aber auf die Dauer seines Prinzgemahldaseins unter den Zwergen nicht so recht froh werden. Er feilt heimlich den Zauberring durch und gewinnt so wieder seine natürliche Größe; dabei tauscht er nur zu gern die Liebe einer Prinzessin gegen die einer Köchin ein, letztere ist ihm gemäßer. - Ein recht ironisches Märchen also, dessen Held so gar nichts Heldisches an sich hat.

Das Weltbild er Romantiker war ein anderes als das Goethes. Diese Dichter wie Maler und Musiker fühlten sich in ihren politischen Hoffnungen, die sich anfangs sehr auf die Ideale der Französischen Revolution gründeten, enttäuscht, und die Enttäuschung wuchs in der Zeit der Napoleonischen Kriege an. Auch die ökonomischen und sozialen Veränderungen, die eine sich immer mehr nach kapitalistischen Bedingungen entwickelnde Wirtschaft mit sich brachte, machten es dem einzelnen nicht leichter, sich mit seiner individuellen Begabung harmonisch in die Gesellschaft und die Natur einzufügen. In Absage an verlorene Ideale wandten sich viele der Romantiker der Vergangenheit zu, vor allem dem Mittelalter, sie glaubten hier noch gesicherte Ordnungen und unumstrittene Wertvorstellungen vorzufinden. Diese Flucht aus der unbefriedigenden Gegenwart in die Welt des Mittelalters war auch eine Flucht in eine Welt, die als die Welt ungebrochener Frömmigkeit und Religiosität galt. Das Märchen mit seiner über Zeit und Raum greifenden Handlung schien da ein geeignetes „Vehikel“. Auch die Vertreter der Romantik, die sich nicht in eine verklärte Vergangenheit zurücksehnten, sondern eine bessere Welt erträumten, die Wirklichkeit in Poesie „aufheben“ wollten, fanden eben jene Träumereien in den Märchen vorgezeichnet. Damit konnte die Romantik trotz dunkler Töne und

Titelblatt der Erstausgabe von Clemens Brentanos
Märchenbearbeitungen

der Beschäftigung mit den „Nachtseiten des Lebens" zum Träger von Hoffnungen werden, und es verwundert nicht, daß gerade die Märchen der Romantik zum bleibenden Bestand der Literatur gehören.

„Das Märchen ist gleichsam der Kanon der Poesie - alles Poetische muß darum märchenhaft sein", schrieb Novalis (Friedrich Leopold Freiherr von Hardenberg). In seinem „Hyacinth und Rosenblüte" (1802) zieht es den melancholisch-träumerischen Jüngling Hyacinth unwiderstehlich in die Ferne - auch seine Liebste, Rosenblüte, kann ihn nicht halten -, ohne daß der Jüngling zu sagen wüßte, was ihn denn forttreibt. Nach langer Wanderschaft durch viele fremde Länder steht er dann plötzlich vor ihr, der „Mutter der Dinge, der verschleierten Jungfrau... und Rosenblütchen sank in seine Arme". Dieser Abschluß wirkt vor allem durch den nachfolgenden Verweis auf viele Kinder und Enkel nicht gerade märchenhaft kühn, eher durchaus biedermeierlich.

In dem Fragment gebliebenen Roman „Heinrich von Ofterdingen" (1802) hat Novalis im 3. Kapitel das Märchen (Kaufleute erzählen es) von „Atlantis" eingebettet. jenes Atlantis war ein Königreich, an dessen Hof man über der Dichtkunst schier alles andere vergaß. Zufällig gerät die Thronerbin auf ein Landgut in der Nähe des Schlosses. Die Bewohner dieses Gutes haben sich ausschließlich der Natur und ihrer Beobachtung verschrieben und wissen nichts von Poesie und höfischer Kultur. Aber die Prinzessin lernt dort einen jungen Mann kennen, der ihr von der Natur und ihren Wundern und Geheimnissen erzählt, während sie ihn mit der Kultur des Hofes und der Dichtkunst vertraut macht, bis er es gar selbst zum vortrefflichsten Dichter bringt.

Prompt verlieben sich die Prinzessin und der Jüngling ineinander, und nach Monaten der Abwesenheit der Prinzessin vom Hofe erscheint der Jüngling dort als Sänger und Seher, der sein und der Prinzessin Schicksal in wohlgebauten Versen erzählt. Als nun auch noch die Prinzessin mit ihrem Kinde auftaucht, kann der alte König kaum anders, als den jungen Poeten zum künftigen Herrscher zu bestimmen.

Spielten die Märchen der Romantiker fern vom Alltag - erst recht dem ihrer Zeit -, so waren die Märchen Novalis' dem prosaischen Alltag am weitesten entrückt, am stärksten von der Sehnsucht nach der „blauen Blume" bestimmt.

Gackeleia
in der
Mäusestadt.
Alexander
Zick,
Holzschnitt,
1872

In den Jahren zwischen 1809 und 1816/17 begann Clemens Brentano die Märchen des Basile zu bearbeiten, sie dabei dem eigenen Stilempfinden anzupassen und als „Italienische Kindermärchen“ anzubieten.

Trotz oft lustiger, an die kindliche Psyche gerichteter Eigennamen wie Witzenspitzel - ein pfiffiger Edelknabe -, Labelang und Dickedull - ein Riesenpaar-, Lämmerfraß - der Wolf -, Honigbart - der Bär -, und wenn auch die Handlung teilweise in einem niedlichen Mäusereich spielte (wie bei „Gockel und Hinkel“), waren Brentanos Märchen kaum für Kinder geeignet. Sie sind zu unübersichtlich und zu sehr mit Symbolen unterlegt. Überdies nutzte Brentano die Märchen, um in ihnen literarische Gegner, wie den Homer-Übersetzer Johann Heinrich Voß, zu befehden.

„Das Märchen von den Märchen oder Liebseelchen" sollte die Rahmenerzählung der geplanten „Pentameron"-Bearbeitung bilden. Es blieb unvollendet, da Brentano das Projekt fallen ließ, nachdem er zehn Märchen nach den Vorlagen des Basile geschrieben hatte.

Wohl das bekannteste unter ihnen ist „Das Märchen von Gockel und Hinkel" (entstanden um 1815/16), das auf den „Hahnenstein" des Basile baut und von Brentano im Laufe der Jahre immer wieder bearbeitet, zuletzt stark mit kirchlichen (katholischen) Lehren „beladen" wurde. Aber in seiner frühen Fassung zeigt es viel poetischen und komischen Reiz:

„In Deutschland in einem Wald lebte ein altes Männchen, und das hieß Gockel. Gockel hatte ein Weib, und das hieß Hinkel. Gockel und Hinkel hatten ein Töchterchen, und das hieß Gackeleia. Die Wohnung war in einem alten Schloß... Gras und Kraut wuchs aus allen Winkeln, und die Vögel vom Zaunkönig bis zum Storch nisteten in dem wüsten Haus. Es versuchten zwar einigemal auch Geier, Habichte, Weihen, Falken, Eulen, Raben und solche vornehmen Vögel sich da anzusiedeln, aber Gockel schlug es ihnen rund ab, wenn sie ihm gleich allerlei Braten und Fische als Miete bezahlen wollten. Da ihm nun auch sein Weib Hinkel sagte: ‚Mein lieber Gockel, es geht uns sehr knapp, warum willst du die vornehmen Vögel nicht hier wohnen lassen? Wir könnten die Miete doch wohl brauchen...'"

Mit dem Zyklus der „Rheinmärchen", an dem Brentano seit 1816 arbeitete, wurde diese Entwicklung fortgesetzt. Der Held des Erzählrahmens, der Müller Radlauf, ist zugleich der Held des Eingangsmärchens. Er fühlt sich dem Vater Rhein, an dessen Ufern er lebt, eng verbunden. Brentano nahm Motive aus der Sage vom Binger Mäuseturm und der Sage vom Rattenfänger zu Hameln auf. Als die Kinder von Mainz in den Rhein entführt werden und auf dem Grund des Stromes auf Erlösung hoffen, gibt Vater Rhein den Mainzer Bürgern die Möglichkeit, ihre Kinder durch Erzählen wiederzugewinnen. Radlauf beginn mit dem Erzählen und befreit dadurch die ihm versprochene Prinzessin. Er berichtet vom fluchbeladenen Geschick des Hauses Starenberg, von den Ahnen, die Naturgeister geheiratet hatten - darunter befand sich auch die „Frau Lure Lay“, eine Wasserfee.

Dem Müller gelingt es, den Fluch zu tilgen, die Vorfahren zu erlösen. Damit war der glückhafte Ausgang des Märchens vorbereitet, aber die Erzählrunde war ausgeufert, nicht mehr überschau- und gestaltbar. Alle Mainzer Bürger hatten zu erzählen, um ihre Kinder zu erlösen - Brentano hatte sich selbst die Grenzen zu weit gesteckt, die „Rheinmärchen“ blieben ein Fragment.

Jedoch zeigen schon die Bruchstücke die Fabulierfreudigkeit Brentanos, die er oft ungehemmt schweifen ließ, von einem Motiv zum anderen springend. Wie die Motive, so mengte Brentano auch unterschiedliche Genres miteinander - besonders eben in den „Rheinmärchen“: mythische Elemente, sagenhafte und märchenhafte.

Daneben blendete er auch lyrische Passagen ein, um Stimmungsgehalte zu vertiefen:

Rhein, du hast uns eingeladen
In dein grünes Wasserschloß
Zwischen jauchzenden Gestaden
In den kühlen Felsenschoß.
Und wir wollen jenen Kindern,
Die du drin gefangen hast,
Märchen singend, bald vermindern
Ihres Heimwehs bittre Last.

Allerdings stehen diese Verse den knappen, formelhaften Versen des Volksmärchens fern, die gerade an dramatischen Höhepunkten als treibendes Moment eingelagert sind.

In der Familie Achims von Arnim, der mit Brentano befreundet und verschwägert war, versuchte sich auch die Tochter Gisela mit dem Nachdichten von Märchen. Dabei hat sie nicht nur auf volkstümliche Motive, sondern auch auf solche der Kunstmärchen und anderer Genres zurückgegriffen. Viele der Märchen richtete sie in Briefform an ihren Neffen. In neuester Zeit wiederentdeckt und auch verfilmt wurde ihr Märchenroman „Das Leben der Hochgräfin Gritta von Rattenzuhausbeiuns“. Wenn Ludwig Tieck in seiner Dramatisierung des Volksbuches vom Kaiser Octavianus die „mondbeglänzte Zaubernacht“ und die „wundervolle Märchenwelt“ in ihrer „alten

„Rheinmärchen“ von Clemens Brentano. Die Loreley winkt dem versinkenden Schiff zu. Illustration von Eduard von Steinle, 1846

Pracht“ beschwört, so hat er in seinen Novellenmärchen, oft auch als „Naturmärchen“ gesehen, die Märchenwelt nicht in wundervoller Pracht gezeichnet, sondern im dunklen Ton der Sagenwelt.

Zuvor hatte sich Tieck bereits in der Adaption orientalischer Märchen versucht. Er trug orientalisches Kolorit auf, glitt aber dann unvermittelt in die Schilderung eines moosbedeckten Hüttchens im heimatlichen Wald hinüber. In dem Märchen „Die Freunde“ (1797) durchwandert der Held ein Feenreich, gibt fast den Verlockungen nach, bescheidet sich am Ende aber doch mit seiner bürgerlichen Alltagswelt - ganz anders als E. T. A. Hoffmanns Student Anselmus im „Goldnen Topf“.

Tiecks Naturmärchen „Der blonde Eckbert“ (das erste romantische deutsche Kunstmärchen) und „Der Runenberg“ entstanden 1796 und 1803, also vor dem Erscheinen der „Kinder- und Hausmärchen“. Auch Tiecks Helden flüchteten sich in die Vergangenheit - und die Natur, aber vergeblich. Seine Helden sind nicht die „wahren“ Märchenhelden, sie sind vielmehr passiv, leidend und verunsichert, selbst einer Erlösung bedürftig. Sie entfliehen in die Natur, in den Wald, das Gebirge, die Einsamkeit, stoßen aber überall auf dämonische Kräfte.

„Der blonde Eckbert“, ein Ritter, hat mit Bertha eine reiche Frau gewonnen, lebt dennoch einsam mit ihr auf seiner Burg. Er fühlt sich einem geheimnisvollen Schicksal ausgeliefert. Wie ein Leitmotiv zieht sich das Lied des Vogels, der einem alten, im Walde hausenden Weibe gehört, durch das Märchen:

Waldeinsamkeit,
Die mich erfreut,
So morgen wie heut,
in ew’ger Zeit,...

Das aber auch gewandelt wird:

Waldeinsamkeit,
Wie liegst du weit!

und so Schuldgefühl und Reue wachruft.

Eckbert, der nach dem Tode Berthas in diese Waldeinsamkeit flieht, muß erkennen, daß sie ihm feindlich ist, daß sie sein ganzes Leben zerstört hat. Er ist immer einsam gewesen, Bertha, seine Frau, war seine Schwester, der Freund, den er getötet hat, scheint wieder auferstanden zu sein. Schließlich verfällt er dem Wahnsinn: „Gott im Himmel... in welcher entsetzlichen Einsamkeit habe ich dann mein Leben hingebracht."

Und Eckbert stirbt vor der Hütte des alten Weibes, während der Vogel sein Lied singt:

Waldeinsamkeit
Mich wieder freut,...

Wie der Held der Sage, dem er in vielem gleicht, zerbricht Eckbert an jenseitigen Mächten, aber auch - und das ist das neue psychologische Moment - an der eigenen seelischen Zerrissenheit. Ähnlich verläuft das Schicksal Christians im Märchen vom „Runenberg", nur sind die Grenzen zwischen Traum und Tag, zwischen Wirklichkeit und Wahnvorstellungen noch stärker verwischt. Den „Gärtnerssohn aus der Ebene zieht es wie mit fremder Gewalt" aus dem heimatlichen Kreise, es zieht ihn in felsige Berge, dunkle Tannenwälder, wo er als Jäger seine Dienste verrichtet.

In einer Nacht aber ist es ihm, als ob er „die Wunde berührt habe, an der der sterbende Leichnam der Natur in Schmerzen verscheiden wolle". Dann begegnet er einem geheimnisvollen Fremden, der ihn zu der alten Ruine auf dem Runenberg weist. Am Morgen ist dem jungen Jäger nur die Erinnerung an Schätze und eine wunderschöne Frau geblieben, er weiß nicht, ob er alles geträumt oder erlebt hat oder ob er vom Wahnsinn befallen ist. Er sehnt sich danach, wieder in einem friedlichen Dorfe in der Ebene zu wohnen, er fürchtet die Einsamkeit des Gebirges, die wüsten Felsen. Doch nur für wenige Jahre lebt Christian als Landmann ruhig und zufrieden. Die Sucht nach Gold gewinnt die Oberhand. Diese Gier nach Gold und Geld ist es, die alle menschlichen Werte zerstört (ein gängiges Motiv der Romantik, sicher aus der Beobachtung der Realität gewonnen).

Christian geht in das Gebirge, um dort der Erde ihre Schätze zu entreißen. Er wird ein letztes Mal gesehen, als er aus dem Walde tritt, in zerrissener Kleidung, mit wirrem Bart, gestützt auf eine junge Fichte, auf dem Rücken einen Sack. Der Unglückliche schüttet Kiesel und Steine aus, die er für Juwelen ansieht, und verschwindet mit einem alten entsetzlichen Waldweib, das für ihn die geheimnisvolle Schöne vom Runenberg ist. Auch Christian ist dem Wahnsinn verfallen, wie der blonde Eckbert. Das Märchenwunder löst sich in Wahnvorstellungen auf. Allerdings schwingt untergründig die Frage mit, ob nicht doch der Held, sei es Eckbert, sei es Christian, die rechten Augen und das rechte Erkenntnisvermögen für das Wunder hat. So zeigen die Naturmärchen, daß das Verlangen, sich in die Vergangenheit oder die Natur zu flüchten, keinen Ausweg, kein Refugium bietet.

Spätere Märchennovellen wie „Die Elfen" und „Der Pokal" sind nicht so sehr mit dem Unheimlichen belastet, aber dennoch mit dunklen Tönen verwoben. In den „Elfen" sterben das Mädchen und sein Kind vor Sehnsucht nach dem verlorenen Paradies, dem Reich der Feen, aus dem sie vertrieben wurden. Im „Pokal" begegnen sich die beiden Liebenden erst kurz vor dem Tode wieder, der sie dann endgültig vereint. Eine Vereinigung, die nicht dem glückhaften Ausgang des Volksmärchens entspricht.

Aber kein Schauder mehr, kein Sturz in Wahnsinn, nur schmerzliches Begreifen und Resignation. Wie vom „Gestiefelten Kater", den Tieck aus der Sammlung Perraults übernommen hatte, schuf er auch von „Ritter Blaubart" eine Dramenfassung, deren Stimmungslage zu der Dämonie der Naturmärchen paßte. Auf der Bühne heimisch wurde der Blaubart jedoch erst später in Jacques Offenbachs komischer Oper.

Während in den Märchen Tiecks das Wundergeschehen fraglich ist - es können auch Wahnvorstellungen sein -, bleiben bei Friedrich de la Motte Fouqués „Undine" (1811) solche Zweifel nicht. Dieses Märchen, das der Anlage und dem Umfang nach bereits zum Roman tendiert, greift eigentlich ein Sagenmotiv auf: das Motiv von der Mahrtenehe, der Ehe eines Menschen mit einem Naturdämon. Der tragische Ausgang ist in der Sage vorgegeben.

Die Natur zeigt sich in zweifacher Gestalt: einmal als einsamherbe Seenlandschaft, zum anderen verfremdet in „Undine", der „kleinen Welle", einem Wassergeist aus einer respektablen Familie - mit einem Vater, der Wasserfürst ist, und einem Oheim Kühleborn, der bald als Wasserfall, bald als Bach in die Szene hineinsprudelt. Obwohl Mißgunst, höfischer

Glanz und Zwang die beiden Liebenden auseinanderbringen, gelingt es Undine doch noch, sich mit dem geliebten Gatten wieder zu vereinen - im Tode und darüber hinaus:

„An die Stelle, wo sie gekniet hatte, quoll ein silberhelles Brünnlein aus dem Rasen; das rieselte und rieselte fort, bis es den Grabhügel des Ritters fast ganz umzogen hatte, dann rannte es fürder und ergoß sich in einem stillen Weiher, der zur Seite des Gottesackers lag. Noch zu späten Zeiten sollen die Bewohner des Dorfes die Quelle gezeigt und fest die Meinung gehegt haben, dies sei die arme, verstoßene Undine, die auf diese Art noch immer mit freundlichen Armen ihren Liebling umfasse."

Dieser Schluß trifft wieder den Ton der Sage, trotzdem wirkt er - ähnlich wie das Märchen - letztlich versöhnlich und tröstlich - im Gegensatz zu Andersens Märchen von der „Kleinen Seejungfrau".

Gleichzeitig wird deutlich, wie die Bilder aus der Sagen- und Märchenwelt Symbolwert erhalten. „Undine" gehört zu den bekanntesten Kunstmärchen, diese Popularität hat sie jedoch - und das ist charakteristisch für das 19. Jahrhundert - über die Opernbühne erlangt. E. T. A. Hoffmann hatte als erster nach dem Märchen seines Freundes Fouqué die Oper „Undine" (1816) komponiert; 1845 griff Albert Lortzing das Thema wieder auf, daneben gab es noch andere Versuche, „Undine" auf der Bühne heimisch zu machen.

Ein weiterer Freund E. T. A. Hoffmanns, Karl Wilhelm Salice-Contessa - einer der Serapionsbrüder -, schrieb förmlich das Paradestück eines romantischen Kunstmärchens. In das recht umfangreiche Gebilde „Das Schwert und die Schlangen" (1816) war alles einbezogen, was dem Märchen und dem Mittelalter zugeschrieben wurde. Wild zerklüftete Natur mit Höhlen, Schrecknissen und Schlangen, weiter Burgen, Königreiche, stolze Sippen, ein Schmied mit mythischer Aura, Schwerter und fromme Talismane. Der Held ist ein Bauernsohn, der auszieht, um König Giselherr zu erlösen. Für seine guten Taten gelangt er zu königlichen Ehren und zu einer Prinzessin. Und um das mittelalterliche Panorama abzurunden, wird zu guter Letzt seine vornehme Abkunft enthüllt. Noch eines hat Contessas Held dem Helden des Volksmärchens voraus: Ihn begleitet ein Diener; wieder sind die Einflüsse von der Bühne her spürbar.

Wenn die Märchen von Novalis, Tieck und Brentano im fernen Mittelalter angesiedelt waren, so spielen Hoffmanns Märchen durchaus in seiner Gegenwart, im jedermann zugänglichen Alltag. Auch seine Gestalten sind gewöhnliche: der Student Anselmus, der Konrektor Paulmann mit den Töchtern Veronika und Fränze oder der Registrator Heerbrand, um nur einige der handelnden Personen aus dem wohl schönsten Märchen Hoffmanns, dem „Goldnen Topf" (1814), zu nennen.

Gleichwohl entbehrt der „Goldne Topf" nicht des Phantastischen. Die Rauerin, ein altes Apfelweib, entpuppt sich als weise Frau, als Hexe, sie ist die Frucht der Verbindung einer Drachenfeder mit einer Runkelrübe. Und der Gegenspieler der Rauerin, im bürgerlichen Alltag der Geheime Archivarius Lindhorst, ist ein Sohn des Salamanders, der einst ein Günstling des Geisterfürsten Phosphorus war.

Den goldnen Topf, der sich im Besitz des Archivarius befindet und die Mitgift für seine jüngste Tochter Serepentina darstellt, will die Rauerin an sich bringen. Dazu bedient sich die Alte der Demoiselle Veronika Paulmann, die sich gar zu gern als Gattin des Hofrats Anselmus sehen würde. Doch der Archivarius siegt über die Rauerin, der Anselmus wird Schwiegersohn des Alten und erhält den goldnen Topf sowie ein Rittergut in Atlantis, und das strebsame Fräulein Veronika bekommt die Hand des frischgebackenen Hofrats Heerbrand.

Der Kampf zwischen Hexe und Zauberer wird zwar auch mit Beschwörungen und dergleichen geführt, dringt aber ebenso in die Alltagswelt ein: Die Rauerin versucht als häßlicher Türklopfer, den Anselmus vom Haus des Archivarius abzuschrecken.

Hoffmanns Figuren selbst sind keineswegs ganz ahnungslos bei diesem Kampfe: Der Student Anselmus wurde vom Archivarius so weit wie nötig eingeweiht, der Registrator ahnt manches, nur für den Konrektor sind das alles „Phantasmata, die man durch applizieren von Blutigeln am Steiß" kurieren kann. Veronika aber weiß alles und versteht nichts; das Schicksal der Rauerin, die einst ihre Kinderfrau war, ist ihr ganz gleichgültig, ist sie doch eine Frau Hofrat geworden.

Gespenstischer, schauerlicher als alle Hexenkünste der Rauerin und des Archivarius sind die spießige Borniertheit des Konrektors und die Karrieresucht seiner Tochter, die die tiefsten Geheimnisse nur soweit interessieren, wie nötig ist, um

„Undine". Wieder an Land gespült, wird Undine,
die „kleine Welle", zum menschlichen Geschöpf.
Illustration von Arthur Rackham
zu Friedrich de la Motte Fouqués Märchen, 1909

auf der gesellschaftlichen Rangleiter emporzuklimmen. Die Wechselverfremdung von Wunderbarstem und ganz Gewöhnlichem, die bei Novalis und Tieck bereits anklingt, wird bei Hoffmann überscharf herausgearbeitet.

Spielt „Der goldne Topf" teils in der Geister-, teils in der Kleinbürgerwelt, so ein anderes Märchen am Hof eines Duodezfürsten: „Klein Zaches genannt Zinnober" (1819). Dieser Zinnober ist ein rechtes kleines Scheusal, doch von einer gutmeinenden Fee mit der Gabe versehen, daß alles, was einer Gescheites tue oder sage, dem Zinnober zugesprochen werde: Sitzt einer stolz zu Pferde, so lobt man den Zaches als kühnen Reiter, hat einer ein Gedicht verfaßt, wird Zinnober der Applaus zuteil. So gelangt Klein Zaches denn auch bald in die Residenz des Ländchens und wird gar schnell Minister. Aber die drei Haare, in denen seine ganze Zauberkraft steckt, werden dem Kleinen ausgerissen, und jeder erkennt den Zaches für das, was er ist: eine Mißgestalt, fast ein Wurzelmann. So gibt es denn vor dem Haus des gestürzten Ministers Zinnober eine Fünf-Minuten-Rebellion, man will dem ehemaligen Günstling die Jacke ausklopfen, und wie der sich zu retten versucht, stürzt er in den Nachttopf und kommt elendiglich darin um.

Die Stimmung schlägt neuerlich um, alles betrauert den dahingegangenen Minister, dem nun sogar ein Staatsbegräbnis zuteil wird. - So gewiß „Klein Zaches" eine Parodie auf die deutsche Kleinstaaterei ist, so ist er auch eine Parodie auf die Feenmärchen: wurde doch aus der Fee Rosabelverde das ehrbare Stiftsfräulein von Rosenschön, das nur hin und wieder seine Künste an Wehrlosen übt. An Schulmeisters Michel etwa, den es beim Stibitzen von Kartoffeln in der Stiftsküche ertappte, und der seitdem immerfort mit offenem Munde herumlaufen muß, oder eben an dem kleinen Zaches. Letzten Endes richtet die Fee mehr Schaden an, als daß sie nützt, selbst bei ihren Schützlingen wie Klein Zaches, genannt Zinnober.

„Nußknacker und Mausekönig" wurde von E. T. A. Hoffmann als Kindermärchen geschrieben (1816) und fand tatsächlich bei den Kindern Fritz und Marie seines Freundes Julius Hitzig großen Anklang, zumal sie sich als Fritz und Marie Stahlbaum wiedererkennen konnten. Aber auch in diesem Kinder- und Weihnachtsmärchen wird die scheinbar heile

„Nußknacker und Mausekönig“. Der Nußknacker überreicht Marie Stahlbaum die sieben goldenen Krönchen des überwundenen Mausekönigs. Illustration von Adrienne Ségur, 1954

Welt des bürgerlichen Weihnachtsabends heimlich des Nachts bedroht, und sei's nur durch den Mausekönig.

Wie Wilhelm Hauff nahm auch der Schwabe Eduard Mörike Motive und Gestalten seiner zwei Märchen aus der heimischen Sagenwelt und Überlieferung. Er baute jedoch keines der Motive zu einer selbständigen Erzählung aus, sondern verschachtelte sie auf vielfältige Weise, um dadurch Buntfarbigkeit und Mehrschichtigkeit des Märchens zu erreichen. So sind auf unterschiedlichen Ebenen Handlungsstränge miteinander verwoben, mitunter in fast verwirrender Fülle. Die „Historie von der schönen Lau“, eingelassen in „Das Stuttgarter Hutzelmännlein“ (1853), kann unbeschadet aus dem Erzählgefüge herausgenommen und als selbständiges Märchen angeboten werden, das die Geschichte einer schönen Wasserfee

„Historie von der schönen Lau". Die Wasserfee des Blautopfes erscheint vor dem wandernden Gesellen. Umrißzeichnung von Julius Neue nach Moritz von Schwind (1868), 1873

diesmal ohne tragische Untertöne wiedergibt und gleichzeitig überleitet zu lokalen Überlieferungen um den Blautopf, einem tiefdunkelblauen Quellbecken bei Blaubeuren.

„Das Stuttgarter Hutzelmännlein" blendet weiter zurück, „wohl vor fünfhundert Jahren". Der Schutzgeist der Schusterzunft - eben das Hutzelmännlein - rüstet den Gesellen Seppe für seine Wanderschaft von Stuttgart nach Ulm und wieder zurück mit einem nie zu Ende Gehenden Hutzelbrot aus und besucht später den glücklich verheirateten, seßhaft gewordenen Seppe im Kreise seiner Familie. Es geht nicht nur wunderlich, ja wunderbar zu in Mörikes Märchenwelt, es geht vor allem gemütlich zu. Die Helden, gleich aus welchem Jahrhundert, führen ein glückliches und bescheidenes Dasein, geachtet in ihrem Gemeinwesen, getreulich der Maxime des Schöpfers: „Doch in der Mitten, liegt holdes Bescheiden."

Auch die Märchenwelt war eingegrenzt. Sie war in der schwäbischen Heimat angesiedelt und brauchte daher die lokalgeschichtliche Einbindung, darum war sie vertrauter.

Den gemütvollen und oft auch humorvollen Gestalten entsprachen in der Malerei die Idyllen Carl Spitzwegs und die Bilder Moritz von Schwinds, z. B. „Ritter Kuno von Falkensteins Ritt". Die Brautfahrt wurde bei den Epigonen der Kunstmärchendichter zu einem immer wieder aufgegriffenen Thema. „Waldmeisters Brautfahrt" (1851) von Otto Roquette öffnete dem Trivialen die Tore.

Bevor wir die Märchendichtung der Romantik abschließen, möchten wir noch einen Titel anführen, der auf den ersten Blick kaum zu den Märchen zu rechnen ist: „Aus dem Leben eines Taugenichts" (1826) von Joseph von Eichendorff. Der Taugenichts, der Geselle, der singend und geigend in die Welt hinauszieht - hinein in eine Kette von Abenteuern -, ist dem Helden des Volksmärchens aber doch weit näher als z. B. der Christian aus dem „Runenberg". Er begegnet zwei reizenden Damen, verliebt sich hoffnungslos in die eine, denn unerreichbar scheint die junge Gräfin für ihn. solche Kümmernisse hatte der Held des Volksmärchens freilich nicht, im Gegenteil, sie hätten ihn nur angespornt. Doch zum Schluß geht alles glücklich aus - eben wie im Märchen. Der Taugenichts kann die Geliebte heiraten, denn sie ist keine Gräfin, sondern die Nichte des alten Schloßportiers. Ein gütiger Graf schenkt dem jungen Paar ein Schlößchen, einen Garten und einen Weinberg. Wiederum liegt das Glück im Sich-Bescheiden - eine Einsicht, zu der viele Bürger unter dem Druck der Restaurationspolitik gelangten.

Während in der Romantik das Märchen bei den Dichtern in überaus hohem Ansehen stand, gelangten die Vertreter der nachfolgenden literarhistorischen Strömung des Realismus zu einer ganz anderen Wertung. Es trat hinter andere Genres zurück, der Roman erlebte eine Blütezeit. Wir fragen aber, ob nicht Elemente des Märchens den „guten Ausgang“ des Familienromans mitbestimmten. Völlig verzichten wollten dennoch auch die Dichter des Realismus nicht auf das Märchen mit seinen poetischen Möglichkeiten. Vor allem, wenn es um soziale Probleme ging, waren ihnen im Märchen einige Leit linien hilfreich, z. B. der Held, der, aus ärmlichen Verhältnissen stammend, sich durch seine Tüchtigkeit emporarbeitete.

Freilich waren die Realisten zurückhaltender mit der Zuweisung in das Genre des Märchens. Da ist „Spiegel, das Kätzchen“, ausdrücklich als Märchen eingelassen in Gottfried Kellers Novellenzyklus „Die Leute von Seldwyla“ (1856).

Zuerst scheint es nur darum zu gehen, die Redensart „Er hat der Katze den Schmer abgekauft“ zu erklären, letztlich entsteht aber ein Bild des mittelalterlichen Seldwyla. Solch eine Rückblende entspricht dem „Es war einmal...“ des Märchens; außerdem treten in dieser Geschichte der Selbstbehauptung eines armen verlassenen Katers Motive und Gestalten des Tier- und Zaubermärchens hervor. Den Namen Spiegel hat der Tierheld wegen seines schimmernden Felles erhalten. Als aber seine alte Herrin gestorben ist, die Erben ihn aus dem Hause jagen, verkommt der arme Spiegel.

Hungrig und verwahrlost geht er auf den Vorschlag des Hexenmeisters Pineiß ein, der ihm gegen gute Kost seinen Schmer abkaufen will. Doch als Pineiß zum festgesetzten Tag bereits das Messer wetzt, gelingt es dem Kater, sich zauberische Kräfte fügsam zu machen und damit den Hexenmeister zu überlisten. Am Ende ist der geldgierige Pineiß mit einer alten Vettel verheiratet, die ihn tüchtig hexen und arbeiten läßt: „... und wenn Spiegel vorüberging und es sah, sagte er freundlich: ‚Immer fleißig, fleißig Herr Pineiß?‘“ Also ein tröstlicher Ausgang des Märchens - der Schwache, der Leidende, kann sich gegenüber dem, der sich mächtig dünkt, behaupten. Und ein Wunder, wie es sich für ein Märchen gehört, wirkt auf seiner Seite.

In den „Geschichten aus der Tonne“ (erstmals 1866 erschienen, erweitert 1873) zeichnete Theodor Storm eine Erzählsituation nach, die autobiographische Züge trägt. An den langen Herbstabenden fanden sich die Kinder zusammen, und nun hieß es „Stücken vertellen“: „Je heimlicher aber und verborgener wir unseren Märchensaal aufgeschlagen hatten, desto schöner hörten sich die Geschichten an... Mich vorzüglich trieb jene Vorliebe für heimliche Erzählplätzchen zur Entdeckung immer neuer Schlupfwinkel. So hatte ich unter andern eine große leere Tonne dazu ausersehen... In dieser Tonne hab ich die schönsten Geschichten meines Lebens gehört.“ Es sind drei Volksmärchen, die Storm nacherzählte, auch „Das Märchen von den drei Spinnerinnen“. Die Versuche, eigene Märchen zu schaffen, gingen freilich in eine andere Richtung. Wie in seiner Lyrik und in seinen Novellen arbeitete Storm vor allem Elemente und Gestalten des Volksglaubens und der Sage in seine dem Märchen zuzuordnenden Geschichten ein, die deshalb als Sagen oder Historien bezeichnet wurden wie „Der Spiegel des Cyprianus“. In „Bulemanns Haus“ wird der alte Geizhals, der den Tod eines Neffen verschuldet hatte, zu einer Spukgestalt im eigenen Hause in Gesellschaft huschender Mäuse und riesiger Katzen. Diese „Historie“ hat keinen Helden, sie hat nur einen Frevler, der bestraft wird - bestraft wie im dämonischen Jenseits, obwohl das Haus, wenn auch verfallen, in einer norddeutschen Seestadt steht. „Hinzelmeier - Eine nachdenkliche Geschichte“ (1857) und „Die Regentrude“ (1863) öffnen zwar den Blick in eine jenseitige Welt, Hinzelmeier vermag sie nicht zu betreten, er stirbt, zu seinen Häupten sitzt ein Rabe. „Die Regentrude“, als Märchen vermerkt, hat tatsächlich einen glücklichen Ausgang. Nach einer Wanderung in die Unterwelt kann das junge Paar dem Lande, den Menschen und den Tieren den so ersehnten Regen bescheren. Als Andrees und Maren dann getraut werden, fallen einige Regentropfen in den Kranz der Braut. „Das bedeutet Glück!“ riefen die Leute - Storm läßt in dem märchenhaften Schluß wieder den Volksglauben anklingen.

Nun haben wir freilich immer wieder feststellen können, daß Glaubensvorstellungen, abgerundet als ein Motiv oder eine Gestalt, in die Märchen eingingen, aber es waren archaische Glaubensvorstellungen, die kaum noch Glaubenswert besaßen, dafür aber poetische Kraft gewonnen hatten. Lebendiger, mit dem Erzählen verbundener Volksglauben weist jedoch auf die Nähe zur Sage, und die ist bei Storm überall spürbar.

Gottfried Keller und Theodor Storm hatten ihre Märchen in der Stadt angesiedelt, zuvor auch E. T. A. Hoffmann. Aber es war doch die deutsche typische Kleinstadt - bis auf die Hoffmannschen Märchen -, die zum Handlungsort wurde. Die Großstadt mit Banken, Börsen, Handelshäusern, Industrievierteln, Bahnhöfen schien dem Märchen, auch dem Kunstmärchen, entgegenzustehen. Charles Dickens aber verlegte die Handlung seines Weihnachtsmärchens „A Christmas Carol in Prose" (1843) in die hektische Großstadt mit all ihren sozialen Problemen!

Dickens wie auch sein Lesepublikum standen noch in der Tradition der englisch-schottischen und irischen Spukgeschichte, und so ist es nicht verwunderlich, daß statt Märchenfiguren Spukgestalten und Gespenster in dem „Weihnachtslied in Prosa" agieren. Zwar deutete Dickens als Kind eines naturwissenschaftlichen Zeitalters an, das Gespenst könnte eher aus der „Speisekamer" kommen - als Folge eines unverdauten Mahles - als aus der Grabkammer, aber er benötigte die Fiktion, das Gespenst, um das Wunder in Gang zu bringen. Ohne ein Wunder hätte es bei den geschilderten harten Lebensbedingungen den verhärteten Charakteren keine Entwicklung gegeben. Feen und z. B. der Zauberer Merlin wären in der Millionenstadt London zwischen Börse, Banken, Docks, Lagerhäusern, Hinterhöfen fehl am Platz.

Das Wunder findet zu Weihnachten statt, Weihnachten - die Zeit des göttlichen Wunders, an das man glauben möchte. Aber bei Dickens wird das biblische zu einem sozialen Wunder. Mister Scrooge, die Hauptfigur in „Christmas Carol", ein cleverer Geschäftsmann, ein Börsianer, ist fast ein Antiheld. Ausgerechnet in seiner Wohnung erscheint ihm der verstorbene Geschäftspartner - im traditionellen Aufzug eines Gespenstes mit rasselnder Kette. Aber diese Kette stammt nicht aus einem mittelalterlichen Verlies, sondern trägt das Signum des 19. Jahrhunderts! Sie ist aus Geldkassetten, Schlüsseln, Urkunden und Hauptbüchern zusammengefügt. Doch die Mahnungen des gespenstischen Partners, der im Jenseits von Ge-

„A Christmas Carol in Prose".
Scrooges dritter Besucher erscheint.
Illustration von John Leech, 1843

wissensbissen gequält wird, vermögen Scrooge noch nicht zu wandeln. Andere Geister führen ihn in andere Zeiten und Räume, und Scrooge erlebt visionär, wie er einsam und verlassen stirbt. Als er nach einigen Stunden erwacht, ist er geläutert, seine Umkehr ist ein Wunder in der Weihnacht, er verläßt die düstere Behausung, um anderen ein frohes Fest und Freude zu bereiten.

Der nunmehr menschenfreundliche Scrooge ist auch selbst ein glücklicher Mensch geworden, er ist nicht an seinem gespaltenen Ich zerbrochen wie die Märchenhelden Tiecks. So eröffnet der Schluß trotz der vorhergegangenen düsteren Schilderungen vom Elend einer Großstadt dennoch eine optimistische Weltsicht, wie sie ja dem Märchen eigen ist. Aber es ist auch Didaktik spürbar; der einzelne wird angesprochen - hier vom Dichter, nicht vom Prediger.

Weniger bekannt als „Christmas Carol" ist der zweite Märchenversuch Dickens': „The Chimes" (Die Silvesterglocken, 1844), wieder an einen Festtag gebunden, an Silvester. Die Glocken, die das neue Jahr und die Zukunft einläuten, erhalten allegorisch überhöhte Bedeutung. Ein armer Botengänger ist der Held. Ihn erfüllt das Glockengeläute mit Zuversicht und bringt Selbstbewußtsein, er steht dem Helden des Volksmärchens näher als Mr. Scrooge. Doch letztlich sollen die Glocken in der Neujahrsnacht von allen Bewohnern Londons gehört werden, alle sollen angesprochen werden. Auch mit seinen Märchen zeigt sich Dickens als sozial engagierter Schriftsteller, der auf das unaussprechliche Elend in den Armenvierteln einer Großstadt aufmerksam machte.

Die Dichter des Realismus hatten, wie wir sahen, auch im Märchen das Geschehen „realer" werden lassen. Die österreichische Novellistin Marie von Ebner-Eschenbach findet in der „Prinzessin Leiladin" einen dem Märchen konträren, letztlich aber glückhaften Schluß und unterscheidet sich dadurch vom resignierenden Ton Andersens: Der Held, ein braver Bursche, verzichtet auf die Hand der Prinzessin und ihr Könireich, weil ihre Schönheit nur äußerlich ist, sie in Wirklichkeit seelenlos und ein ausgezierter Pappdeckel ist. Der Bursche fühlt sich erst wieder glücklich, als er mit dem Hofnarren zusammen in die weite Welt zieht.

Auch bei August Strindbergs „Blauflügelchen findet den Goldpuder" (1903) wird die Aussage des Märchens umgekehrt.

Die grüne Insel, das einsame Haus, in die Natur verwoben, erscheinen wie eine Märchenwelt, aber sie wird durch die unschuldige Märchenheldin zerstört, die das Pflänzchen Goldpuder suchen muß. Das Mädchen, brav, wie die Heldin zu sein hat, ist nicht neugierig, kann schweigen und findet auch die Wunderpflanze. „‚Blauflügelchen hat den Goldpuder gefunden!' sagte der Geistliche, als er in die Tür des Saales kam. ‚Jetzt sind wir alle reich, das ganze Dorf, denn nun wird es Badeort.'" Und so geschah es: Die Märchenwelt versinkt im Kommerz. Das ist der traurige Schluß, ganz ohne den Optimismus des tradierten Märchens.

In seiner Kindheit hatte Alexander Sergejewitsch Puschkin von der Kinderfrau Arina Rodionowna Matwejewa, einer Leibeigenen, Märchen gehört. Als er 1824 wegen politischer Äußerungen nach Michailowskoje verbannt wurde, ließ er sich dort, im heimatlichen Dorf, von seiner früheren Kinderfrau Märchen erzählen. Puschkin schrieb an seinen Bruder: „Von welchem Reiz sind diese Märchen! Ein jedes ist ein Poem."

Aber Puschkin hörte von Bauern und von einem blinden Bettler noch mehr Märchen. Sie wurden niedergeschrieben und regten Puschkin zu eigner Märchendichtung an. Damit stieß der Dichter auf das Problem des Volkstümlichen in der Literatur und äußerte sich in einem Aufsatz folgendermaßen:

„Seit einiger Zeit ist es bei uns zur Gewohnheit geworden, von Volkstümlichkeit zu sprechen und sich über Mangel an Volkstümlichkeit zu beklagen, aber niemand denkt daran zu definieren, was er unter dem Worte Volkstümlichkeit versteht." Puschkin gab auch keine Definition, aber er schuf seine Märchen, indem er überlieferte Gestalten und Motive der russischen Folklore mit seinen Gestaltungsintentionen verband.

Im Gegensatz zu der in den Volksmärchen üblichen Prosa - oft mit eingestreuten Versen - faßte Puschkin seine Märchen in Reimpaaren ab, letztlich hatte er sich damit aber nicht weit von der tradierten Volksdichtung entfernt, denn in einer vorwiegend mündlichen Überlieferung spielte der Reim als Gedächtnisstütze keine unwesentliche Rolle. In „Skaska o zare Saltane" (1831, Märchen vom Zaren Saltan) geht es um das Schicksal eines jungen Mädchens, das der Zar heiratet, dem aber die Ehe mit dem Zaren und die Geburt des Sohnes mißgönnt werden. Eigentlich zum Tode bestimmt, gelingt es der jungen Zarin, sich und das Kind zu retten. Nach langen

Jahren der Trennung wird die Familie wieder glücklich vereint. Der Zar verzeiht den reuigen Verursachern des Unglücks. Dann folgt ein in die Märchentradition einlenkender Schluß - wieder ein wenig ironisierend:

Als der Tag verging - betrunken
Ist Saltan ins Bett gesunken ...
Ich war dort, trank Met und Bier,
Naß ward nur der Schnauzbart mir.

Auch in seinen anderen Märchen bewahrte Puschkin die Grundzüge des jeweiligen Volksmärchens, er gab es eben - als Dichter und Erzähler - in seiner Sprache wieder.

Die „Skaska o pope i o rabotnike ego balde" (1830, Märchen von dem Popen und seinem Knecht Lümmel) benennt schon im Titel Held und Gegenspieler; der Held ist der Knecht, der bei dem geizigen Pfaffen dient und sich nichts weiter ausbedungen hat, als seinem Brotherrn am Schluß drei Nasenstüber geben zu dürfen. Beim dritten Nasenstüber verlor der so gestrafte Geizhals seinen Verstand:

Und der Lümmel belehrte bedächtig:
Sei, Pfaffe, nicht geizig und niederträchtig!

„Der Fischer un syne Fru" (AaTh 555) präsentiert sich als „Skaska o rybake i rybke" (1833, Märchen vom Fischer und dem Fischlein). Zum Schluß, als sie auch das Meer und das Wunderfischlein beherrschen will, sitzt die nie zufriedene Alte wieder auf der Schwelle ihrer Erdhütte. Kritisch ist auch das gegen eine wortbrüchigen Zaren gerichtete „Märchen vom goldenen Hahn" (Skaska o solotom petuschke, 1834), das in der Erzähltradition wohl kaum einen Vorläufer besaß. Puschkin zielte auf die „Lehre", besser wohl die Ethik, des Märchens:

Märchen flunkern, doch ihr Kern,
Wäre lehrreich manchem Herrn.

In der Tradition steht dann wieder die „Skaska o mjortwoi zarewne i semi bogatyrjach" (1833, Märchen von der toten Zarentochter und den sieben Recken). Es ist Schneewittchen (AaTh 706), das nicht bei den sieben Zwergen, sondern tief im Walde, bei den sieben Recken wohnt - genaugenommen ist der Unterschied nicht groß, denn der Recke war nicht nur der Held, sondern anfangs der Verstoßene. Wir finden auch wieder die Schlußformel mit dem Met und dem Bier.

An dieser Stelle können wir noch Nikolai Wassiljewitsch Gogols „Spuk in der Christnacht" nennen, obwohl und gerade weil wir dabei auf ein Problem stoßen, das uns bei der Betrachtung des Kunstmärchens des öfteren begegnet: Wenn wir das Kunstmärchen als Zweig des Märchens allgemein auffassen, so grenzen wir es damit auch ab gegen benachbarte Genres, wenngleich es in der dichterischen und phantasievollen Gestaltung immer wieder zu Begegnungen und Verschmelzungen der Genres kommen kann. Aber so wie wir das Märchen gegen die Sage abgrenzen, so auch gegen die Spukgeschichte. In der wird ja nicht wie im Märchen eine Gegenwelt aufgebaut, sondern das Irrationale bricht jäh in die Alltagswelt ein, macht sie gefährlich.

Märchen und Spukgeschichten stehen sich also gegenüber, deshalb reihen wir auch nicht so bekannte Erzählungen wie Robert Louis Stevensons „Flaschenteufel" in die Kunstmärchendichtung ein. In Nikolai W. Gogols „Notsch peres roshdestvom" (1832, Die Nacht vor Weihnachten) - eine ländliche Variante zu Dickens' „Christmas Carol" - dagegen kommen zwar ein Teufel und eine Hexe vor, die im Weiher von Dikanjka ihr Unwesen treiben, aber es sind närrische Kapriolen, die kein Schauergefühl erwecken und erwecken sollen. Der Teufel benimmt sich freilich „polizeiwidrig", küßt aber die Hände der Hexe „mit denselben Gebärden wie der Assessor der Popentochter"... Der Schmied wird entrückt und kehrt vom Zarenhofe mit herrlichen Schuhen zurück, die er dem geliebten Mädchen als Brautgeschenk überreicht. So lebt dann das Paar glücklich in einem schönen Holzhaus und hat viele Kinder. Der Spukklamauk in der Nacht erinnert sehr an die Geisterkatzen mit ihren scharfen Krallen und an die unheimlichen schwarzen Kerle, mit denen es der Gruselnlerner zu tun bekam. Und weil ein solcher Spuk eben nicht düster und bedrohlich ist, sondern letztlich nur den Mut des Helden bestätigt, ist eine amüsante Abrechnung mit Geistern und Spukgestalten ein vergnüglicher Märchenschluß.

Anders als Dickens in „A Christmas Carol" rückte William M. Thackeray sein Märchen „The Rose and the Ring" (1854) in historische und lokale Ferne, um „zehn- oder zwanzigtausend Jahre(n)“ zurück ins „Lande Paflagonia“: Der Dichter wollte damit den Leser belustigen, er versprach ja auch eine Pantomime für große und kleine Kinder. Märchenhaft verfremdet finden wir Wälder und Schlösser, Universitäten und Ordensverleihungen neben Feldschlachten, Intrigen und lehrreichen Seminaren. Ebenfalls anders als Dickens läßt Thackeray vor diesem Hintergrund, durch den immer wieder der Lebensstil des viktorianischen England schimmert, eine Fee agieren. Sie ist es, die Turbulenzen, aber auch die Wunder bewirkt und alles zu einem guten Ende führt, freilich zu keinem Ende in Hochstimmung und immerwährendem Glück. Diese Fee heißt Blackstick, nach ihrem schwarzen Zauberstab, den sie wie ein Zauberer auf der Bühne handhabt, der ihr auch als Beförderungsmittel dienen kann - anstelle des hexengemäßen Besens. Doch die Fee hat ihr feenhaftes, aber auch dämonisches Fluidum verloren, sie erinnert mehr an die Vorsitzende eines Wohltätigkeitsvereins, schaut bei allem auf die Wirtschaftlichkeit und zieht schließlich selbst die Bilanz ihres Tuns: „Ebensogut könnte ich meinen Zauberladen schließen und die Dinge ihren natürlichen Lauf nehmen lassen.“

Mit dieser Mischung aus Ironie, Gesellschaftskritik und Klamauk parodiert Thackeray das Feenmärchen (fairy tale) und belegt damit, daß diese Erzähltradition in England noch immer lebendig war.

Reverend Charles Lutwidge Dodgson, Dozent am Christ Church College in Oxford, unternahm an einem schönen Julitag des Jahres 1862 eine Bootsfahrt zusammen mit einem Kollegen und drei kleinen Mädchen, die ihn baten, ein Märchen zu erzählen. Und das tat er auch, eines der Mädchen, Alice Liddell, machte er dabei zur Heldin seiner Geschichte - später beschrieb er in einem Gedicht, wie er in dem Ruderkahn saß und erzählte:

Erlahmte meine Phantasie,
nie wurden müd die Gören!

Aber der Reverend erzählte gern und hatte genügend Phantasie. Aus der Erinnerung schrieb er später den Märchentraum um die kleine Alice nieder, erweiterte das Erzählte und stattete es mit selbstgemalten Bildern aus. So wurde es Alice als

„Alice im Wunderland“ wie sie sich der Autor vorstellte. Lewis Carroll, Zeichnung, o. J.

Weihnachtsgeschenk präsentiert („Alice's Adventures Under Ground“). Unter dem Pseudonym Lewis Carroll erschien dann 1865 das Buch „Alice's Adventures in Wonderland“ (Alice im Wunderland).

Alice mußte sich freilich zu einem seltsamen Einstieg in das Wunderland bequemen - durch ein Kaninchenloch. Als sie mit

„Alice im Wunderland“. Der Königin wurden Törtchen gestohlen, durch einen Prozeß soll der Täter ermittelt werden. Das Kaninchen ist der Herold, die Tiere rechts unten auf der Bank sind die Geschworenen.
Frontispiz von John Tenniel, 1871

ihrer Schwester schläfrig auf einer Bank sitzt, sieht sie, wie ein weißes Kaninchen vorbeihoppelt, jammert, daß es sich verspätet habe, und aus der Westentasche eine Uhr zieht, da muß sie hinterhersetzen - einfach aus Neugier. Spätestens jetzt beginnen für Alice die Wunder, denn plötzlich kann sie wie das kleine weiße Kaninchen in das Loch schlüpfen, und sie purzelt mit ihm in die Tiefe. Nach einem fast endlosen Fall tut sich ihr eine neue wunderliche Welt auf. Interessant ist, daß das Wunderland wie die alten Jenseitswelten des tradierten Märchens im Erdinnern liegt. Zum Wunderlichen dieser Welt gehören noch andere Tiere wie die Grinsekatze, der Vogel Greif, die falsche Schildkröte, und in einem Festzug zeigen sich König und Königin - wie aus den Spielkarten.

Die Königin jedoch flößt ihr - und den anderen auch - Furcht ein, den schnell ist sie dabei zu rufen: „Schlagt ihr den Kopf ab!“ oder „Schlagt ihm den Kopf ab!“, und dazu stampft sie mit dem Fuß auf den Boden.

Schließlich bedroht die Herzkönigin sogar Alice mit ihrem: „Kopf ab!“ Da rebelliert Alice: „Ihr seid ja alle nur Spielkarten.“ Als daraufhin das ganze Kartenspiel auf sie zugewirbelt kommt, stößt Alice einen Schrei aus - und findet sich auf der Bank neben der Schwester wieder: „Wach auf, Alice, mein Liebling! ... Du hast aber lange geschlafen!“ Alice hatte den Besuch im Wunderland nur geträumt, daran läßt Carroll keinen Zweifel. Es gibt nicht wie bei den Romantikern eine Grenzverwischung zwischen Tag und Traum, sondern es gibt nur einen wunderlichen Märchentraum.

Das Schönste an diesem Traum war für das kleine wohlerzogene Mädchen Alice wohl, daß sie sagen und fragen und auch tun konnte, was ihr sonst nicht gestattet war.

Wie viele erfolgreiche Bücher fand auch „Alice im Wunderland“ 1867 eine Fortsetzung: „Through the Looking-Glass“ (Alice im Spiegelland). Diesmal hockt Alice in einem Sessel mit einem Garnknäuel und einem verspielten Katzenkind. Mit dem Kätzchen zusammen kann sie plötzlich durch den Spiegel in das „Spiegelhaus“ gehen und trifft dort auf Schachfiguren. Sie erlebt wieder Abenteuer - um zum Schluß aufzuwachen, die schnurrende Katze im Arm. Carroll hatte sich oft mit Kindern unterhalten, ihnen oft erzählt, dieser Erzählton ist in den Märchen noch spürbar.

Oscar Wildes Märchen sind oft ironisch gebrochen: in „The

Happy Prince“ (1888, Der glückliche Prinz) bewundern die Stadtväter die schöne (und gewiß teure!) Statue des zu Lebzeiten so glücklichen Prinzen. Als Statue aber sieht dieser all das Elend seiner Stadt; so bittet er eine zu seinen Füßen rastende Schwalbe, ihm bei der Milderung des Elends zu helfen. Die Schwalbe pickt dem Prinzen, wie er's gesagt, die Saphir-Augen aus und bringt diese einer armen Näherin und einem hungernden Poeten; doch damit ist nur zweien geholfen. Der Gold- und Edelsteinschmuck der Statue reicht bei weitem nicht, alle Not zu lindern, geschweige denn zu beseitigen. So sehen denn die Stadtväter mit Bestürzung die schmucklose und nun ganz unnütze Statue und lassen sie einschmelzen. Das bleierne Herz des Prinzen aber wandert auf den Müll, wo schon die erfrorene Schwalbe liegt: Die, die helfen wollten, sind selbst darüber zugrunde gegangen.

Ähnlich Wildes Märchen „The Devoted Friend“ (Der opferwillige Freund): Der dicke Müller verspricht dem armen Hans eine alte, unbrauchbare Schubkarre. Dafür muß Hans nun Tag um Tag für den Müller schaffen, der ihm das Hohelied von der Uneigennützigkeit wahrer Freundschaft zu singen weiß. Eines Nachts gerät Hans - wieder einmal für den Müller unterwegs - in ein Moor und ertrinkt dort. Den meisten Schaden davon hat, nach seinen eigenen Worten, der Müller: Denn wer nimmt ihm nun die unbrauchbare Schubkarre, die doch nur im Wege ist, ab?

Ein so bitterer Schluß wäre selbst bei Andersen, bei dem die Welt letzten Endes doch nicht völlig trostlos ist, undenkbar. Freilich sieht sich Wilde dem philiströsen und bigotten Bürgertum des viktorianischen Zeitalters gegenüber.

Daß Realismus als Schaffensmethode und die Welt des Märchens sich vertragen, ja ergänzen können, bezeugen Maxim Gorkis „Skaski ob Italii“ (Italienische Märchen, entstanden zwischen 1906 und 1913), die der kranke Dichter während seines Aufenthaltes auf Capri schrieb - aus dem Erleben der Landschaft und der Menschen heraus. Für seine Leser in der Heimat war er schon damit in die exotische Ferne der Märchenwelt gerückt, sie kannten nicht die schöne Insel im Golf von Neapel und würden sie wohl auch nie kennenlernen können. Gorki formulierte im Vorwort zur Ausgabe des Jahres 1920 über seine Helden: „... und gerade diese Vorzüge, die der Mensch sich nur langsam und unter großen Leiden erringt, diese Vorzüge muß man manchmal übersteigert und schöner darstellen, um damit ihre Bedeutung hervorzuheben. In hellen Farben muß man ausmalen, wie schön die Keime des Guten sind, die sich - das ist unsere ganz feste Überzeugung - mit der Zeit reich und leuchtend entfalten werden." Dabei sind die Helden dieser Märchen keine Heroen, sondern der kleine Pepe, der alte Fischer, die Mutter, die beherzt dem großen Timur, der „Geißel der Menschheit", gegenübertritt und ihren Sohn zurückfordert. Um Heldentum zu zeigen, benötigt Gorki keine zu bekämpfenden Ungeheuer oder Drachen. Seine Helden kämpfen gegen Menschen, die Gewalt besitzen und skrupellos ausüben, und sie siegen.

Oft ist es keine bravouröse Tat, mit der alle Hindernisse überwunden werden, nur eine Überlegung, eine freundliche Geste, ein Entgegenkommen, so in der „Heirat". Das ganze Dorf spottet über den armen Junge, der ein armes Mädchen heiraten will, weil es klug und gut ist. Da sie beide nichts besaßen, beschlossen sie, daß die Erde ihr Hochzeitsbett sein sollte. Aber plötzlich bekommt der junge Mann ein Häuschen, einen ehemaligen Schafstall, geschenkt, der Tischler gibt ein Bett ab, die Krämerin stiftet Kissen und Laken, und so ging es weiter, bis am Hochzeitsmorgen alles da war: Wäsche, Geschirr, Möbel, eine Madonnenstatue, Brot, Wein, Fürchte - und alle feiern die Hochzeit und waren glücklich. Und auch der Pfarrer stimmte mit ein: „... die Arbeit steht höher als alles Kupfer- und Silbergeld: die Arbeit ist stets mehr wert, als der Preis, den man für sie zahlt! Das Geld verschwindet, die Arbeit aber bleibt."

Gorkis Märchen sind keine Träume, aber die Gestalten seiner Märchen träumen, sie träumen von einer besseren Zukunft, und das müssen sie auch, ihre Wünsche können noch nicht in Erfüllung gehen. Die Hoffnung ist auf die Zukunft gerichtet, sie erst kann die Glückserfüllung bringen. Wie in tradierten Volksmärchen steht auch in Gorkis Märchen der Held im Einklang mit der Natur. Da trinken in der „Blume des Lebens" um die Mittagszeit vier Steinsetzer einen Schluck Wein, schauen einem Mädchen nach und unterhalten sich. „Und ringsum singt das Meer, die Stadt dröhnt, und die glühende Sonne zaubert wunderbare Märchenbilder hervor."

Mit „Pinocchio", „Zäpfel Kern" und „Buratino" haben wir drei Märchen mit dem gleichen Motiv: die Abenteuer eines hölzernen Menschleins. Etwa 50 Jahre liegen zwischen der ersten und der dritten Variante - auch das kann man an den Geschichten ablesen, nicht nur die unterschiedlichen künstlerischen Handschriften.

1884 schrieb Carlo Collodi (eigentlich Lorenzini) „Le Avventure di Pinocchio" (Pinocchios Abenteuer) - ein Kinderbuch, das bald in alle Weltsprachen übersetzt wurde. Pinocchio - ursprünglich ein ominöses Holzscheit - entsteht unter den Händen des alten Geppetto, der sich mit einer Marionette ein Stück Brot und ein Glas Wein verdienen will. Doch Pinocchio treibt vom ersten Augenblick an nichts als Schabernack und Unfug. Statt brav zur Schule zu gehen, besucht er das Marionettentheater des Puppenspielers Feuerfresser und bewirkt prompt ein großes Durcheinander, was Signor Feuerfresser zunächst übel aufnimmt. Doch dann, vom Mitleid gerührt, schenkt er Pinocchio 5 Goldstücke. Auf dem Weg nach Haus trifft Pinocchio die beiden Betrüger Füchsin und Kater, die ihm sein Gold zwar nicht mit Gewalt, aber dafür desto einfacher mit Hilfe einer List im Lande der Einfältigen abnehmen können, wofür Pinocchio auch noch eingesperrt wird.

So belehrt, beschließt Pinocchio fortan fleißig die Schule zu besuchen, läßt sich jedoch nur zu bald dazu überreden, ins Spielzeugland, wo es weder Schulen noch Lehrer gibt, zu fahren. Prompt sieht sich Pinocchio in einen Esel verwandelt und muß als solcher Kunststücke in einem Zirkus zeigen. Doch durch die Hilfe einer gütigen Fee, die über sein Schicksal wacht, wird das Eselchen wieder zur Marionette.

Nunmehr geläutert, arbeitet Pinocchio tagsüber schwer, um seinen kranken Vater Geppetto zu ernähren, des Abend aber lernt er lesen und schreiben. Als er sich etwas Geld erspart hat und ein neues Jäckchen kaufen will, hört er, daß die Fee völlig verarmt und krank darniederliege. Sogleich ist er bereit, seine Ersparnisse für die Fee hinzugeben, die ihn jetzt, da er sich als fleißig, dankbar und selbstlos erweist, in einen richtigen Jungen aus Fleisch und Blut verwandelt. -

Otto Julius Bierbaums „Zäpfel Kerns Abenteuer" (1905) ist eine recht freie Übersetzung des „Pinocchio", weicht aber im großen und ganzen kaum davon ab. Zäpfel Kern allerdings hat gar nicht so unbedingt das Verlangen, ein braver Junge und nützliches Glied der Gesellschaft zu werden - er zieht es letztlich vor, ein Kasperle zu bleiben. Mochte es für Collodi noch ein Ziel sein, fleißige und brave Bürger heranzuziehen, so war Bierbaum rund 20 Jahre später im Wilhelminischen Deutschland in dieser Beziehung viel skeptischer - für ihn waren Fleiß und Erfolg allein durchaus keine höchsten Güter. -

„Solotoi kljutschik ili prikljutschenija buratino“ (Das goldene Schlüsselchen oder Die Abenteuer des Burattino) verfaßte Alexej Tolstoi 1936. Der „Burattino“ entwickelt sich zu einer ganz eigenen Geschichte: Zum einen ist und bleibt Burattino eine Holzpuppe, zweitens wird aus der gütigen und pädagogisch erfolgreichen Fee ein Marionettenmädchen, das sich vergeblich bemüht, Burattino zu gesittetem Benehmen zu erziehen, und drittens wird die Randfigur des Marionettendirektors, hier Carabas Barabas geheißen, zum Gegenspieler Burattinos.

Beide, Carabas Barabas wie Burattino, suchen das goldene Schlüsselchen: Es eröffnet den Zugang zu einem verborgenen wunderschönen Marionettentheater. Burattino und sein „Papa“ Carlo siegen schließlich über den grausamen Carabas Barabas, dessen Marionetten sämtlich zu Burattino überlaufen. Der Held des „Goldenen Schlüsselchens“, Burattino, muß sich selbst auf seine Klugheit, seinen Einfallsreichtum verlassen: Ihm hilft keine allmächtige Fee.

Märchen schriftloser Völker

Auf freiem Felde
legte die Tochter des Königsgeiers
ihre Flügel an,
hieß den Gatten
sich an ihren Schultern festzuhalten
und begann zu fliegen.

Aus einem Märchen
der Wapidiana-Indianer
vom Rio Negro

Nachdem in der ersten Hälfte des 19. Jahrhundert in den Ländern Europas zahlreiche Märchensammlungen entstanden waren und auch die frühen Sammlungen Asiens, vor allem Vorderasiens und Arabiens, aufs neue erschlossen worden waren, nachdem sich eine Märchenforschung etabliert hatte, weitete sich die Suche nach Märchen in der zweiten Hälfte des Jahrhunderts aus. Ethnographen brachten von anderen Kontinenten eine Fülle folkloristischen Materials herbei. Freilich waren das nicht alles Märchen, neben Liedern fanden sich Mythen, vor allem Ursprungsmythen, naturausdeutende Sagen, Geschichten um Ahnen, die in Verbindung zum Ahnenkult verehrt wurden, Geschichten um kluge Tiere, oftmals durch didaktische Züge zur Fabel hinüberweisend, und Erzählungen von Dämonen, die gleichfalls in den frühen Glaubensvorstellungen eine Rolle spielten.

Doch in dem breiten Spektrum der Erzählgattungen und -stoffe wurden immer wieder Märchen sichtbar und zeugten davon, daß das Märchen als Genre weltweit verbreitet war. In jenen fernen Regionen wurden die Märchen noch erzählt und in mündlicher Tradition weitergegeben. sie gehörten Völkern, die bereits deshalb fremd erschienen, weil sie noch in festen Stammesverbänden lebten, frühen Formen der Religion und des Kultes anhingen, noch keine Schriftsprache entwickelt hatten und - meist als Jäger, Sammler oder Bodenbauer lebend, noch keine Stadtkultur kannten. Außerdem waren sie noch nicht oder nur in geringem Maße mit Hochreligionen in

Berührung gekommen. Diese Merkmale trafen für die unterschiedlichsten Völker zu, ob sie als Eskimos hoch im Norden oder als australische Ureinwohner im Busch lebten. Ansonsten gab es natürlich gravierende Unterschiede, schon allein auf Grund der klimatischen, geographischen, wirtschaftlichen und ethnischen Bedingungen, z. B. in den Fragen der Ernährung, Kleidung, Jagd, des Wohnens und Glaubens.

All das mußte sich in den Märchen, die nie ihren Bezug zur Wirklichkeit völlig aufgaben, um als freies Phantasieprodukt zu entschweben, niederschlagen und mußte ihnen einen großen Facettenreichtum geben.

In Anbetracht der Gemeinsamkeiten, aber auch der Unterschiede war es schon immer schwierig und problematisch, einen Überbegriff für diese - wir kürzen es hier einmal ab - im Stammesverband lebenden Völker zu finden. Auf alle Fälle scheidet für den deutschen Sprachgebrauch der Begriff Primitive aus. Vielfach wurde und wird der Terminus Naturvölker verwendet. Das wäre zu akzeptieren, wenn man ein Naturvolk im Sinne Jean-Jacques Rousseaus begreift - Menschen, frei von sie erdrückenden gesellschaftlichen Zwängen. Aber sehr leicht stellt sich dem Begriff Naturvolk der Begriff Kulturvolk gegenüber, und es zeigt sich doch in den Märchen - und nicht nur in ihnen - ein Beitrag zur allgemeinen Kultur.

Andererseits sind mit der Bezugnahme auf die „Natur" die starke Verbundenheit und Abhängigkeit dieser Völker mit und von ihr gekennzeichnet. Naturvolk - ein oft gebrauchter, aber widersprüchlicher Begriff. Auch der Ausdruck rezente Völker ist in der Diskussion, er verdeutlicht, daß diese Völker in der Entwicklung der gesellschaftlichen Formationen noch zurückgeblieben sind, ohne ihnen dies anlasten zu wollen. Aber letztlich wird damit ein Negativkriterium herausgestellt, so daß dieser Terminus auch nicht ohne Problematik ist. Besser ist es, von Menschen zu sprechen, die noch in urgesellschaftlichen Verhältnissen leben. Somit bietet sich uns hier ein guter Ansatz, um wieder auf die Märchen zu blicken. Wenn also die Erzähler und Träger dieser Märchen den Feudalismus als Gesellschaftsform nicht kannten, so werden wir in ihren Märchen natürlich weder Könige noch Ritter, auch keine Prinzen und Prinzessinnen finden. Die Helden und die anderen Personen sind Jäger, Sammler, Fischer; freilich erscheinen auch, wenngleich nicht häufig, die Stammeshäuptlinge im Märchen.

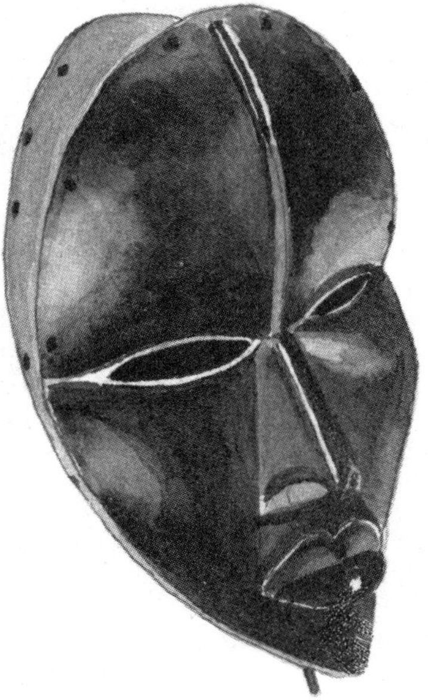

Die Maskenmutter erzählte Mythen und hielt Dämonen fern. Zeichnung nach einer Maske aus Westafrika

Es gab keine Kaufmannschaft, auch das löbliche Handwerk - jedenfalls mit Zünften, Meistern und Gesellen - war nicht vertreten.

Das „Es war einmal..." reicht hier sehr weit zurück und ist doch so lebendig; für die Erzähler ist es, besser wohl war es, erlebte Gegenwart, die sie ins Märchen umsetzten.

Wir wissen nicht genau, wann diese Märchen entstanden - auf alle Fälle hatten sie, als sie im 19. Jahrhundert von europäischen Reisenden und Wissenschaftlern entdeckt wurden, eine längere mündliche Tradition hinter sich. Die kulturhistorische Tiefe, die sie haben, die sich nicht nur, wie wir es gewohnt sind, in einzelnen archaischen, dann aber poetisch genutzten Motiven spiegelt, wird offenbar im Bestand, im Aufbau der Märchen und in der Wertung, die sich in ihnen ausdrückt. Mit dem Stammesverband waren ja noch - jedenfalls bis Missionierungsprozesse vorrückten - die alten Stammesreligionen verbunden. Diese wiederum wurden durch Mythen gestützt und verlebendigt. Auf die Dauer - vielleicht war dies nur ein kurzer Zeitraum - ließen sich das Erzählbedürfnis, die Fabulierfreude nicht auf einen sakralen Sektor begrenzen; die Menschen wollten nicht nur erhoben sein, Schauer und Ehrfurcht vor dem Numinosen empfinden, sondern sie wollten auch unterhalten, vielleicht auch belustigt und ein wenig belehrt werden. So konnten die Mythen desakralisiert werden, von der griechischen Mythologie her ist uns der Vorgang ja vertraut. Diesem Prozeß entgegen kam, daß die Zentralfigur der Mythen oft der Kulturbringer, der Kulturheros war. Er hatte z. B. dem Menschen das Feuer oder heilsame Kräuter zu bringen. Wenn er aber mehr als eine heroische Tat verrichtete, dann bildete sich bereits eine Abenteuerkette heraus. Diese Abenteuer konnten begeistern, faszinieren, den Wunsch nach neuen wecken; und das erregte Nacherleben, die Spannung auf weitere Abenteuer vermochten kaum ein numinoses Empfinden auszulösen. Der Gehalt an Abenteuern dagegen macht das Märchen aus, sie begannen im Alltag, im Diesseits, und führten ins Jenseits hinüber, dann allerdings wieder zurück zur Erde, ins Diesseits. Deutlich wird dies in den Märchen, die sich um das archaische, uns bereits aus dem „Gilgamesch-Epos" bekannte Motiv von der Jenseitsfahrt gruppieren. Bei den Papuas auf Neuguinea wurde beziehungsweise wird von dem „Besuch im Totenreich" erzählt.

Ein Mann, dessen Frau starb, war so betrübt, daß er beschloß, sie im Totenreich aufzusuchen, um sie noch einmal zu sehen. Mit Hilfe eines Zauberers wird das möglich, und er nimmt die Gestalt eines Totengeistes an. Er legt, geführt vom Geiste seiner Frau, einen weiten Weg bis in das Totenreich zurück, sieht dort, wie die jüngst Verstorbenen auf einem Feste tanzen, die alt Verstorbenen dagegen ihre müden Skelette an die Palmen lehnen. Seine Frau bringt ihn auch in sein Heimatdorf zurück und nimmt dort Abschied von ihm. Nachbarn helfen dem Manne, wieder völlig zum Menschen zu werden, und so treffen ihn die Knochen nicht, die die sich betrogen fühlenden Toten nach ihm werfen.

Dieses Motiv brachte recht düstere Töne mit ein, auch der Glaube an das Totenreich war beschwerend, denn der Tod war eine in seiner Realität nicht anzuzweifelnde Tatsache. Aber im Gegensatz zur Sage endete die Fahrt hier mit der Rückkehr ins Diesseits und Leben - Schlußakkord des Märchens. Wir haben die Erzählung also zwischen Mythe und Märchen anzusiedeln:

Idole galten als Vermittler zu Göttern und Geistern.
Zeichnung nach einer Holzplastik der Teke, Ostafrika

Ein zentrales Thema der Mythe wird mit dem Lebensgefühl des Märchens durchdrungen. Wenn wir aber vom Mythenmärchen sprechen, das mit den alten Glaubensvorstellungen, den Stammesreligionen im Einklang steht, weil diese frühen Religionen - jedenfalls zum Teil - noch lebendig sind, so meinen wir damit nicht das Mythenmärchen, an das Wilhelm Wundt in seiner „Völkerpsychologie“ (1900) dachte und als ein lockeres Gebilde beschrieb, in dem der Unterschied von Mensch und Tier fließend ist. Ein lockeres Gebilde hätte nie einen langen Tradierungsprozeß überstehen könne, und der Unterschied zwischen Mensch und Tier kann auch in anderen Genres und aus ganz unterschiedlichen Gründen aufgehoben werden.

Gegenstand der Mythe ist das Geheimnis von Tod und Leben, aber damit verbunden auch vom Ursprung der Welt, vom Wirken der Naturkräfte und -erscheinungen. Eine Erzählung der australischen Ureinwohner verbindet das aus Märchen und Sagen vertraute Motiv der Mahrtenehe mit Stammesmythen. Dabei beantwortet es noch die Frage nach dem Jenseits und die Frage nach der Entstehung der Plejaden, auch Siebengestirn genannt. Der Held (ein Jäger) in den „Sieben Schwestern Meamei“ hungert, er bekommt von seiner Familie nicht einmal mehr Grassamenbrot und zieht aus, ums ich eine neue Heimat zu suchen. Dabei trifft er in einem Lager auf sieben junge Mädchen und beschließt, eine davon zur Frau zu nehmen. Am anderen Tag gehen die Mädchen mit ihren Grabstöcken fort und graben einen Ameisenhaufen um. Während die Mädchen mit Genuß die Ameisen verzehren, nimmt der Jäher zwei Grabstöcke an sich und fängt sich dadurch zwei Frauen ein. Die anderen fünf Schwestern haben sich entfernt, der Jäger weiß nicht wohin und lebt mit seinen Frauen. Doch eines Tages schickt er sie los, um Baumrinden zu holen, damit er Feuer entfachen kann. Als die Frauen an die Bäume kommen, wachsen diese zum Himmel empor und nehmen die Frauen mit. Der Jäger sieht sie noch in den Wipfeln schweben, und dann sieht er, wie die anderen fünf Schwestern die Ihren in den Himmel ziehen. Dort oben bleiben sie - die Meamei (= Plejaden).

Die Mahrtenehe scheiterte, der Mann hatte, wie wir es auch aus anderen Märchen oder Sagen kennen, das Geheimnis der Frau preisgegeben. Aber es brach keine Katastrophe über ihn und die anderen Menschen herein, im Gegenteil, die Plejaden erwiesen sich den Menschen als wichtige Orientierungshilfe. Deshalb wurden für ihr Erscheinen in den Märchen zahlreicher Völker, übrigens auch in der griechischen Mythologie, immer wieder originelle Erklärungen gesucht. - Solche der Ätiologie angenäherten Märchen geben, anders als die ernst zu nehmende Mythe, eine scherzhafte Antwort zu Problemen der Art: „Wie die Tiere ihre Farben bekamen" (Kadiueu/Stamm am Rio Paraguay), „Warum der Honig jetzt so selten ist" (Arowaken, Südamerika), „Woher das Schwein seinen Rüssel hat" oder „Warum die Fledermaus sich kopfüber in die Bäume hängt" (Baule, Westafrika).

Die Tiermärchen können, ohne sich völlig der Fabel anzugleichen, mit einer Lehre verbunden werden. Dem kleinen Vogel in einem Märchen der Nupe wird klar, daß man dem Schwiegervater bei einem Besuch immer ein Geschenk mitzubringen hat („Der belehrte Schwiegersohn"). Und ein Mädchen, das sich gegen den Willen des Vaters einen Mann selbst wählen wollte, gerät an einen Geier und muß drei Jahre in einer Erdhöhle leben (Ebenfalls ein Märchen der Nupe).

Das Verhältnis Mensch - Tier und die Wertung von Mensch und Tier stellen sich allerdings in diesen Märchen anders dar als im späteren Zaubermärchen. Da ist zuerst einmal die Vielfalt der in Tiermärchen agierenden Tiere: Schlangen, Schildkröten, Tauben, Löwen, Schakale, Hasen, Geier... Im Märchen nordamerikanischer Indianer ist die Elster Großmutter des Wildkaters, der wiederum eine Hindin geheiratet hat, seine Söhne werden Sonne und Mond; hier zeichnet sich bereits der Übergang zum Mythenmärchen ab. Die Konstellation in den Tiermärchen ist immer so, daß der Schwache und Kleine den Großen und Starken überlistet, die Rollenverteilung entspricht also dem Achtergewicht des Märchens. Die Schildkröte übertölpelt den Leoparden, mit dem sie zur Jagd geht. Oder der Leopard wird von der Spinne in den Busch gejagt. Dem Kröterich gelingt es in einem Baule-Märchen sogar, einen Elefanten als Freier auszustechen und ein Mädchen zu gewinnen.

Und wieder ist es in einem afrikanischen Märchen die pfiffige Schildkröte, die Elefant und Flußpferd gegeneinander ausspielt. Die Schildkröte wettet zuerst mit dem Elefanten, daß sie das stärkere Tier sei und ihn ins Wasser ziehen könne. Dann wettet sie mit dem Flußpferd, stärker zu sein und es aus dem Wasser ziehen zu können. Als beide Parteien die Wette angenommen haben, bindet die Schildkröte ein Ende des Seils an den Fuß des Elefanten, das andere Ende an das Bein des Flußpferdes. Und beide ziehen - ziehen, bis plötzlich das Seil reißt, da sehen die Genasführten, wo das andere Ende des Seils hängt, und begreifen, was es mit der Stärke der Schildkröte auf sich hat. Aber erst einmal sind sie überlistet worden.

Ehen mit Tieren kommen sehr häufig vor - ohne daß der menschliche Partner Angst vor seinem tierischen Ehegemahl empfindet. Die Märchen vom Tierbräutigam (AaTh 425) beziehungsweise der Tierbraut (AaTh 402) nehmen das Motiv auf. Selbstverständlich ist es fast immer das wilde Tier, die Bestie, das die Heirat wünscht. Das Mädchen in einem Märchen der südamerikanischen Ofayé-Indianer ist auch gern bereit - im Gegensatz zu den uns sonst bekannten Fassungen -, mit dem Jaguar in den Wald zu gehen und seine Frau zu werden. Es kehrt dann einmal nach Hause zurück und erzählt, daß es mit dem Jaguar zusammenlebe und nie einen Mangel an Fleisch habe. Sie könne sich das Wild nach Geschmack aussuchen. Sie fügt hinzu: „Der Jaguar läßt fragen, ob ihr Fleisch haben wollt. Er ist bereit, für euch zu jagen und es hierher zu bringen.“ Natürlich wollte der Vater Fleisch haben... „‚Dann kannst du ihm also sagen, daß ich gerne Tapir esse’, antwortete der Vater... ‚Holt dann auch meinen Großvater und meine Großmutter zu diesem Schmaus! Alle unsere Verwandten sollen Braten essen!’ Mit diesen Worten eilte das Mädchen davon.“ Nach dem Schmaus werden auf den Wunsch des Vaters hin Wildschwein und Gürteltier als willkommene Abwechslung aufgetafelt. Das Mädchen lernt auch, mit ihrem Jaguarmann zu jagen.

Dieser Märchentyp zeigt nicht nur die ungebrochene Nähe zur Natur, sondern spiegelt auch die Realität wider. Es entspricht der Natur des Jaguars, zu jagen, und das Mädchen hatte ein handfestes Motiv, dem Jaguar zu folgen. Sie wurde gut mit Fleisch versorgt, für Erzähler und Hörer, die wohl oft genug unter Hunger zu leiden hatten, war das einleuchtend.

Doch das Verhältnis zum Tier war trotz allen Respektes vor seiner Kraft und Klugheit ein ambivalentes: Furcht konnte sich beimengen. So bekam diese Tierbräutigamsvariante einen tragischen Ausgang: Da das Mädchen sich immer mehr dem Jaguar angleicht, ihr Krallen wachsen, das Gebiß raubtierhaft wird, beschließt die Großmutter, es durch einen Zauber zu töten. Dem Jaguar wird zwar die zweite Tochter zur Frau angeboten, aber er entläuft nur unter schrecklichem Gebrüll.

Die Ehe mit einem Tier kann aber auch Bestand haben. In einem anderen Märchen des Ofayé-Stammes geht ein junger Mann zur Jagd in den Wald und schießt mit seinem Pfeil auf einen Tapir, der sich plötzlich in ein Mädchen verwandelt. Der junge Mann bleibt bei seiner Tapirbraut im Walde, nachts verwandelt sie sich in einen Menschen, und sie haben auch ein Kind miteinander. Nach langer Zeit besucht er seine Eltern, Tapirfrau und Tochter bleiben etwas zurück. Als die Eltern den Totgeglaubten begrüßen, beruhigt er sie: „Mir geht es gut. Seht ihr nicht, daß ich dick geworden bin? Ich bin sogar noch gewachsen. Da, wo ich war, gibt es viel zu essen. Ich bin gekommen, euch zu lehren, wie ihr besser leben könnt.“ Seine Erfahrungen hat er bei den Tapiren sammeln können, er kennt jetzt viele Früchte des Waldes. Die Familie nimmt den Sohn und die Tapirseinen auf, nachts verwandeln sie sich ja in Menschen. Aber die Nachbarn fangen Streit an, denn: „Die Tapire ästen wirklich ungeheuer viel, und ihre Losung lag überall auf dem Wege zur Wasserstelle, so daß die Weiber des Dorfes hineintreten mußten...“ Der Jüngling geht mit Frau und Tochter wieder in den Wald, und seine Leute „verloren die Möglichkeit, ein leichteres Leben zu führen“. Wiederum zeugt das Märchen von einer guten Beobachtungsgabe seiner Erzähler, doch neben dem Festhalten realer Verhältnisse brach der Glaube an Zauber und Verwandlung durch.

Tierbraut und Tierbräutigam haben sich so durch eben diese Verwandlungen auf den Weg ins Zaubermärchen gemacht. Ein Wunder zog eine Kette von Wundern nach sich: Da stellt der Vater eines Mädchens, das eine von den Blattschneiderameisen geheiratet hat, dem sonderbaren Schwiegersohn Freierproben - unlösbare Aufgaben, wie es scheint. Die Eltern spotten über den „dickärschigen Ameiserich“, obwohl die Tochter sich gern im Bau der Ameisen aufhält, denn dort gibt es keinen Mangel, und alles bietet sich im Überfluß. Der „Ameiserich“ bewältigt die Aufgaben, er kann eben mehr als die Menschen, doch dann verzichtet er auf die neue spottende und dabei so törichte Sippschaft. Der Frau des Blattschneiders bleibt nichts weiter übrig, als mit ihrer Familie mühsam im Walde nach Nahrung zu suchen.

Tapire. Anonyme Indianerzeichnung
aus dem Stamme der Waurá, Brasilien

In diesem Märchen ist der Mensch noch keineswegs die „Krone der Schöpfung". Er ist den Tieren unterlegen, die oft sogar über Sonne, Mond und Sterne gebieten können. In einem anderen südamerikanischen Märchen (der Wapidiana) hat ein Jäger sich die Tochter des Königsgeiers, des Herrschers der Lüfte, eingefangen und fliegt mit ihrer Hilfe in den Himmel. Dieser junge Mann wird vom künftigen Schwiegervater mit schier unlösbaren Aufgaben geprüft. (Auch das ist ein realer Vorgang: Bei den Völkern in urgesellschaftlichen Verhältnissen stellt der Vater der Braut dem Bewerber Aufgaben, um seine Tüchtigkeit zu erproben, denn der Mann heiratet in die Familie der Frau ein.) Hier soll aber der unwillkommene Schwiegersohn vernichtet werden (und seine Frau hilft bei den „Attentaten"). Der Mann bekommt unerwartet Hilfe von Tieren: z. B. einer Ratte, die sein Großvater ist, einem Grünspecht, einer Eidechse, einem Fisch, Webervögeln - alles ebenfalls Großväter. Sie stehen dem Enkel mit zauberischen Kräften zur Seite. Es sind sehr viele Großväter im Spiel, gemeint sind wohl die Vorfahren allgemein. Nur deren Wohl-

Gesichtsmaske für Initiationsfeiern. Makonde, Tanganyika, Umzeichnung

wollen ist der glückliche Ausgang des Märchens zu verdanken.

Nachdem der Jäger alle aufgetragenen Arbeiten, dabei auch Rodungsarbeiten und den Ausbau einer Wohnhöhle, abgeschlossen hat, zieht er es vor, zur Erde zurückzukehren, da er sich von dem Königsgeier zu Recht bedroht fühlt. Am Faden einer Spinne, die natürlich auch dem Enkel helfen will, seilt sich dieser zur Erde ab und geht zu seiner Mutter zurück.

Die Bindung zwischen Mensch und Tier, oft durch die Ehe besiegelt und versinnbildlicht, gründet sich auf totemistische Glaubensvorstellungen, die Menschen und Tiere in einen gemeinsamen Familienverband stellen, wobei der Mensch sein Totemtier, zum Beispiel einen Adler oder einen Bären, zu achten hat und nicht töten darf (ausgenommen einen magisch-rituellen Verzehr). Hier werden Beziehungen zur Kultur der Jäger und zur Gestalt des Tierherrn deutlich.

Aber nicht nur Mensch und Tier sind eng verwandt, sondern es gibt viele kuriose Vetternschaften zwischen den Tieren, so zwischen Waschbären, Schwertfischen, Eichhörnchen und Nerzen. Diese verwandtschaftlichen Beziehungen, in die auch der Mensch eingebunden ist, werden wie alles noch undifferenziert als Teil der Natur empfunden.

Die zahlreichen Tierahnen, die wir in den Märchen vorfinden, sind Rudimente eines Ahnenkults, bei dem die verehrten - auch in Erzählungen verehrten - Ahnen gleichzeitig die Verpflichtung hatten, ihre Nachkommen zu schützen. Vor diesem Glaubenshorizont stehen wohl auch die Tiere, die in vielen der Märchen die Menschen als Schutzgeister begleiten. Die Toten wechseln in den Vorstellungen wie in den Märchen oft über in Schlangen, Mäuse, Eidechsen, also Erdgetier, was auf den Glauben an ein chthonisches (unterweltliches) Jenseits hinweist. Die überlieferten Vorstellungen von einem Leben nach dem Tode, aber auch von der Schrecknis der Totengeister schlugen sich in zahlreichen Erzählungen um diese Themen nieder; solche Erzählungen stehen in den einzelnen Sammlungen neben den Märchen, aber sie gehören letztlich nicht dazu. Wir müßten sie eher als Geschichten um Dämonen, als Spukgeschichten bezeichnen. Es fehlen ihnen die Freude am Spiel und auch die Lebensbejahung, die das Märchen ausmachen.

Neben des aus seltsamen Verpaarungen hervorgehenden Nachkommen gibt es obendrein noch die Wundergeburt, z. B. die eines Menschen, der gezeugt wurde durch Sonnenstrahlen oder den Verzehr von Früchten. Begreiflicherweise finden sich in den Märchen der vielen verschiedenen, aber eben im Stammesverband lebenden Völker gehäuft die archaischen Motive und Motivreihen: Da ist die Gestalt des Menschenfressers, dem magischen Kannibalismus verbunden, der Kraft und Stärke sichern und übertragen soll. Da sind Blutstropfen oder Speichel, die für die betreffende Person Antwort geben können, weil ihnen ein Stück der Lebenskraft innewohnt. Da ist das Motiv von der magischen Flucht, es mögen dahinter Traumerlebnisse stehen, vor allem aber wird das Analogiedenken formend gewirkt haben. So kann ein fortgeworfener Kamm zu einem zackigen Gebirge werden, das die Verfolger des fliehenden Paares aufhält.

Bei allen vertrauten Motiven und Gestalten, die uns in diesen Märchen begegnen, die in vielen Fällen unabhängig voneinander entstanden - auf Grund weitgehender Übereinstimmung in der Lebensweise der Jäger, Sammler und frühen Bodenbebauer und der daraus erwachsenden Glaubensvor-

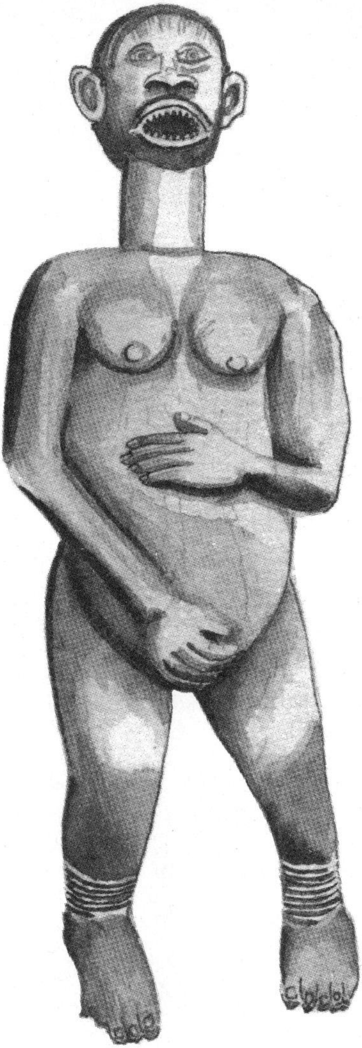

Gefürchteter Naturdämon, den sich afrikanische Stämme (Kamerun) als zauberkundig vorstellten. Umzeichnung nach einer Holzplastik

stellungen -, vermissen wir eine tragende Gestalt der Zaubermärchen: den Drachen, ob er nun drei oder neun Köpfe hat. Damit entfällt aber auch die Gestalt des Drachentöters, des vielleicht beliebtesten Märchenhelden. Als zu fürchtende Wesen können in den Märchen der im Stammesverband lebenden Völker wilde Bestien auftreten und sich auf den Menschen stürzen, aber es sind Tiere, die den Erzählern und Hörern aus ihrer Umwelt bekannt sind.

Das seltene Vorkommen von Drachentötermärchen erscheint uns verständlich, wenn wir bedenken, daß Saurierskelette und -knochen, die die Phantasie wachriefen, tiefer in das Erdreich eingelagert waren, so daß sie den Augen der Jäger, die sich auf das Jagdgetier richteten, entgingen. Auch frühe Bodenbebauer, die nur mit dem Grabstock die Erde auflockerten, stießen nicht auf Reste dieser Fossilien.

Dafür zeigt sich in den Märchen der naturverbundenen Völker eine andere archaische Gestalt eng mit dem Dasein der Jäger verbunden. Es ist der „Herr der Tiere“, der sowohl in Märchen wie auch in Sagen auftritt. Im europäischen Erzählgut ist diese Gestalt meist verblaßt. Wir stellen hier den „Herren der Wildschweine“ in einem Märchen der Ofayé-Indianer vor. Seine Gestalt, sein Verhältnis zum Menschen, seine Funktion, sind klar umrissen: „Es war einmal ein Mann, das war ein wilder Jäger, der nichts achtete.“ Er traf auf eine Wildschweinherde, jagte und verwundete mit seinem Pfeil ein Tier nach dem anderen. Plötzlich steht ein Ungeheuer vor ihm mit einem riesigen Rachen. Aber es greift den Jäger nicht an, sondern zürnt mit ihm: „Glaubst du vielleicht, sie laufen frei im Walde herum, als ob sie keinen Herrn hätten?... Es ist meine Herde. Wie kommst du dazu, sie so zuzurichten? Ich wollte sie gerade zur Tränke führen.“ Der Herr der Wildschweine kennt jedoch auch die Sorgen der Menschen; er bietet dem Jäger an, nur zu sagen: „Vater, ich möchte heute etwas Fleisch essen, erbarme dich meiner“, uns so soll er sein Fleisch erhalten. Zum Schluß wiederholt der Tierherr seine Warnung: „Richte keinen unnützen Schaden an! Mehr als du mit deinen Leuten essen kannst, sollst du nicht erlegen.“ Das war das Gebot der Jäger, wirtschaftlich wie ethisch begründet. Ein ständiges Zuwiderhandeln müßte den Menschen in Not bringen. Das Märchen vom Herrn der Tiere ist dem Charakter nach ein Warnmärchen, ein neuer Typ in der Erzähltradition.

Als sich die sozialen Gegensätze verschärften, kam auch im Märchen zu dem Dualismus gut-böse noch der Dualismus arm-reich. Damit war das Spannungsfeld des Märchens vergrößert. Einen fremden Ton in die Märchenwelt der Jäger, Fischer, Sammler und frühen Bodenbebauer brachten bereits vor dem 19. Jahrhundert Eroberungen, Handel und Missionierung - vor allem durch den Islam und das Christentum. In den Missionsschulen wurden über Schulbücher europäische Märchen vermittelt. Wenn diese Märchen aufgenommen wurden, verbanden sie sich mit einheimischen Erzähltraditionen, mit eigenen Wertvorstellungen und wurden in die eigene Welt umgesetzt.

Sogar europäische Geschichte und Gestalten konnten von geschickten Erzählern in heimische Märchen eingeschmolzen werden. In einem Märchen aus Melanesien wurde berichtet, daß der Vater Napoleons von der Insel Tonga stamme und daß es die Häuptlinge der Insel waren, die Napoleon zu Kriegsruhm führten. (Napoleon erscheint hier als Tonga-Mann.)

Reste alter Stammesreligionen, wie der Totemismus, lebten weiter in der etwas veränderten Märchenwelt, neben Elementen der Hochreligionen. Dabei mußten nicht unbedingt Legenden und Predigtmärchen entstehen, sondern in den Märchen konnte mit den frommen Dingen auch vergnüglich gespielt werden. In einem der an sich typischen afrikanischen Tiermärchen geht „Der Ziegenbock auf Pilgerfahrt“: „Gevatter Bock hatte beschlossen, auf die Pilgerfahrt nach Mekka zu gehen. ‚Alle Tiere haben den Titel eines Heiligen erhalten, nur allein unsergleichen ist noch nicht damit beehrt’, sagte er zu denen, die versuchten, ihm von einer so weiten Reise abzuraten: ‚Bock, geh nicht nach Mekka, die Gegend ist gefährlich’, rieten ihm die anderen.“

Dennoch machte sich der Bock mit einem Honigkrug auf den Weg, doch im dichten Wald traf er auf eine beutegierige Hyäne, die ihn begrüßte mit: „Wer bist Du?“, und dann zufrieden rief: „Gott selbst sorgt für mich. Schon öfter hat er mir so eine im Busch umherstreichende Ziege zukommen lassen, nun hat er dich mir in den Weg geschickt.“ Um den Bock geruhsam verzehren zu können, sucht die Hyäne sich einen sicheren Schlupfwinkel und findet ihn in einer Höhle. „‚Prächtig’, ruft sie aus, ‚hier kann ein braver Bursche seine Beute verzehren, aber ich werde dich nicht fressen, bis ich den Ort genau untersucht habe. Dann werde ich sehen, wo ich dein Fleisch ablegen kann, um in Ruhe deine Eingeweide verschlingen zu können.'" Doch die Höhle ist bereits von einem Löwen mit Jungtieren besetzt. Bock wie Hyäne erschrecken und versuchen sich durch List zu retten. Die Hyäne beeilt sich, dem Löwen den Bock zu offerieren, der Bock seinerseits gibt sich für einen Gelehrten aus, der dem Löwen seine Hilfe anbietet. Doch der Löwe begegnet ihnen mit Mißtrauen, er wendet sich an den Bock: „‚Du bist also ein Priester? Nun, was willst du für mich tun? Willst du mir ein Amulett schreiben oder willst du eine Arznei für mich aufschreiben?' - ‚Aber wo sind deine Papiere?' fragte der Löwe. ‚Ich benutze meistens dafür eine Hyänenhaut', gab der Bock zu verstehen." So gelingt es dem Bock, dem Löwen ein wohlschmeckendes Amulett zu bereiten, indem er ein Stück Hyänenhaut in seinen Honigkrug taucht. Er läßt einen zufriedenen Löwen in der Höhle zurück, während die Hyäne sich und ihr restliches Fell gleichfalls in Sicherheit bringt. Der Bockspilger gelangt aber zu dem Schluß: „‚Die Gegend ist gefährlich! Doch einerlei, ob ich nun in Mekka gewesen bin oder nicht, immerhin habe ich mir den Titel Pilger erworben.' Klugheit ist mehr wert als Stärke."

Das sind Töne, wie wir sie aus Schwänken und Schwankmärchen kennen. Die Erzähler liebten diese realistischen Dialoge, sie begleiteten sie mit Mimik und Gesten. Die Zuhörer wurden dabei auch zu Zuschauern. Alles war lebendig. So rücken uns diese Märchen, die uns anfangs vielleicht etwas fern standen, immer näher.

Die Eigenart dieser Märchen ist wohl zurückzuführen auf die Tatsache, daß die sie formenden und tragenden Ethnien über einen langen Zeitraum in verhältnismäßiger Abgeschlossenheit lebten - oft durch geographische Umstände bedingt - und so ein weiträumiger Kulturaustausch behindert war oder gar nicht stattfinden konnte. Damit war auch ein Austausch von Märchenmotiven und -gestalten unterbunden. Die Märchenwelt blieb infolgedessen meist ein Abbild der engeren Umwelt, der geographischen, der sozialen wie der kulturellen; sie beeindruckte durch ihre realistische Gestaltung und fremde Leser durch ihre Exotik. Aber viele der agierenden Märchengestalten waren noch relativ fest in den alten Glaubensvorstellungen verhaftete und für ein Spiel der Phantasie, der poetischen Ausschmückung und Entfaltung nicht freigegeben.

Auf diese Weise wurde jedoch das kulturhistorisch interessante Mythenmärchen bewahrt und die Grenze zwischen einem Streben nach jenseitigen Mächten und einem jenseitigen Leben und der Freude am Leben im Diesseits und den in ihm lebenden Menschen deutlich markiert.

Das Märchen im 20. Jahrhundert

Man zieht kreuz und quer
durch die Welt,
kämpft und lernt Mädchen kennen,
die Mädchen geraten jedoch andauernd
in die Gewalt eines Räubers,
von Riesen oder in die Küche
eines Menschenfressers.

Aus „Der Drache“
von Jewgeni Lwowitsch Schwarz

Mit der Betrachtung des Kunstmärchens sind wir bereits in das 20. Jahrhundert gelangt. Diese verstärkte Hinwendung zum individuellen Dichten von Märchen war ja in größerem Umfange erst ermöglicht worden, nachdem durch Sammlungen und wissenschaftliche Untersuchungen, trotz aller Differenzierungen, das Grundmuster des Volksmärchens sichtbar gemacht worden war. Und wir finden im Schaffen manches Dichters sowohl Kunstmärchen als auch die Aufzeichnung tradierter Märchen. Ein Beispiel dafür gibt Alexej Nikolajewitsch Tolstoi, der nicht nur „Das goldene Schlüsselchen“ schrieb, sondern auch zahlreiche Volksmärchen Rußlands aufzeichnete. Angesprochen wurden - und das ist für den Beginn unseres Jahrhunderts charakteristisch - die Kinder, vor allem mit den Tiermärchen. Da klagte das Hähnchen Goldkämmchen: „Es schleppt mich die Füchsin durch finstere Wälder, über reißende Ströme und ragende Berge. Kater und Drossel, errettet mich!“

Vertreter der sich etablierenden Psychologie hatten die Märchen in enge Beziehung zur Entwicklung der kindlichen Psyche gebracht. Letztlich durchaus zu Recht, denn das Märchen unterstützt die Herausbildung einer schöpferischen Phantasie. Aber daneben verfestigten sich einseitige Anschauungen. Es wurde für Kinder ein Märchenalter festgelegt, und wohl für die unteren Schulklassen. Nun gelangten wohl Märchen in die

Lesebücher, was selbstverständlich für ihre Verbreitung und Popularisierung günstig war, aber hinderlich wurde die Eingrenzung auf eine bestimmte Altersstufe. Insgesamt landete das Märchen damit wieder in der Kinderstube.

Auf der anderen Seite stellten Wissenschaftler Sammlungen zusammen, die sich offensichtlich nicht an einen kindlichen Leserkreis richteten, es waren Sammlungen, die Märchen getreu im Dialekt wiedergaben. Diese regionalen Sammlungen reichten vom plattdeutschen Märchen bis zum Märchen in heanzischer Mundart (Burgenland). Während diese Sammlungen landschaftlich gebunden und eingegrenzt waren, trugen andere Wissenschaftler außereuropäisches Material zusammen, das ein gewisses kulturgeschichtliches Interesse befriedigte.

Fassen wir diese ganz unterschiedlichen Bestrebungen zusammen, von den Psychologen angefangen bis hin zu den Folkloristen und Ethnographen, so können wir als tragende Gemeinsamkeit feststellen: Ein wissenschaftliches Interesse am Märchen hatte sich entwickelt.

Die Pflege, die vor allem Heimatforscher und -freunde dem Märchen angedeihen ließen, hatte und hat bis auf den heutigen Tag zwei Seiten. Sie gewann einmal dem Märchen neue Freunde, und zum anderen wurden auch Märchen weitergegeben, die einem größeren Kreis noch unbekannt waren. Hinderlich dagegen wirkte es sich aus, daß diese „Märchenpfleger" in der Regel als Erzähler auftraten, daß das Lebendigsein des Märchens einzig im Erzählvorgang gesehen wurde, daß oftmals ein Erzählkreis und eine Stimmung beschworen wurden, die längst der Vergangenheit angehörten.

Selbstverständlich gab es, vor allem in abgelegenen Landstrichen, noch echte Erzählkreise. Auch einzelne Berufsgruppen wie z. B. Holzfäller, die tagelang im Walde arbeiteten und in primitiven Hütten übernachteten, erzählten sich bis zum Einschlafen - freilich nicht nur Märchen. Wie im 19. Jahrhundert waren beziehungsweise sind auch jetzt die Träger der Märchen umherziehende Krämer, kleine Bauern, Knechte, Dorfhandwerker, Fischer, Waldarbeiter, Flößer. Oft waren es die am Rande der dörflichen Gesellschaft Lebenden, denen man mit Verachtung oder Mitleid begegnete, die jedoch als Erzähler geschätzt wurden. In ihrer Isolierung konnten gerade

Illustration aus „Rapunzel, ein Märchenbilderbuch
frei nach den Brüdern Grimm“
von Felix Hoffmann, 1960

sie sich im Märchen eine tröstliche und bessere Gegenwelt aufbauen.

Die Entwicklung auf gesellschaftlichem wie auf technischem Gebiet wurde dabei, wenn auch nicht geleugnet, so doch negativ eingeschätzt. Aber längst hatte das Lesen vorrangige Bedeutung gewonnen, und das Märchen war seit langem auf der Bühne heimisch geworden. In der Phase des Vordrängens der neuen Massenmedien wie Rundfunk, Film und Schallplatte griff man oft auf kleinere Formen und resonanzkräftige Themen zurück, damit bot sich gerade wieder für Kindersendungen - das Märchen an.

Auch der Film versuchte sich immer wieder an Märchenstoffen, da er ganz besonders geeignet schien, Märchenwunder vorzuführen. Ein Problem allerdings stellte sich bei allen visuellen Wiedergaben des Märchens - von der Buchillustration bis hin zum Film - ein: Das Märchengeschehen war historisch konkret einzubinden, das rückblendende „Es war einmal..." reichte nicht mehr, Zeit und Ort mußten erkennbar, die Kleidung der Menschen, ihr gesamtes Aussehen und Auftreten, die Bauten, das Mobiliar - alles mußte stimmig sein. Das könnte die Phantasie „gängeln". Vielleicht ist die größere historische Anonymität in Zeichentrickfilmen eine der Ursachen für deren Erfolg.

So faszinierend das Bild auf der Leinwand auch war - es war eben zweidimensional. Der Betrachter stand außerhalb - außerhalb des dargestellten Geschehens. Walt Disney, der neben seinen Micky-Maus- und Donald-Duck-Filmen auch Trickfilme von Märchen geschaffen hat, errichtete in Disney-Land eine dreidimensionale Märchenwelt. Der Besucher kann in ihr umhergehen, er ist inmitten der Märchengestalten.

Die Hinwendung zum visuell aufbereiteten Märchenstoff wurde durch das Aufkommen des Fernsehens weiter begünstigt. Dabei zeigte sich, daß sich nicht nur der kindliche Zuschauer angesprochen fühlte, sondern auch der Erwachsene. Dies wurde durch das kulturhistorische Bild bewirkt, das da entfaltet wurde, aber auch durch die Betonung der in fast allen Märchen enthaltenen Liebesgeschichten. Aber der Märchenfilm ist ein Thema für sich; wir wollen hier nun den Blick auf die Ausstrahlung des Märchens lenken.

In den Jahren des Faschismus war die Märchenpflege, die vordem bereits einige konservative Züge gezeigt hatte, systematisch genutzt worden, um die faschistische Ideologie an die Kinder heranzutragen, gleichzeitig wurde im damaligen Deutschen Reich die wissenschaftliche Märchenforschung zwar nicht eliminiert, aber zurückgedrängt zugunsten pseudowissenschaftlicher Theorien. Den deutschen Märchen wurden Reinheit und Gemütstiefe zugesprochen, die eben den Märchen der anderen Völker fehlen sollten, oder es wurden spekulative Verbindungen zur germanischen Mythologie vorgestellt.

Unter diesen Bedingungen war es nicht verwunderlich, daß oppositionelle Köpfe das Märchen zu einer witzig-kritischen Attacke gegen die ideologische Ausrichtung nutzten. In der Literatur war das Parodieverfahren oft genug angewandt worden. Wilhelm Busch hatte Märchen bereits parodiert in Wort und Bild, z. B. „Hänsel und Gretel“ und „Das Teufelswirtshaus“. Aber an die Stelle des Humors trat jetzt die karikierende Schärfe.

1937 erschien in der Faschingsausgabe der „Münchner Neuesten Nachrichten“ eine Fassung des Rotkäppchenmärchens von Ulrich Link. Rotkäppchen wurde zu einem BDM-Mädel, in seinem Körbchen befand sich eine „Pfundspende“, der Wolf war rassefremd, und die Großmutter lebte in einem Mütterheim und gehörte der Frauenschaft an. Der Kreisjägermeister erlegte das Untier und übergab das anfallende Fleisch dem Reichsnährstand. Für den Verfasser und den Redakteur gab es ein Nachspiel vor der Münchener Gestapo. In mündlich umlaufenden Varianten wurde der relativ harmlose Kreisjägermeister durch den „Reichsjägermeister“ ersetzt, damit wurde das Ganze noch ein wenig brisanter. Aber diese Parodie konnte kaum ein Gegengewicht bilden zu der von verschiedenen NS-Organisationen gehandhabten „Pflege“ des Märchens. So ist es begreiflich, daß nach dem Sturz des faschistischen Regimes das Märchen von vielen und gerade antifaschistisch und humanistisch Gesinnten mit Mißtrauen und Ablehnung betrachtet wurde. Diese Einstellung wurde durch weitere Argumente gestützt:

Das „Es war einmal...“ bedeute den Rückzug in die Vergangenheit; das Anspornen der Phantasie und das Utopische der Märchen würden den Sinn für die Realität gefährden; die Märchen besäßen keine Moral, die den Kindern zu vermitteln wichtig wäre (vielleicht war dabei an den Schwachen gedacht, der sich der List bediente, um durchzukommen). Der letzte und bedenkenswerteste Einwand: Märchen seien mit grausamen Zügen behaftet, zumal die kulturhistorische Abkunft dieser grausam erscheinenden Motive, über die wir uns klargeworden sind, ja Kindern kaum begreiflich gemacht werden könnte.

Aber die Prämisse für alle diese Einwände war, daß Märchen eben spezifische Kinderliteratur seien. Natürlich mußte man dem Märchen gegenüber bald wieder Gerechtigkeit walten lassen, wobei gerade sein phantasiebelebendes Moment dafür maßgeblich war. Aber auch die Veröffentlichung fremdländischer Märchensammlungen, vor allem aus dem bunten Fundus der Sowjetvölker, trug viel zur Rehabilitierung des Märchens bei. Das bedeutete jedoch nicht, daß bei der Veröffentlichung von Sammlungen für Kinder auf eine kritische Sicht verzichtet werden soll. Die Mehrzahl der Herausgeber hielt sich dabei an das Prinzip der sorgfältigen Auswahl. Aber es gab auch Versuche, tradierte Märchen von allem zu reinigen, was Kinder beschweren könnte. So wurden z. B. harte Strafen, die den Bösen bzw. das Böse am Schluß trafen, gemildert. Aber die Kinder waren damit keineswegs restlos zufrieden. Wenn der wortbrüchige König zum Schluß ermahnt wurde, sich zu bessern, und als Handwerksbursche in die Welt ziehen sollte, bangte der kindliche Leser um das Glück und die Sicherheit seines Helden, er fürchtete, daß der König sehr bald wieder wortbrüchig werden und umkehren würde, um den Helden, der da friedlich regierte, vom Throne zu stoßen.

So verschwanden auch diese löblichen, aber letztlich in die falsche Richtung gehenden Bearbeitungsversuche. Da nun Märchenpublikationen gefordert waren, vor allem auch weitgehend unbekannter Sammlungen, da nun nicht jeder so viele Bücher besaß und das Fernsehen sich erst langsam entwickelte, wurden hier und da Märchenerzählzimmer eingerichtet. Meist wurden die Märchen freilich vorgelesen, aber für die jugendlichen Hörer wurde eine Stimmung geschaffen, wie sie die alten Holzschnitte von Ludwig Richter ausstrahlen. Die Kinder saßen sozusagen im Märchenwald, sie hockten auf herbeigeschafften Holzkloben, ringsherum sollten große Zweige die Waldkulisse bilden. Sogar ausgestopfte Vögel saßen im Geäst, und wenn es spannend wurde, konnten die Augen einer gleichfalls ausgestopften Eule erleuchtet werden. Das war alles herzlich gut gemeint und kam auch an, nur trug es Züge unfreiwilliger Komik.

Ziemlich unbeachtet von der Wissenschaft blieb leider das Erzählen oder Vorlesen von Märchen in der Familie, wo Eltern bzw. Großeltern eher pädagogisch als poetisch inspirierte Zusätze anboten. So etwas hatten wir ja bereits bei Schummel im 18. Jahrhundert gesehen.

Neben dem Bewahren älterer überlieferter Märchen - durch Lesen, Vorlesen, durch die Aufnahme in den Medien, auch noch durch Erzählen - stand und steht, jedenfalls theoretisch, die Frage nach der Neubildung von Märchen. Gewiß gibt es neue Märchen, aber diese neu erdachten Geschichten sind Kunstmärchen. Dabei besteht die Möglichkeit, auf alte Märchensujets zurückzugreifen, sie gewissermaßen neu zu entdecken, und in die eigene dichterische Sprache umgesetzt, sie einem neuen Lesepublikum zu offerieren. Als Beispiel möchten wir hier Franz Fühmanns „Shakespeare-Märchen" anführen; die Märchenthemen einiger Shakespeare-Dramen wurden rückverwandelt in Prosafassungen von tradierten Märchen. Manche meinen, moderne Märchen müßten folgerichtig in der Gegenwart angesiedelt sein - warum auch nicht? -, aber dazu genügt es nicht, tradierte „Märchenrequisiten" zu übernehmen. So verliefe sich die Problematik um das gegenwärtige Märchen in seltsamen Marginalien.

Aus der Vielzahl der Kunstmärchen des 20. Jahrhunderts wollen wir die von Hermann Hesse herausgreifen, weil seine Märchen in Form und Anliegen exemplarisch für ihre Zeit sind und sich harmonisch in sein Gesamtwerk fügen.

1904 schrieb Hermann Hesse, der sich zu dieser Zeit mit Boccaccios „Dekameron" beschäftigte, das Märchen „Der Zwerg", das ganz in Geist und Stil der Renaissancegeschichten gehalten ist. Hauptperson ist, wie es schon der Titel aussagt, ein - ebenso häßlicher wie kluger - Zwerg, dessen Lieblingsgefährte, ein kleiner verkrüppelter Hund, durch den Freier seiner, des Zwergen, Herrin ersäuft wird. Mit einer listig angebrachten Geschichte, einem Märchen im Märchen, erreicht der Zwerg, daß seine Herrin einen Liebestrank für ihren Freier von ihm erwünscht. Statt eines Liebestrankes aber mischt der Zwerg Gift in den Wein. Der Freier, wie auch der Zwerg, der von dem Weine kosten mußte, sterben, und der Tod des

Geliebten stürzt die Herrin in Wahnsinn, so daß der kleine Gefährte des Zwerges gerächt ist. -

Von ganz anderer Art und sichtlich durch das Erleben des ersten Weltkrieges geprägt sind die „Märchen“ (1919). So die „Merkwürdige Nachricht von einem anderen Stern“: Auf einem fernen, glücklichen Stern, wo man Kriege und Grausamkeiten nur noch aus alten, fast vergessenen Geschichten kennt, ereignet sich ein Erdbeben, und die Bewohner der betroffenen Gegen schicken einen Jüngling zu ihrem König, Hilfe zu erbitten. Ein großer Vogel trägt den Jüngling jedoch auf die Erde und dort geradewegs auf ein Schlachtfeld. Der Jüngling kann so viel Leid und Grauen gar nicht fassen, begreift nun aber, daß es Schlimmeres gibt als mangelnden Blumenschmuck für die Gräber der Erdbebenopfer.

Gänzlich anders geartet sind „Augustus“ und „Iris“.

Dem Knaben Augustus war es, dank eines über übernatürliche Kräfte verfügenden Paten, in die Wiege gelegt, daß ihn jemand lieben muß. Doch nutzt Augustus diese Gabe schlecht: Die Liebe und Verehrung, die man ihm entgegenbringt, fallen ihm bald nur mehr lästig. Er benutzt sie höchstens dazu, seine Mitmenschen auszuplündern. Als Augustus vor Lebensüberdruß seinem Dasein ein Ende setzen will, erscheint urplötzlich sein Pate, und mit Augustus geht eine Wandlung vor sich: Nun ist er es, der die Menschen lieben muß, obwohl sie ihn, da er alt und häßlich geworden, erniedrigen und beleidigen. -

„Iris“ zeigt die Suche des Mannes Anselm nach seinem Kindheitstraum. Iris ist der Name der liebenden Freundin, die er heiraten will, nur muß er zuvor die Bedeutung ihres Namens für sich ergründen. Doch stirbt die Freundin, bevor er herausfindet, daß Iris die aufblühende Schwertlilie und für ihn mit dem Kindheitserlebnis des beginnenden Frühlings verbunden war. Als alter Mann gelangt Anselm bei einer Winterwanderung wie im Traum an ein Felsentor, der ganz einer geöffneten Schwertlilie gleicht; er tritt ein und:

„Es war die Schwertlilie im Garten der Mutter, in deren blauen Kelch er schwebend trat, und als er still der goldenen Dämmerung entgegenging, da war alle Erinnerung und alles Wissen mit einem Male bei ihm, er fühlte eine Hand, und sie war klein und weich, Stimmen der Liebe klangen nah und vertraut an sein Ohr, und sie klangen so, und die goldenen Säulen glänzten so, wie damals in den Frühlingen der Kindheit alles ihm getönt und geleuchtet hatte."

Gelungene Beispiele für neue Märchen, die Erwachsene und Kinder ansprechen, gibt es von mehreren Autoren, z. B. Astrid Lindgren und Juri Wolkow. Wir wollen die „Skaska o poterjannom wremeni" (Märchen von der verlorenen Zeit) von Jewgeni L. Schwarz anführen: Schulkinder, die achtlos ihre Zeit vertrödelt haben, sehen plötzlich wie Großvater und Großmutter aus, sind einsame Leute. Ihrer Lebensjahre haben sich böse Zauberer bemächtigt. Doch gelingt es den Kindern, die sich in der Not zusammenfinden, gemeinsam den Zauberern die gestohlenen Jahre wieder abzunehmen. Freilich baut sich das Märchen auf dem Richtsatz auf, der am glückhaften Schluß deutlich formuliert wird: „Ein Mensch, der seine Zeit verliert, altert schnell", und auch in das Handlungsgeschehen sind Sätze wie dieser eingelagert: „... ist es auf Erden so eingerichtet, daß sich der Mensch aus jeglichem Unglück erretten kann, vorausgesetzt, er ist fest dazu entschlossen". Aber die phantasievolle Ausmalung der einsamen Waldhütte, der Verwandlungen, nimmt der Lehre die Penetranz und macht sie akzeptabel.

Das Wundergeschehen der Märchen ist in den Märchenparodien ins Komische verschoben. Wir hatten bereits in anderem Zusammenhang auf Ansätze zu Parodien hingewiesen, jetzt sollen zwei verschiedene Formen des Parodieverfahrens vorgestellt werden. Einmal eine Parodie auf Berufssprache und Berufsdenken, aber basierend auf dem Märchen und seiner Popularität, zum anderen die Parodie eines tradierten Märchens. In welche Richtung auch die Parodie zielt, sie ist stets ein Beweis für den Bekanntheitsgrad des Märchens und für seine Verbreitung. Denn nur Lebendiges und Vertrautes kann parodiert werden, die Parodie und ihre Pointe bleiben sonst unverständlich. Im „Simplicissimus" erschien bereits 1909 (14. Jahrgang) „Rotkäppchen für Juristenkinder": „Es war einmal eine Minderjährige, die unter der elterlichen Gewalt ihrer Mutter stand..." Rotkäppchen macht sich auf den Weg zur Großmutter und: „Hierbei begegnete ihr ein herrenloses Tier, ein Wolf. Nachdem dieser durch Erkundigungen bei der Minderjährigen den Wohnsitz der Großmutter ermittelt hatte, begab er sich unverzüglich dorthin und verübte dortselbst an der Großmutter des Kindes das Delikt des Menschenraubes in Idealkonkurrenz mit dem des Mordes (§ 234, § 211 StGB), begangen durch Auffressen." Der Wolf beging dann an Rotkäppchen das gleiche Delikt, eignete sich „rechtswidrig" den Korb mit Lebensmitteln an, trank den Wein aus und schlief im Bett der Großmutter ein. „Kurze Zeit darauf kam der Oberförster B. an der Mordstelle vorbei, hörte ein ungewöhnliches Geräusch und drang in das Zimmer der Großmutter ein. Als er den Wolf im Bett erblickte, schnitt er im Wege der Sachbeschädigung dem Wolf den Bauch auf. Das durfte er nicht berechtigterweise tun, da der Wolf sich im Zimmer, demnach im Gewahrsam der Großmutter befand und somit gemäß 960 BGB nicht mehr herrenlos war. Jedoch stellte sich nach der Entwicklung der Sachlage sein Vorgehen nur als Geschäftsführung ohne Auftrag heraus, da durch sein Vorgehen die Großmutter wie die Minderjährige noch lebend angetroffen wurden und es durch Nachfrage bei der Großmutter festgestellt wurde, daß die Handlungsweise des Oberförsters dem mutmaßlichen Willen der Eigentümerin des Wolfes entsprochen hatte; 677 BGB."

Es gab verschiedene Nachahmungen dieser Umsetzung ins Juristen- und Amtsdeutsch; der bayrische Rundfunk brachte in den sechziger Jahren das „Rotkäppchen für Juristenkinder" in einer Unterhaltungssendung gerade so, wie es vor über fünfzig Jahren im „Simplicissimus" gestanden hatte. Da war nichts abgebröckelt.

Es konnten aber auch Märchen als solche parodiert werden, natürlich nicht Schwankmärchen, über die ja gelacht werden sollte, sondern Zaubermärchen mit ernst zu nehmenden Wundern. So das Märchen „Von dem Fischer un syner Fru", kombiniert mit den Märchen von den drei Wünschen.

Ein junges Mädchen findet beim Spazierengehen am Seeufer einen kleinen Fisch und spediert ihn wieder ins Wasser. Das Fischlein aber kann zaubern und gewährt dem Mädchen, das es gerettet, drei Wünsche. Da wünscht sich das Mädchen als erstes, schön zu werden. Als zweites, daß ihr Häuschen vergoldet würde, und als drittes, daß ihr Kater sich in einen reizenden jungen Mann verwandeln solle.

Wunderschön anzusehen lief sie nach Hause zurück, und tatsächlich war alles mit Gold ausgeschlagen. Ein junger Mann trat vor die Tür „... und das war natürlich niemand anders als der verwandelte Kater. Aber traurig sagte er zu ihr: ‚Da siehst du's nun. Tut's dir schließlich nicht doch leid, daß du

„Rotkäppchen, überdacht und wiedergekäut"
von Tomi Ungerer.
Der Wolf als Herzog bietet Rotkäppchen an,
die wohlgefüllten Körbe auf sein Schloß zu tragen
und nicht zur Großmutter (die in dieser Version
das Böse verkörpert).
Illustration von Tomi Ungerer, 1974

„Däumelinchen“ (Thumbelina). Oft helfen Tiere den Menschen, hier wird Däumelinchen von der Schwalbe mitgenommen. Illustration von Nan Fullarton, 1948

mich vor drei Jahren hast kastrieren lassen?'“ Mit einer erotischen Pointierung, die ja dem Märchen durchaus nicht fremd war, wurde es hier von den Erwachsenen aus der Kinderstube zurückgeholt.

Doch diese Vertrautheit mit dem Märchen machte und macht nicht an Landes-, Sprach- oder Kulturgrenzen halt, sondern gerade in den Märchen wird sichtbar, wie Wünsche, Wertvorstellungen und Sehnsüchte der Menschen übereinstimmen, wie in der poetischen Ausgestaltung - wo, wann, von wem auch immer - ein Beitrag zur Weltliteratur geleistet wird. So machen gerade die Märchen in einfacher, aber das Gefühl ansprechender Weise Gemeinsamkeiten im Leben und Denken der Völker deutlich.

Neben diesem Faktor gibt es einen weiteren, der das Märchen für unsere Zeit so wichtig macht. Wir müssen wieder die Bedeutung der Phantasie erkennen, die zu der Grundstruktur der Märchen gehört. Ohne eine ausgebildete Phantasie lassen sich keine Alternativen aufspüren, auf die wir beim Streben nach Fortschritt und Verbesserungen nicht verzichten können und wollen. (Auf sie wies Maxim Gorki bereits 1935 in seinem Aufsatz „Über die Literatur" hin.)

Doch an diese Feststellung schließt sich die Frage an: Gibt es gerade für unsere so von der Technik bestimmte Zeit keine besseren - literarischen - Mittler als die oft altertümliche, ja archaische Züge tragenden Märchen?

Freilich gibt es in diesen Märchen auch technische Wunschträume - im weitesten Sinne. Aber sie sind größtenteils und sicher auch ursprünglich an natürliche Voraussetzungen geknüpft. Eine blitzschnelle Beförderung erfolgt durch Siebenmeilenstiefel, Wundervögel, wie der Vogel Greif oder Rock, übernehmen Lufttransporte. In ihren Krallen oder ihrem Gefieder steckt der Mensch, manchmal sitzt er sogar auf dem Rücken des Federviehs. Mitunter ist es ein Pferd, das sich plötzlich geflügelt - ähnlich Pegasus - in die Luft erhebt, aber es kann auch auf die Flügel verzichten, vielleicht geben die Hufe den nötigen Auftrieb. Der Erzähler hat sich über diese Details nicht den Kopf zerbrochen, wenn das Pferd oder manchmal irgendein gerade vorhandener Gegenstand, wie ein Koffer oder Teppich, losschwebte, so war das Wunder eben einfach noch größer.

Immer wieder wird der Held aufgefordert, ein zu Wasser und zu Lande gehendes Schiff zu bauen, das auch ohne Ruderer fortbewegt werden kann. Wie dieses wunderbare Amphibienfahrzeug allerdings konstruiert und betrieben wird, interessiert nicht, die Hauptsache ist, daß es fährt und seine Aufgabe im Handlungsgeschehen erfüllt. der Erzähler hat nur den Endzweck vor Augen, die Verwirklichung eines Menschheitstraumes; wie der Weg dahin einmal führt, weiß er noch nicht. Aber trotz allem stärkt das Märchen damit den Glauben an das eigene Vermögen. Menschlichen Unvollkommenheiten kommen Tiere zu Hilfe; sie helfen meist im Rahmen des ihnen von Natur aus Möglichen. Fische tauchen für den Helden, Tauben helfen Aschenputtel die Erbsen verlesen..., gelegentlich kann es aber auch vorkommen, daß ein Adler Holzpantoffeln spendet.

Technische Apparaturen werden erträumt - nicht konstruiert. Eine ganz gegensätzliche Rolle spielt dagegen die Phantasie in der „Science fiction". Sie orientiert sich vornehmlich an der Technik, auf ihre Handhabung durch den Menschen. Es geschieht viel Erstaunliches, fast Überwältigendes, aber es geschieht kein Wunder. Alles stellt sich als exakt berechnet dar, gestützt von Formeln. Die Phantasie des Menschen wird nur von einer Seite, der technisch-wissenschaftlichen, her angesprochen. Sicher ist das im Zeitalter der Technik von besonderem Interesse und Reiz. Es ist aber auch denkbar, daß diese Einseitigkeit gerade als Mangel empfunden und ein Ausgleich gesucht wird.

Dafür würde sprechen, daß in den letzten Jahren auf dem internationalen Büchermarkt eine neue Literaturgattung aufgetaucht ist, oft als billige Massenware angeboten: die Fantasy. Sie wendet sich vor allem an das Gefühl, blendet zurück in die Vergangenheit, die natürlich farbenprächtig und geheimnisvoll geschildert wird, oder stellt die Zeit überhaupt in Frage.

Neben diesen modernen Formen behält aber das Märchen voll und ganz eine Daseinsberechtigung. Seine Ausstrahlungskraft ist heute anerkannt; wir finden es bei Kindern und Erwachsenen, wir finden es adaptiert von den Medien und auch in mündlicher Überlieferung. Wir kennen zahlreiche Autoren, die Märchen - Kunstmärchen - verfassen, und sicher gibt es viele Eltern und Großeltern, die den Kindern Märchen erzählen, vielleicht sogar selbsterfundene.

Aber auch in aktuellen Denkvorstellungen und Diskussionen spielt das Märchen eine fast überraschende Rolle. Das allen bekannte und letztlich von allen anerkannte Märchen wird zum Zeugen aufgerufen. Frauen z. B. interessieren sich im Rahmen ihrer Probleme besonders für die Gestalt der Frau im Märchen, sie suchen Märchen und Varianten, in denen die Frau tatsächlich als Heldin fungiert, aktiv ist und nicht auf die Erlösung wartet und in Demut verharrt. Diesen Komplex bemüht sich die in der BRD erschienene Publikation „Schneewittchen hat viele Schwestern" darzustellen. Als Pendant erschien von seiten der Umweltschützer und Kritiker gesellschaftlicher Zustände „Kein Hänsel ohne Gretel". Rückgreifend auf das Parodieverfahren wurden in Wort und Bild von verschiedenen Autoren und Karikaturisten Schäden an der

Illustration von Rolf Rettich zu einer Auswahl „neu erzählter“ Märchen von Margret Rettich, 1983

Umwelt, Lebensmittelverfälschung, Touristensünden und ähnliche Delikte attackiert.

Das Märchen geht auch heute, oder gerade heute?, zahlreiche Verbindungen mit anderen Genres ein. Wir hatten diesen Prozeß bereits beim frühen Märchen beobachten können, wo es sich mit der Mythe und später auch mit dem Gleichnis verband.

So wollen wir zum Schluß unserer Betrachtungen zum Märchen unseren altvertrauten Drachentöter noch einmal auftreten lassen. Der Drachentöter (AaTh 300) ist die Hauptgestalt in Jewgeni L. Schwarz' Drama „Drakon“ (Der Drache). Wir bekommen mit dieser dramatisierten Fassung des Drachentötermärchens den Kampf gegen den Drachen als ein Gleichnis vermittelt: Die Menschen müssen stets auf der Hut sein, denn das Böse kann sie immer bedrohen.

Auch wenn die für das 20. Jahrhundert skizzierten Entwicklungen die wichtigsten sind, gehört sogar heute noch zur Daseinsweise der Märchen in manchem entlegenen Ort die Erzählrunde. Wenn da auch alle technischen Finessen fehlen, so wird dies doch ausgeglichen durch die Unmittelbarkeit der Begegnung, durch den Kontakt mit dem Erzähler, durch die Möglichkeit, nachzufragen, zu kommentieren oder Verbesserungen, einen Scherz anzubringen. So haben wir noch selbst erlebt, wie - und das liegt noch nicht so viele Jahre zurück - eine ungarische Bäuerin das Märchen von den „Zwölf Räubern" (AaTh 451) begann mit dem tradierten, aber doch scherzhaft erweiterten: „Es war einmal, siebenmal sieben Länder weit, jenseits des großen Meeres und noch viel weiter, da war einmal ein einfacher Landmann mit seiner Frau. Denen wurden zwölf Kinder geboren..."

Literatur

Märchen- und Erzählungssammlungen (Auswahl)
Afanasjew, Alexander Nikolajewitsch: Russkie skaski. - Moskwa, 1957
Andersen, Hans Christian: Sämtliche Märchen und Geschichten in zwei Bänden / hrsg. von Leopold Magon. - Leipzig, 1953
Asbjørnsen, Peter Christian; Moe, Jørgen: Norske Folkeeventyr. - Christiania, 1842-1843
Aulnoy, Marie-Catherine Le Jumel de Barneville d': Contes de Fées. - Paris 1697-1698 (in acht Bänden)
Basile, Giambattista: Der Pentameron oder Das Märchen aller Märchen / mit Vorrede von Jacob Grimm. - Breslau, 1846
Basile, Giambattista: Das Pentameron / hrsg. von Werner Bahner. - Berlin, 1958
Bechstein, Ludwig: Deutsches Märchenbuch. - Leipzig, 1844
Bechstein, Ludwig: Neues Deutsches Märchenbuch. - Wien, 1856
Benfey, Theodor: Pantschatantra. Fünf Bücher indischer Fabeln, Märchen und Erzählungen. - Leipzig, 1859
Bengalische Märchen / hrsg. von Mode, Heinz; Ray, Arun. - Leipzig, 1967
Bierbaum, Otto Julius: Zäpfel Kerns Abenteuer. - Berlin [o. J.]
Brentano, Clemens: Märchen / hrsg. von Guido Görres. - Stuttgart, 1848
Brentano, Clemens: Gockel und Hinkel. Ausgewählte Märchen. - Leipzig, 1984
Buddhistische Märchen / hrsg. von Johannes Mehlig. - Leipzig, 1982
Busch, Wilhelm: Ut oler Welt. - München, 1910
Büsching, Johann Gustav Gottlieb: Volkssagen, Märchen und Legenden. - Leipzig, 1812
Carroll, Lewis: Alice im Wunderland / hrsg. von Hans Magnus Enzensberger. - Frankfurt, 1973
Carroll, Lewis: Alice in Wonderland together with Through Looking Glass. - London o. J. (= 1956)
Collodi, Carlo: Pinocchios Abenteuer. - Berlin [o. J.]
Delarue, Paul; Tenèze, Marie Louise: Le Conte populaire francais. - Paris, 1957-1976
Deutsche Volksmärchen / hrsg. von Waltraud Woeller. - Leipzig; Wiesbaden, 1985
Deutsche Volksmärchen von arm und reich / hrsg. von Waltraud Woeller. - Berlin, 1959

Dickens, Charles: Weihnachtserzählungen. - München, 1957
Eichendorff, Joseph von: Gesammelte Werke. - Berlin, 1962
Fouqué, Friedrich de la Motte: Werke in der Auswahl / hrsg. von W. Ziesemer. - Berlin; Leipzig; Wien; Stuttgart [o. J.]
Galland, Antoine: Les Mille et une nuits, contes arabes traduit en français par Antoine Galland. - 12 Bde.- Paris, 1704-1717
Geramb, Victor von: Kinder- und Hausmärchen aus Steiermark. - Graz, 1948
Das Gesicht der Völker. - Eine nach Kulturkreisen gegliederte Sammlung. - Seit 1950/51 Eisenach; seit 1956/58 Eisenach und Kassel
Das Gilgames-Epos / hrsg. von Georg Burckhardt. - Leipzig, 1964
Gonzenbach, Lucie: Sizilianische Märchen. - Leipzig, 1870
Gorki, Maxim: Italienische Märchen - Berlin, 1960
Grimm, Jacob und Wilhelm: Irische Elfenmärchen nach Crofton Croker. - Leipzig, 1826
Grimm, Jacob und Wilhelm: Kinder- und Hausmärchen. Große Ausgabe (Ausgabe letzter Hand). - G–öttingen, 1857
Grimmelshausen, Hans Jakob Christoffel von: Werke in vier Bänden. - 4. Teil: Kleine Schriften / hrsg. von Hans Heinrich Borcherdt. - Berlin; Leipzig; Wien; Stuttgart, 1921
Haiding, Karl: Österreichs Märchenschatz. - Wien, 1953
Hammer, Klaus: Französische Feenmärchen des 18. Jahrhunderts. - Berlin, 1969
Hauff, Wilhelm: Werke in sechs Teilen / hrsg. von Max Drescher. - Berlin; Leipzig; Wien; Stuttgart [o. J.]
Hesse, Hermann: Merkwürdige Nachricht von einem anderen Stern: Märchen. - Berlin, 1977
Hoffmann, Ernst Theodor Amadeus: Gesammelte Werke / hrsg. von Kruse, Hans-Joachim; Mingau, Rudolf. - Berlin; Weimar [o. J.]
Iken, Carl Ludwig: Tutiname: Das persische Papageienbuch. - [Neudruck. - Berlin; Leipzig, 1905]
Jahn, Ulrich: Volksmärchen aus Pommern und Rügen. - Leipzig 1891. - [Neudruck. - Hildesheim; New York, 1973]
Jung-Stilling, Johann Heinrich: Henrich Stillings Jugend / hrsg. von Gabriele Drews. - Leipzig, 1982
Keller, Gottfried: Die Leute von Seldwyla. - Berlin [o. J.]
Littmann, Enno: Die Erzählungen aus den Tausend und ein Nächten / nach der Calcuttaer Ausgabe von 1839. - Leipzig, 1921-1928
Märchen der Völker Burmas / Hrsg. von Annemarie Esche. - Leipzig, 1979
Märchen der Weltliteratur. - Sammlung Diederichs. - Jena ab 1912 / nach 1954 Düsseldorf und Köln
Mode, Heinz; Hübschmannova, Milena: Zigeunermärchen aus aller Welt. - 4 Sammlungen. - Leipzig, 1983, 1984, 1985
Montanus, Martin: Schwankbücher (1557-1566) / hrsg. von Johannes Bolte. - Tübingen, 1899 (Bibl. des litterarischen Vereins in Stuttgart)
Musäus, Johann Karl August: Volksmährchen der Deutschen. - Leipzig, 1782-1786

Naubert, Benedikte: Neue Volksmärchen der Deutschen. - Leipzig, 1789-1793
Neumann, Siegfried: Es war einmal: Volksmärchen aus fünf Jahrhunderten. - Rostock, 1985
Novalis (d. i. von Hardenberg, Friedrich): Sämtliche Schriften / hrsg. von Tieck, Ludwig; Schlegel, Friedrich. - Berlin, 1802
Perrault, Charles: Contes de ma mère l'Oye: Histoires ou contes du temps passé. - Paris, 1697
Perrault, Charles: Märchen / übers. von Moritz Hartmann. - Stuttgart, 1872
Pétis de la Croix, François: Les Mille et un jour. - 5 Bde. - Paris, 1710-1712
Pétis de la Croix, François: Tausend und ein Tag / übers. von Henriette Schade-Engl, nach einer ungarischen Übersetzung von Vázsonyī Endre. - Budapest; Berlin, 1964
Puschkin, Alexander Sergejewitsch: Dramen - Märchen - Aufsätze / hrsg. von W. Neustadt - Berlin [o. J.]
Rousseau, Jean-Jacques: Königin Fantasque. - In: Die Blaue Bibliothek aller Nationen.- Bd. 1 / hrsg. von Friedrich Justin Bertuch. - Gotha, 1790
Salice Contessa, Carl Wilhelm: Magister Rößlein: Vier romantische Märchen. - Berlin, 1981
Salice Contessa, Carl Wilhelm: Phantasiestücke eines Serapionsbruders / hrsg. von Klaus Günzel. - Berlin, 1977
Schummel, Johann, Gottlieb: Kinderspiele und -Gespräche. - Leipzig, 1776-1778
Schwarz, Jewgeni L.: Der Drache. Berlin, 1960
Straparola, Giovanni Francesco: Le tredeci piacevoli notti. - Venedig, 1550-1553
Straparola, Giovanni Francesco: Ergötzliche Nächte. - Leipzig [o. J.]
Tegethoff, Ernst: Märchen, Schwänke und Fabeln. - München, 1925 (Bücher des Mittelalters)
Tolstoi, Alexej: Das goldene Schlüsselchen. - Berlin, 1954
Volksmärchen - Eine internationale Reihe. - Berlin, ab 1957
Volksmärchen der Khmer / hrsg. von Ruth Sacher. - Leipzig, 1979
Wieland, Christoph Martin: Wieland's Werke. - Teil 1-14. - Berlin [o. J.] (Tl. 13, 14, 15)
Wunderbare Erlebnisse, Seltsame Begebnisse, Arabische Erzählungen / hrsg. von Hans Wehr. - Berlin [o. J.]
Zaunert, P.: Deutsche Märchen seit Grimm / bearb. von Elfriede Moser. - Düsseldorf; Köln, 1964

Weiterführende Literatur

Die im folgenden mit der Abkürzung FFC angegebenen Stellen bedeuten: Folklore Fellows Communications (seit 1907 erschienen), Helsinki u. a.

Aarne, Antti: Leitfaden der vergleichenden Märchenforschung. - 1913. - (FFC 13)
Aarne, Antti: Thompson, Stith: The Types of the Folktale. - 1964. - (FFC 184)
Abel, Othenio: Die vorweltlichen Tiere in Märchen, Sage und Aberglauben. - Karlsruhe, 1923
Anderson, Walter: Kaiser und Abt. - 1923. - (FFC 42)
Apel, Friedmar: Die Zaubergärten der Phantasie. Zur Theorie und Geschichte des Kunstmärchens. - Heidelberg, 1978
Asadowski, Mark: Eine sibirische Märchenerzählerin. - 1926. - (FFC 68)
Bausinger, Hermann: Formen der Volkspoesie. - Berlin (West), 1968
Bausinger, Hermann: Märchen, Phantasie und Wirklichkeit. - Frankfurt/M., 1987
Beit, Hedwig von: Symbolik des Märchens. Versuch einer Deutung. - Bern, 1952
Bennung, Isa: Das deutsche Märchen als Kinderliteratur. - 1975 = Halle, Univ., Diss.
Benz, Richard: Märchen und Aufklärung im 18. Jahrhundert. - 1907 = Heidelberg, Univ., Diss.
Benz, Richard: Märchendichtung der Romantiker. - Gotha, 1908
Berendsohn, Walter Arthur: Grundformen volkstümlicher Erzählkunst in den Kinder- und Hausmärchen der Brüder Grimm. - Hamburg, 1921
Berger, Dorothea: Die Volksmärchen der Deutschen von Musäus: Ein Meisterwerk der deutschen Rokokodichtung. - In: Publications of the Modern Language Association of America. - t 69, 1954
Bettelheim, Bruno: Kinder brauchen Märchen. - Stuttgart, 1977
Bieringer-Eyssen, Jürgen: Das romantische Kunstmärchen in seinem Verhältnis zum Volksmärchen. - 1953 = Tübingen, Univ., Diss.
Binder, Wilhelm: Die Aesopischen Fabeln. - Stuttgart, 1866
Bloch, Ernst: Das Prinzip Hoffnung. - Frankfurt/Main, 1959
Bogatyrew, Petr; Jakobson, Roman: Die Folklore als eine besondere Form des Schaffens. - In: Donum Natalicium Schrijnem. - Nijmwegen; Utrecht, 1929
Bolte, Johannes: Zeugnisse zur Geschichte des Märchens. - 1921. - (FFC 39)
Bolte, Johannes; Polivka, Georg: Anmerkungen zu den Kinder- und Hausmärchen der Brüder Grimm. - Leipzig, 1913-1932
Bossard, Eugène: Gilles de Rais, maréchal de France, dit Barbe-Bleue 1404-1440. - 1885 = Poitiers, Univ., Diss.
Brunner-Traut, Emma: Altägyptische Märchen. - Düsseldorf; Köln, 1963

Bühler, Charlotte: Das Märchen und die Phantasie des Kindes. - Leipzig, 1929
Degh, Linda: Märchen, Erzähler und Erzählgemeinschaft. - Berlin, 1962
Deutsche Volksdichtung. Eine Einführung / hrsg. von Hermann Strohbach. - Berlin, 1981
Deutsche Volksmärchen / hrsg von Elfriede Moser-Rath. - Neue Folge. - Düsseldorf; Köln, 1966
Dippel, Gisela: Das Novellenmärchen der Romantik im Verhältnis zum Volksmärchen. - 1953 = Frankfurt/M., Univ., Diss.
Dymke, Anneliese: Die wirkliche Welt im deutschen Zaubermärchen. - 1951 = Würzburg, Univ., Diss.
Enzyklopädie des Märchens. Handwörterbuch zur historischen vergleichenden Erzählforschung / hrsg. von Ranke, Kurt; Bausinger, Herrmann. - Bd. 1 ff.- Berlin (West); New York, 1975
Federspiel, Christa: Vom Volksmärchen zum Kindermärchen. - Wien, 1968
Fehling, Detlev: Amor und Psyche: Die Schöpfung des Apuleius und ihre Einwirkung auf das Märchen, eine Kritik an der romantischen Märchentheorie. - Mainz, 1977
Frazer, James George: Der goldene Zweig. - Leipzig, 1928
Gesta Romanorum. Erzählbuch des Mittelalters / hrsg. von Winfried Trillitzsch. - Leipzig, 1973
Grätz, Manfred: Das Märchen in der deutschen Aufklärung. Vom Feenmärchen zum Volksmärchen. - Stuttgart, 1988
Groth, Paul: Die ethische Haltung des deutschen Volksmärchens. - Bern, 1975
Gunkel, Hermann: Das Märchen im Alten Testament. - Tübingen, 1917
Hagen, Rolf: Der Einfluß des Perraultschen Contes auf das volkstümliche deutsche Erzählgut und besonders auf die Kinder- und Hausmärchen der Brüder Grimm. - 1954 = Göttingen, Univ., Diss.
Haiding, Karl: Die Träger der Volkserzählung in unseren Tagen. - In: Österreichische Zeitschrift für Volkskunde. - Wien, 1953 (1/2)
Hamann, Hermann: Die literarischen Vorlagen für Kinder- und Hausmärchen und ihre Bearbeitung durch die Brüder Grimm. - Berlin, 1906
Handwörterbuch des deutschen Märchens / hrsg. von Lutz Mackensen. - Bd. 1 und 2 (A-G). - Berlin, 1930-1933
Hasselblatt, Ursula: Das Wesen des Volksmärchens und das moderne Kunstmärchen. - 1956 = Freiburg i. Br., Univ., Diss.
Heckmann, Emil: Ritter Blaubart. - 1930 = Heidelberg, Univ., Diss.
Henßen, Gottfried: Überlieferung und Persönlichkeit. - Münster, 1971
Herder, Johann Gottfried: Werke in Auswahl / hrsg. von Meyer, Heinz; Lambel, Hans; Kühnemann, Eugen. - Bd. 3. - Berlin; Stuttgart, 1885-1894
Herzog, Josef: Die Märchentypen des "Ritter Blaubart" und "Fitchervogel". - 1929 = Köln, Univ., Diss.
Hetmann, Frederik: Traumgesicht und Zauberspur. Märchen-

forschung, Märchenkunde, Märchendiskussion. - Frankfurt/M., 1982
Heyden, Franz: Volksmärchen und Volksmärchenerzähler. - Hamburg, 1922
Huth, Otto: Märchen und Megalithreligion. - In: Paideuma V. - Bamberg, 1950 (1/2)
Jolles, André: Einfache Formen. - Halle, 1930
Jung, Carl Gustav: Symbolik des Geistes. - Zürich, 1948
Kahlo, G.: Die Wahrheit des Märchens. - Halle, 1954
Kein Hänsel ohne Gretel. Da lachen selbst die Grimms im Grab / hrsg. von Lauer, Rosemarie; Mieder, Wolfgang. - Frankfurt/M., 1988
Kober, Margarete: Das deutsche Märchendrama. - Frankfurt/M., 1925
Koechlin, Elisabeth: Wesenszüge des deutschen und französischen Volksmärchens. - Basel, 1945
Köhler-Zülch, Ines; Shojaei Kawan, Christine: Schneewittchen hat viele Schwestern. - Gütersloh, 1988
Krebs, Albert: Volksmärchen und Kunstmärchen von Wieland bis Storm mit besonderer Berücksichtigung der Zeit des Realismus. - 1922 = Würzburg, Univ., Diss.
Kröber, Willy: Charakteristik der Märchen Perraults. - 1915 = Leipzig, Univ., Diss.
Krüger, Helga: Die Märchen von Charles Perrault und ihre Leser. - 1964 = Kiel, Univ., Diss.
Laistner, Ludwig: Das Rätsel der Sphinx. - Berlin, 1889
Lang, Andrew: Myth, Ritual and Religion. - London; New York; Bombay, 1906
Leyen, Friedrich von der: Das Märchen. - Leipzig, 1911
Leyen, Friedrich von der: Die Welt der Märchen. - Düsseldorf, 1953 und 1954
Liungman, Waldemar: Die schwedischen Volksmärchen: Herkunft und Geschichte. - Berlin, 1961
Lucke, Hans: Der Einfluß der Brüder Grimm auf die Märchensammler des 19. Jahrhunderts. - 1933 = Greifswald, Univ., Diss.
Lüthi, Max: Das europäische Volksmärchen. - Bern, 1947
Lüthi, Max: Volksmärchen und Volkssage. - München, 1961
Lüthi, Max: Märchen. - Stuttgart, 1962
Lüthi, Max: So leben sie noch heute. Betrachtungen zum Volksmärchen. - Göttingen, 1969
Lüthi, Max: Volksliteratur und Hochliteratur. - Bern; München, 1970
Lüthi, Max: Das Volksmärchen als Dichtung. - Düsseldorf; Köln, 1975
Lüthi, Max: Es war einmal... Vom Wesen der Volksmärchen. - Göttingen, 1977
Mackensen, Lutz: Der singende Knochen. - 1923. - (FFC 49)
Mann, Thomas: Joseph und seine Brüder. - Berlin, 1972
Meyer von Waldeck, Friedrich: Goethes Märchendichtungen. - Heidelberg, 1879
Mudrak, Gertrud: Das Kunstmärchen in seinen Beziehungen zur Volksüberlieferung. - 1953 = Wien, Univ., Diss.

Ninck, Martin: Älteste Märchen von Europa. - Klosterberg; Basel, 1945
Nitschke, August: Soziale Ordnungen im Spiegel der Märchen. - Stuttgart; Bad Cannstatt, 1976
Nobis, Helmut: Phantasie und Moralität. Das Wunderbare in Wielands "Dschinnistan" und der "Geschichte des Prinzen Biribinker". - Kronberg, 1976
Nossag, Otto: Volksmärchen und Volksmärcheninteresse im 18. Jahrhundert. - 1931= Greifswald, Univ., Diss.
Olrik, Axel: Epische Gesetz der Volksdichtung. - In: Zeitschrift für deutsches Altertum. - (1909)51
Panzer, Friedrich: Märchen, Sage und Dichtung. - München, 1905
Petsch, Robert: Formelhafte Schlüsse im Volksmärchen. - Berlin, 1900
Petzold, Robert: Das englische Kunstmärchen im 19. Jahrhundert. - Tübingen, 1981
Peuckert, Will-Erich: Deutsches Volkstum in Märchen und Sage, Schwank und Rätsel. - Berlin, 1938
Peuckert, Will-Erich: Märchen. - In: Deutsche Philologie im Aufriß. - Bd. 3. - Berlin (West); Bielefeld; München, 1957
Pletscher, Theodor: Die Märchen Charles Perraults. - 1905 = Zürich, Univ., Diss.
Propp, Vladimir J.: Istoritscheskie korni bolschebnoi skaski (Die historischen Wurzeln des Zaubermärchens). - Leningrad, 1946
Propp, Vladimir J.: Morphologie des Märchens / hrsg. von Karl Eimermacher. - München, 1972
Ranke, Kurt: Betrachtungen zum Märchen und zur Funktion des Märchens. - In: Studium Generale II, 1958
Richli, Alfred Johann: Karl August Musäus: Die Volksmärchen der Deutschen. - Zürich; Freiburg i. Br., 1957
Riklin, Franz: Wunscherfüllung und Symbolik im Märchen. - Wien; Leipzig, 1908
Röhrich, Lutz: Märchen und Wirklichkeit. - Wiesbaden, 1956
Röhrich, Lutz: Erzählungen des späten Mittelalters und ihr Weiterleben in Literatur und Volksdichtung bis zur Gegenwart. - Bern; München, 1960-1967
Röhrich, Lutz: Gebärde, Metapher, Parodie. - Düsseldorf, 1967
Röhrich, Lutz: Sage und Märchen; Erzählforschung heute. - Freiburg i. Br.; Basel; Wien, 1976
Rölleke, Heinz: Brüder Grimm: Kinder- und Hausmärchen. - 2 Bde. - Köln, 1982
Rommel, Otto: Die Alt-Wiener Volkskomödie. - Wien, 1952
Rumpf, Marianne: Ursprung und Entstehung von Warn- und Schreckmärchen. - 1955. - (FFC 160)
Saintyves, Paul (d. i. Emile-Dominique Nourry): Le Contes de Perrault et les récits parallèles. - Paris, 1923
Samson, Heinrich: Beiträge zum deutschen Märchen im ausgehenden Mittelalter. - 1930 = Köln, Univ., Diss.
Scherf, Walter: Lexikon der Zaubermärchen. - Stuttgart, 1982 (Kröners Taschenausgabe 472)

Schmidt, Friedrich Wilhelm Valentin: Die Märchen des Straparola. - Berlin, 1817
Schmidt, Kurt: Die Entwicklung der Grimmschen Kinder- und Hausmärchen. - Halle, 1932
Schmidt, Leopold: Zur Geschichte der Märchenoper. - Berlin (West), 1963
Schmidt, Leopold: Die Volkserzählung: Märchen, Sage, Legende, Schwank. - 1895 = Rostock, Univ., Diss.
Schneeberger, Irmgard: Das Kunstmärchen in der ersten Hälfte des 20. Jahrhunderts. - 1960 = München, Univ., Diss.
Schreiber, Heinrich: Die Feen in Europa: Eine historisch-archäologische Monographie. - Freiburg i. Br., 1842
Schuhmacher, Hans: Narziß an der Quelle: Das romantische Kunstmärchen. - Wiesbaden, 1977
Sieber, Friedrich: Wünsche und Wunschbilder im späten deutschen Zaubermärchen. - In: Deutsches Jahrbuch für Volkskunde. - Bd. 3. - Berlin, 1957
Siuts, Heinrich: Jenseitsmotive im deutschen Volksmärchen. - Leipzig, 1911
Steinitz, Wolfgang: Lied und Märchen als Stimme des Volkes. - In: Deutsches Jahrbuch für Volkskunde. - Bd. 2. - Berlin, 1956
Swahn, Jan-Øjvind: The Tale of Cupid and Psyche. - Lund, 1955
Sydow, Carl von: Kategorien der Prosa-Volksdichtung. - In: Volkskundliche Gaben / John Meier zum 70. Geburtstag dargebracht. - Berlin; Leipzig, 1934
Tetzner, Lisa: Vom Märchenerzähler im Volke. - Jena, 1925
Thalmann, Marianne: Das Märchen und die Moderne. - Stuttgart, 1961
Thompson, Stith: Motif-Index of Folk-Literature. - 6 Bde. - Copenhagen, 1955-1958
Tisner, Jens: Kunstmärchen. - Stuttgart, 1977
Vries, Jan de: Betrachtungen zum Märchen, besonders in seinem Verhältnis zu Heldensage und Mythos. - Helsinki, 1954. - (FFC 150)
Vries, Jan de: Heldenlied und Heldensage. - Bern; München, 1961
Wegehaupt, Heinz: Vorstufen und Vorläufer der deutschen Kinder- und Jugendliteratur bis in die Mitte des 18. Jahrhunderts. - Berlin, 1977
Wegehaupt, Heinz: Mein Vöglein mit dem Ringlein rot: Hundert Illustrationen aus zwei Jahrhunderten zu den Märchen der Brüder Grimm. - Berlin, 1985
Wegmann, Grete: Studien zur Bedeutung des Märchens in der Dichtung der deutschen Romantik. - 1944 = Zürich, Univ., Diss.
Wesselski, Albert: Versuch einer Theorie des Märchens. - Reichenberg i. B., 1931
Wesselski, Albert: Märchen des Mittelalters. - Berlin, 1925
Wesselski, Albert: Deutsche Märchen vor Grimm. - Brünn; Leipzig, 1938
Wetzel, Hermann Hubert: Märchen in den französischen Novellensammlungen der Renaissance. - Berlin (West), 1974

Wisser, Wilhelm: Auf der Märchensuche. - Hamburg; Berlin, 1928
Woeller, Waltraud: Der soziale Gehalt und die soziale Funktion der deutschen Volksmärchen. (Hab. Schrift). - Berlin, 1955
Woeller, Waltraud: Die Triumphszene im deutschen Märchen. - In: Wiss. Zeitschr. der Humboldt-Universität zu Berlin / Gesellsch.- und sprachwiss. Reihe. Jg. 13 (1964) H. 4

Jacques Gélis
Das Geheimnis der Geburt
Rituale, Volksglaube, Überlieferung
Band 4103
Ein aufschlußreiches Kapitel Kulturgeschichte: Der Mensch ist schon vor der Geburt ein Kind seiner Zeit.

Rudolf Kaiser
Indianischer Sonnengesang
Die Weisheit der Erde in der Spiritualität nordamerikanischer Indianer
Band 4143
Die schönsten Zeugnisse indianischer Spiritualität: bewegende Dokumente einer tiefen Einheit von Mensch und Natur.

Hanspeter Hasenfratz
Die religiöse Welt der Germanen
Ritual, Magie, Kult, Mythus
Band 4145
Zurück zu den Ursprüngen unserer Geschichte: plastische, spannende Informationen über eine Welt voller Zauber und Magie.

Hugo Rahner
Griechische Mythen in christlicher Deutung
Band 4152
Aufregend neue Entdeckungen mit uralten, geheimnisvollen Mythen. Ein Schlüssel zum Verständnis unserer Kultur.

Herder-Lexikon Symbole
Band 4187
Symbole von der Steinzeit bis zur Gegenwart, aus verschiedensten Völkern und Kulturkreisen. Ein Schlüssel zur Botschaft der Bilder.

Der Baum, der einem Mann ein Kind schenkte
Indianische Märchen und Mythen aus dem Regenwald
Herausgegeben von Klaus Keplinger
Band 4191
Schauplatz: der Amazonasurwald Perus. Paradiesische Erzählungen aus dem Volk der Ashininca.
Ein Dschungelbuch zum Verschlingen.

Urte Bejick
Die Katharerinnen
Häresieverdächtige Frauen im mittelalterlichen Südfrankreich
Band 4211
Es waren Frauen, die die letzten Prediger der Katharer nach der Verfolgung durch die Inquisition versteckten oder anzeigten.

Rudolf Kaiser
Indianische Kinder- und Wiegenlieder
Band 4220
Texte aus allen indianischen Völkern und Stämmen, die unsere Wahrnehmung der Wirklichkeit eines Kindes zu schärfen vermögen.
Mit zahlreichen schmückenden Vignetten.

Amedeo Molnár
Die Waldenser
Geschichte und Ausmaß einer europäischen Ketzerbewegung
Band 4233
Spannende Lektüre und umfassende Information für alle Freunde mittelalterlicher Geschichte.

Herder Lexikon Germanische und keltische Mythologie
Mit rund 1400 Stichwörtern sowie über 90 Abbildungen und Tabellen
Band 4250
Unverzichtbar zur Orientierung am Götterhimmel. Mit Artikeln zur Dichtung und zahlreichen Abbildungen.

HERDER / SPEKTRUM